Insolvenz in nationalen und internationalen Schiedsverfahren

Schriften zum Verfahrensrecht

Herausgegeben von

Jens Adolphsen, Christoph Althammer, Peter Gottwald und Ulrich Haas

Band 54

PL ACADEMIC RESEARCH

Maximilian Riedel

Insolvenz in nationalen und internationalen Schiedsverfahren

PL ACADEMIC RESEARCH

Bibliografische Information der Deutschen Nationalbibliothek
Die Deutsche Nationalbibliothek verzeichnet diese Publikation in der Deutschen Nationalbibliografie; detaillierte bibliografische Daten sind im Internet über http://dnb.d-nb.de abrufbar.

Zugl.: Regensburg, Fakultät für Rechtswissenschaft, Univ., Diss., 2015

Diese Arbeit wurde von der
juristischen Fakultät für Rechtswissenschaften
an der Universität Regensburg als Dissertation angenommen.

D 355
ISSN 1619-344X
ISBN 978-3-631-66571-8 (Print)
E-ISBN 978-3-653-05990-8 (E-Book)
DOI 10.3726/978-3-653-05990-8

PL Academic Research ist ein Imprint der Peter Lang GmbH.
Peter Lang – Frankfurt am Main · Bern · Bruxelles · New York ·
Oxford · Warszawa · Wien

Diese Publikation wurde begutachtet.

www.peterlang.com

Vorwort

Die Arbeit ist während meiner Tätigkeit als Rechtsanwalt in Regensburg entstanden und wurde von der Juristischen Fakultät der Universität Regensburg im Frühjahr 2015 als Dissertation angenommen.

Der Schnittpunkt von Schiedsgerichtsbarkeit und Insolvenzrecht wirft spannende Fragen auf, da es sich um zwei Rechtsgebiete mit gegensätzlicher Zielrichtung und Ausgestaltung handelt. Dies war Anlass für die Arbeit.

Mein ganz besonderer Dank gilt Herrn Professor Dr. Dr. h.c. Peter Gottwald für die Annahme meines Promotionsvorhabens, für die Betreuung und für den vollständigen Freiraum, den er mir für die Umsetzung während meiner beruflichen Tätigkeit gewährt hat.

Herrn Professor Dr. Herbert Roth danke ich für die Erstellung des Zweitgutachtens.

Mein Dank gilt auch den Herausgebern für die Aufnahme der Arbeit in die Schriftenreihe.

Schließlich möchte ich meinen Eltern danken. Sie haben mich stets unterstützt und mir auch mein Promotionsvorhaben ermöglicht.

Regensburg, November 2015 Maximilian Riedel

Inhaltsverzeichnis

Einführung

I. Einleitung

Die Schiedsgerichtsbarkeit hat in den vergangenen Jahren national und international stetig mehr Bedeutung für die Streitbeilegung im Wirtschaftsleben erlangt. Der Erfolg der Schiedsgerichtsbarkeit gründet sich vor allem auf die Parteiautonomie, welche das gesamte Verfahren bestimmt. Weitere Gründe sind die Effizienz und Flexibilität des Verfahrens, die freie Wahl der Schiedsrichter, welche die Hinzuziehung von Entscheidern mit besonderer Sachkenntnis ermöglicht sowie eine schnelle und teils auch günstige Verfahrensabwicklung unter Ausschluss der Öffentlichkeit.[1] Zur gesteigerten Attraktivität in Deutschland hat die Übernahme des UNCITRAL-Modellgesetzes zur internationalen Handelsschiedsgerichtsbarkeit von 1985 wesentlich beigetragen, denn die Parteien finden nun ein international vertrautes, geradezu harmonisiertes Schiedsrecht vor.[2]

Durch die Aufwertung der Schiedsgerichtsbarkeit in den vergangenen Jahren ist auch die Zahl der Verfahren und der verhandelten Streitwerte rasant angestiegen. Bei der Deutschen Institution für Schiedsgerichtsbarkeit e.V. wurden im Jahr 2005, dem Beginn der statistischen Erfassung, 72 neue Verfahren mit einem Gesamtstreitwert von 450 Millionen Euro eingeleitet.[3] Dabei waren an 16 Verfahren ausländische Parteien beteiligt.[4] Im Jahr 2011 waren es bereits 178 neue Verfahren unter Beteiligung 55 ausländischer Parteien mit einem Gesamtstreitwert von etwa 3,3 Milliarden Euro.[5] 2012 hat sich die Anzahl neuer Verfahren auf 125 reduziert. Der Gesamtstreitwert lag bei 705 Millionen Euro, wobei an 30 Verfahren ausländische Parteien beteiligt waren.[6] Die sprunghafte Steigerung der Anzahl der Verfahren war der Finanzkrise und ihren Folgen geschuldet.[7] Die Stabilisierung der Finanzmärkte ist nun die Ursache für den Rückgang der

---

1 G. Wagner, Prozessverträge, S. 1 f.; Schwab/Walter, Schiedsgerichtsbarkeit, 7. A. 2005, Kap. 1 Rn. 8; Schütze/Tscherning/Wais, Hdb. d. Schiedsverfahrens, 2. A. 1990, Rn. 5 ff.; Zöller/Geimer, ZPO, 30. A. 2014, Vor § 1025 Rn. 6; MünchKommZPO/Münch, Bd. 3, 4. A. 2013, Vor §§ 1025 ff. Rn. 55 ff.

2 Zypries SchiedsVZ 2009, 1, 2.

3 DIS-Statistik 2005 abrufbar unter: http://www.dis-arb.de/de/44/content/2005-id26.

4 DIS-Statistik 2005 a.a.O.

5 DIS-Statistik 2011 abrufbar unter: http://www.dis-arb.de/de/63/content/2011-id53.

6 DIS-Statistik 2012 abrufbar unter: http://www.dis-arb.de/de/39/content/statistik-id54.

7 Markert/Wilske SchiedsVZ 2010, 62, 67.

Anzahl neuer Verfahren. Neuere DIS-Statistiken sind leider nicht mehr veröffentlicht worden.

Zwar fehlen statistische Erhebungen über die Gesamtzahl der in Deutschland geführten Schiedsverfahren. Die genannten Zahlen lassen aber darauf schließen, dass Schiedsverfahren bei der Streitbeilegung insgesamt von eher geringer Bedeutung sind. Andererseits haben die Verfahren bereits aufgrund der hohen durchschnittlichen Streitwerte für alle Beteiligten große Bedeutung und sind in der Wirtschaftswelt unverzichtbar.

Die Globalisierung mit einem weltumspannendem Wirtschaftsverkehr und naturgemäß einer Vielzahl von Verträgen hat die Schiedsgerichtsbarkeit international zum bevorzugten Mittel der Streitbeilegung gemacht. Im internationalen Wirtschaftsverkehr hat die Schiedsgerichtsbarkeit eine Streitentscheidung durch staatliche Gerichte wohl bereits verdrängt. Häufig möchten sich die Parteien nicht auf die Unabhängigkeit und Sachkunde der Heimatgerichte ihres Vertragspartners verlassen.[8] Zudem machen die Rechtsysteme vieler Länder die Prozessführung überaus langwierig und kostspielig und die Vollstreckung eines einmal erlangten Titels bereitet nicht selten Schwierigkeiten.[9]

Die Schiedsgerichtsbarkeit ist geeignet, diese Risiken zu vermeiden. Das Schiedsgericht stellt einen neutralen Spruchkörper dar[10] und ein Schiedsspruch ist nach dem New Yorker Übereinkommen über die Anerkennung und Vollstreckung ausländischer Schiedssprüche von 1958 nahezu weltweit vollstreckbar.[11] Weiter hat das Schiedsrecht durch die in vielen Ländern angestrengten Reformen[12] an Effektivität gewonnen. Teilweise wird daher geschätzt, dass bis zu 90 % aller internationalen Handelsverträge eine Schiedsklausel enthalten.[13]

In Zeiten wirtschaftlicher Krisen und ständig schwankender Märkte rückt auch das Insolvenzrecht zunehmend in den Fokus von Unternehmen, Gerichten, Rechtsanwälten und Schiedsrichtern. Die Zahl der Unternehmensinsolvenzen fiel in Deutschland zwar im Jahr 2014 auf 24.085. Das entspricht einem Rückgang um 7,3 % gegenüber dem Vorjahr.[14] Im restlichen Teil Westeuropas ist die Zahl

---

8 Kröll NJW 2009, 1183; Calliess/Hoffmann ZRP 2009, 1.

9 Schwab/Walter, Schiedsgerichtsbarkeit, 7. A. 2005, Kap. 41 Rn. 1.

10 Nagel/Gottwald, Internationales Zivilprozessrecht, 7. A. 2013, § 18 Rn. 6.

11 Nagel/Gottwald, Internationales Zivilprozessrecht, 7. A. 2013, § 18 Rn. 7.

12 Schwab/Walter, Schiedsgerichtsbarkeit, 7. A. 2005, Kap. 41 Rn. 1.

13 Hoffmann SchiedsVZ 2010, 96, 97.

14 Statistisches Bundesamt, abrufbar unter: https://www.destatis.de/DE/PresseService/Presse/Pressemitteilungen/2015/03/PD15_091_52411pdf.pdf?__blob=publicationFile.

der Unternehmensinsolvenzen jedoch erneut gestiegen.[15] Nicht zuletzt aufgrund der fortschwelenden Finanzkrise und einer Rezession in Teilen des Euroraums wird die Zahl der Insolvenzen in naher Zukunft wohl nicht signifikant sinken.

Zwangsläufig kommt es zu einer Berührung von Schiedsgerichtsbarkeit und Insolvenzrecht. Denn einer Vielzahl der anhängigen oder zukünftigen Insolvenzverfahren stehen nun bereits laufende oder neu anzustrengende Schiedsverfahren gegenüber.

Der Schnittpunkt von Schiedsgerichtsbarkeit und Insolvenz wirft die Frage auf, wie Schiedsverfahren zu behandeln sind. Über der Vielzahl von Einzelproblemen und den verschiedenen Perspektiven, aus denen Schiedsgerichtswesen und Insolvenzverfahren betrachtet werden können, steht die Kollision zweier Rechtsgebiete mit gegensätzlicher Zielrichtung und Ausgestaltung.

Das Recht der Schiedsverfahren ist eine privatautonom bestimmte Form der Streitbeilegung, welche gesetzlich verankert ist und unter dem Schutz der Zivilprozessordnung steht.[16] Als verfassungsrechtlich anerkannte Alternative zur ordentlichen Gerichtsbarkeit[17] ist das Schiedsgerichtswesen in besonderem Maße durch den Willen der Parteien bestimmt. Die Parteiautonomie steht klar im Vordergrund.[18] Das Vertrauen der Parteien in den von ihnen gewählten Rechtsweg wird geschützt, indem Eingriffe staatlicher Gerichte weitgehend untersagt[19] und im Wesentlichen nur zugelassen sind, wenn der Schiedsspruch an schwerwiegenden Mängeln leidet.[20]

Das Insolvenzrecht hingegen hat eine andere Zielrichtung. Es ist die Summe aller Rechtssätze, die beim wirtschaftlichen Zusammenbruch eines Schuldners subjektive Rechte zu Gunsten der Beteiligten realisieren und die Rechts- und Vermögensverhältnisse des Schuldners reorganisieren oder abwickeln sollen.[21] Die dafür unerlässliche Mehrung und Sicherung der Insolvenzmasse wird durch eine Zentralisierung der Rechtsmacht über das Verfahren durch das Insolvenzgericht

---

15 Creditreform, abrufbar unter: http://www.creditreform.at/fileadmin/user_upload/Oesterreich/Downloads/Insolvenz/Unternehmensinsolvenzen_Europa_2013_2014.pdf.

16 SchiedsVfG, BT-Drucks. 13/5274, S. 34.

17 Dütz, S. 230; Kiesow KTS 1962, 224 ff.; Geimer, S. 5 ff., 36 ff.; äußerst kritisch Hesselbarth, S. 19 ff., 26 f., 41 ff., 57 ff. u.a.

18 Schwab/Walter, Schiedsgerichtsbarkeit, 7. A. 2005, Kap. 1 Rn. 1.

19 Stein/Jonas/Schlosser, ZPO, Bd. 10, 23. A. 2014, § 1026 Rn. 1 ff.

20 Schwab/Walter, Schiedsgerichtsbarkeit, 7. A. 2005, Kap. 24 Rn. 1.

21 Häsemeyer, Insolvenzrecht, 4. A. 2007, Rn. 3.02.

und den Insolvenzverwalter erreicht. Die Parteiautonomie steht gerade nicht im Vordergrund.

Damit steht ein durch Parteiautonomie geprägtes und vor staatlichen Eingriffen geschütztes Verfahren einem durch Verfahrenskonzentration und Zentralisierung geprägtem Verfahren gegenüber.

Die Untersuchung der Schnittmengen aus den unterschiedlichen Verfahrensordnungen des Schiedsgerichtswesens und des Insolvenzrechts sowie deren widerstreitende Zielsetzungen und die sich hieraus ergebenden Probleme sind Gegenstand dieser Arbeit.

Der erste Teil der Arbeit beschäftigt sich mit dem Zusammentreffen von Insolvenz und Schiedsgerichtsbarkeit auf nationaler Ebene.

Da fast jede größere Insolvenz grenzüberschreitende Auswirkungen hat, beschäftigt sich der zweite Teil der Arbeit mit den Problemen, welche sich im internationalen Kontext von Insolvenz und Schiedsverfahren stellen. Der Konflikt zwischen internationalem Insolvenzrecht und Schiedsgerichtsbarkeit ist spätestens seit den divergierenden Entscheidungen des englischen High Court of Justice[22] und des Court of Appeal England[23] sowie des Schweizerischen Bundesgerichts[24] in den jeweils ähnlich gelagerten Fällen Vivendi ./. Elektrim in den Vordergrund gerückt.[25]

Diese Rechtsstreitigkeiten zeigen exemplarisch, dass die Berührung von Insolvenzrecht und Schiedsgerichtsbarkeit im Hinblick auf die unterschiedlichen Rechtsordnungen und deren Zielsetzungen zukünftig an Bedeutung gewinnen wird. Den dabei zu untersuchenden Rechtsfragen liegt die Problematik zu Grunde, dass die jewei-ligen Insolvenzordnungen vor allem nationale Belange im Blick haben, das kollidierende Schiedsrecht jedoch in seinen wesentlichen Entwicklungen international eingebettet ist[26] und damit nicht nur eine nationale, sondern vor allem auch eine internationale Ausrichtung besitzt.

II. Fragestellungen und Gang der Untersuchung

Mit der Problematik von Insolvenz und Schiedsgerichtsbarkeit auf nationaler Ebene haben sich bereits einige Autoren befasst.[27] Dennoch sind viele Themen

22 High Court of Justice SchiedsVZ 2008, 316, 320.

23 Ct. Of Appeal England ZIP 2010, 2529.

24 Das Schweizer BG hat mit Urteil v. 31.03.2009 – Az. 4A_428/2008 anders entschieden.

25 Überblick zu den Entscheidungen Kasolowsky/Steup IPRax 2010, 180.

26 Böckstiegel SchiedsVZ 2009, 3, 4.

27 Jestaedt, S. 16 ff.; Flöther, S. 5 ff.; Heuser, S. 19 ff.

umstritten und aufgrund neuerer Entscheidungen des BGH klärungsbedürftig. Im Mittelpunkt des ersten Teils der Arbeit stehen die einzelnen Verfahrenskonstellationen und Handlungsmöglichkeiten des Insolvenzverwalters, die beim Aufeinandertreffen von Schiedsgerichtsbarkeit und Insolvenz auf nationaler Ebene von Bedeutung sind. Zunächst stellt sich die Frage nach der grundsätzlichen Bindungswirkung einer vorinsolvenzlich abgeschlossenen Schiedsvereinbarung. Diese ist zwar allgemein anerkannt, nicht jedoch deren dogmatische Begründung. Weitere Problemstellungen hinsichtlich der Bindungswirkung ergeben sich aus den einzelnen Prozesslagen im Rahmen von Feststellungsprozessen[28] und Anfechtungsrechtsstreitigkeiten.[29]

Sofern man die Bindungswirkung des Insolvenzverwalters an eine Schiedsvereinbarung des Schuldners grundsätzlich anerkennt, stellt sich die Frage, unter welchen Voraussetzungen sich der Verwalter von der Schiedsabrede lösen kann. Relevant sind hierbei vor allem Fälle, in denen die Insolvenzmasse nicht ausreicht, um die Kosten des Schiedsverfahrens zu decken.

Die Unterbrechung des Schiedsverfahrens bei Insolvenzeröffnung und die Behandlung von Schiedsrichterverträgen werden ebenfalls im ersten Teil der Arbeit geprüft. Bislang noch wenig beschrieben wurden die Probleme im Rahmen von grenzüberschreitenden Insolvenz- und Schiedsverfahren.[30] Die Rechtsfragen aus diesem Bereich sind im internationalen Handelsverkehr besonders relevant. Dazu kommt die Schwierigkeit, dass in diesem Bereich normativ häufig nur fragmentarische Regelungen existieren.

Untersucht werden Konstellationen, in denen das Insolvenzverfahren im europäischen Ausland oder in einem Drittstaat eröffnet wurde und das Schiedsverfahren im Inland durchgeführt wird. Geprüft wird, unter welchen Voraussetzungen ein internationales Insolvenzverfahren anzunehmen ist und ob eine solche Insolvenzeröffnung durch ein Schiedsgericht mit Sitz in Deutschland überhaupt anerkannt werden muss. Im Folgenden wird untersucht, welches Recht das Schiedsgericht bei grenzüberschreitenden Verfahren anzuwenden hat und welche Auswirkungen sich daraus ergeben.

---

28 BGH NJW 2009, 1747.

29 BGH NJW-RR 2008, 558.

30 Wagner, S. 33 ff.; Trunk, S. 125 ff., 148 ff., 290 f., 383 f.; G. Wagner KTS 2010, 39, 50 ff.; Poelzig ZZPInt 2009, 393 ff.

Hinsichtlich der verwendeten Terminologie wird beim Zitieren noch zur Konkursordnung ergangener Rechtsprechung und hierzu verfasster Literatur der aktuell gebräuchliche Begriff der Insolvenz verwendet und der des Konkurses weitgehend vermieden, sofern es nicht auf eine Unterscheidung ankommt. Ebenso werden in diesem Zusammenhang, soweit dies angebracht und keine Unterscheidung notwendig ist, nicht die Normen der Konkursordnung, sondern die Nachfolgeregelungen der Insolvenzordnung zitiert.

Teil I. Insolvenz- und Schiedsverfahren im Inland

A. Bindungswirkung der Schiedsvereinbarung in der Insolvenz

Die Eröffnung des Insolvenzverfahrens über das Vermögen des Schuldners kann vielfältige Auswirkungen auf eine zwischen Insolvenzschuldner und Gläubiger abgeschlossene Schiedsvereinbarung sowie das von den Parteien angestrebte Schiedsverfahren nach sich ziehen. Wechselwirkungen ergeben sich insbesondere aus der durch den Schuldner geschaffenen schiedsrechtlichen Verfahrenssituation, der auf den Insolvenzverwalter übergegangenen Verwaltungs- und Verfügungsbefugnis und der damit einhergehenden Stellung als alleiniges Organ mit unmittelbarer Außenwirkung einschließlich Prozessführung[31] sowie dem insolvenzrechtlichen Ziel der gemeinschaftlichen und gleichmäßigen Gläubigerbefriedigung.[32]

Aufgrund der Regelungsziele des Insolvenzrechts, vornehmlich der Haftungsverwirklichung und der Gläubigerbefriedigung, stellt sich die Frage, ob ein privatgerichtliches Erkenntnisverfahren überhaupt statthaft ist, um die Masse zu mehren und zu verteidigen. Hieraus könnte der Schluss gezogen werden, dass vor Verfahrenseröffnung getroffene Schiedsabreden den Insolvenzverwalter nicht binden.

Die zentrale Frage ist daher, inwieweit die vom Schuldner vor Verfahrenseröffnung geschaffene Rechtslage auf das Insolvenzverfahren ausstrahlt und ob es dem Insolvenzverwalter gestattet sein kann, sich von einer vorinsolvenzlichen Schiedsabrede zu lösen.

Die Untersuchung richtet sich zuerst auf die Bindungswirkung der Schiedsvereinbarung für den Insolvenzverwalter im Allgemeinen und danach auf die Bindungswirkung bei Teilungsmassestreitigkeiten, Feststellungsprozessen und Insolvenzanfechtungsstreitigkeiten.

I. Objektive Schiedsfähigkeit insolvenzrechtlicher Streitigkeiten

Die erste Schnittstelle von Insolvenzrecht und Schiedsgerichtsbarkeit liegt in der Eigenschaft insolvenzrechtlicher Streitigkeiten, Gegenstand schiedsgerichtlicher

31 Gottwald/Klopp/Kluth, Insolvenzrechts-Handbuch, 5. A. 2015, § 22 Rn. 1.

32 MünchKommInsO/Stürner, Bd. 1, 3. A. 2013, Einl. Rn. 62; Pape/Uhlenbruck, NJW-Schriften 67, Rn. 96; Uhlenbruck/Pape, InsO, 14. A. 2015, § 1 Rn. 2; Foerste, Insolvenzrecht, 6. A. 2014, Rn. 8.

Verfahren sein zu können. Nach § 1030 Abs. 1 Satz 1 ZPO kann grundsätzlich jede vermögensrechtliche Streitigkeit Gegenstand einer Schiedsvereinbarung sein. Begrenzt wird dies durch § 1030 Abs. 3 ZPO, nach dem gesetzliche Regelungen außerhalb des Schiedsverfahrensrechts den Verfahrensgegenstand einer schiedsgerichtlichen Auseinandersetzung entziehen können.[33]

Nach der Gesetzesbegründung steht die Schiedsgerichtsbarkeit den staatlichen Gerichten als gleichwertige Rechtschutzmöglichkeit gegenüber, weshalb ein Ausschluss nur insoweit erfolgt, als der Staat besonders schutzwürdige Rechtsgüter seinem Entscheidungsmonopol vorbehalten hat.[34]

Ein Streitgegenstand ist als vermögensrechtlich zu qualifizieren und damit schiedsfähig im Sinne von § 1030 Abs. 1 ZPO, wenn er sich entweder aus Vermögensrechten ableitet oder auf eine vermögenswerte Leistung abzielt.[35] Das ist bei insolvenzrechtlichen Streitigkeiten stets der Fall.[36] Denn jeder Aktiv- oder Passivprozess steht im Zusammenhang mit Ansprüchen, welche das zu verteilende, schuldnerische Vermögen zum Gegenstand haben. Deshalb sind die Streitgegenstände zwangsläufig als vermögensrechtlich einzustufen.

Der Gesetzgeber geht ebenfalls von der grundsätzlichen Schiedsfähigkeit vermögensrechtlicher Ansprüche aus. Das ergibt sich aus § 160 Abs. 2 Nr. 3 InsO. Nach dieser Vorschrift bedarf lediglich der Abschluss einer Schiedsvereinbarung, die einen Rechtsstreit mit erheblichem Streitwert betrifft, der Zustimmung des Gläubigerausschusses. Weitere Restriktionen sind der Entscheidung insolvenzrechtlicher Streitigkeiten durch Schiedsgerichte von Gesetzes wegen nicht auferlegt.

II. Abschluss von Schiedsvereinbarungen durch den Insolvenzverwalter

Die Insolvenzordnung gibt dem Verwalter mit dem Übergang des Verwaltungs- und Verfügungsrechts gemäß §§ 80, 160 Abs. 2 Nr. 3 InsO die Möglichkeit zum Abschluss von Schiedsverträgen in Bezug auf Rechtsstreitigkeiten für und gegen die Insolvenzmasse. Die Einholung der Zustimmung des Gläubigerausschusses für den Fall, dass es sich um einen Schiedsvertrag mit erheblichem Streitwert

33 Musielak/Voit/Voit, ZPO, 12. A. 2015, § 1030 Rn. 2.

34 SchiedsVfG, BT-Drucks. 13/5274, S. 34. – a.A. Hesselbarth, S. 21 ff.

35 Zöller/Vollkommer, ZPO, 30. A. 2014, § 1 Rn. 11; Baumbach/Lauterbach/Albers/Hartmann, ZPO, 73. A. 2015, Grdz § 1 Rn. 11 ff.

36 Uhlenbruck/Mock, InsO, 14. A. 2015, § 80 Rn. 187.

handelt, ist jedoch zum Schutz des Rechtsverkehrs gemäß § 164 InsO ohne Einfluss auf dessen Wirksamkeit.[37]

In allen anderen Fällen kann der Verwalter, auf den die Verwaltungs- und Verfügungsbefugnis nach § 80 InsO übergegangen ist, ohnehin selbst entscheiden.

Dem Insolvenzverwalter ist es daher möglich, nach Insolvenzeröffnung nahezu jede Streitigkeit der Entscheidung durch ein Schiedsgericht zu übertragen. Er kann sogar über Ansprüche aus Insolvenzanfechtung nach §§ 129 ff. InsO Schiedsverträge schließen.[38] Diese sind aufgrund ihrer vermögensrechtlichen Prägung im Sinne des § 1030 Abs. 1 ZPO stets schiedsfähig.

Ebenfalls erfasst sind Schiedsverträge des Insolvenzverwalters über die Forderungsfeststellung zur Tabelle gemäß §§ 87,179 ff. InsO.[39] Auch diese Ansprüche sind als vermögensrechtlich zu qualifizieren, da es sich um Ansprüche bezogen auf die zu verteilende Masse handelt.

Spezifisch insolvenzrechtliche Streitigkeiten innerhalb des Insolvenzverfahrens, welche dem Insolvenzgericht und damit dem Insolvenzrichter oder dem Rechtspfleger vorbehalten sind, können dagegen nicht im Schiedsverfahren verfolgt werden.[40] Hierunter fallen Fragen über die Stimmrechte der Gläubiger in der Gläubigerversammlung nach § 77 Abs. 2 Satz 2 InsO, Fragen bei der Abstimmung über den Insolvenzplan gemäß § 237 InsO oder über das Stimmrecht der absonderungsberechtigten Gläubiger nach § 238 InsO.

Die praktische Bedeutung der Vorschrift des § 160 Abs. 2 Nr. 3 InsO wird teilweise als gering eingestuft,[41] erlangt jedoch gerade bei Unternehmensverkäufen aus Anlass der Insolvenz Bedeutung.[42] § 160 Abs. 2 Nr. 3 InsO erlaubt dem Verwalter zudem Schiedsgutachterverträge zu schließen, um eine außergerichtliche Streitbeilegung herbeizuführen und Prozesse zu vermeiden.[43]

Der Insolvenzverwalter hat daher, unter Berücksichtigung seiner Amtspflichten, umfangreiche Möglichkeiten, nach Eröffnung der Insolvenz die ordentliche Gerichtsbarkeit auszuschließen und Streitigkeiten vor Privatgerichten auszutragen.

---

37 Uhlenbruck/Zipperer, InsO, 14. A. 2015, § 164 Rn. 2 f.

38 MünchKommInsO/Schumacher, Bd. 2, 3. A. 2013, Vor §§ 85 bis 87 Rn. 54; Häsemeyer, Insolvenzrecht, 4. A., 2007, Rn. 13.28; Uhlenbruck/Ede/Hirte, InsO, 14. A. 2015, § 143 Rn. 145; Jestaedt, S. 79 ff.

39 Häsemeyer, Insolvenzrecht, 4. A. 2007, Rn. 13.28.

40 Berger ZInsO 2009, 1033.

41 KPB/Onusseit, InsO, Bd. 3, § 160 Rn. 18.

42 Berger ZInsO 2009, 1033.

43 MünchKommBGB/Würdinger, Bd. 2, 6. A. 2012, § 317 Rn. 28 ff.

III. Bindung an vorinsolvenzliche Schiedsvereinbarungen

Nach der objektiven Schiedsfähigkeit insolvenzrechtlicher Streitigkeiten ist zu prüfen, inwieweit der Insolvenzverwalter an eine durch den Insolvenzschuldner vor Insolvenzeröffnung geschlossene Schiedsabrede gebunden ist. Aus der Schiedsfähigkeit an sich können keine Rückschlüsse auf die Bindung für den Verwalter gezogen werden. Denn die objektive Schiedsfähigkeit sagt nur etwas darüber aus, ob Ansprüche durch ein Schiedsgericht entschieden werden können und nicht, ob die vom Schuldner geschlossene Schiedsabrede auch Wirkung für und gegen den Verwalter entfalten kann.

Die grundsätzliche Bindung des Verwalters an Schiedsvereinbarungen wird in der Rechtsprechung und der Literatur wie selbstverständlich und nahezu widerspruchslos anerkannt.[44] Die dogmatische Begründung ist jedoch nicht abschließend geklärt. Ziel der Untersuchung ist es, die dogmatische Grundierung herauszuarbeiten, welche die weitreichende Bindungswirkung für den Insolvenzverwalter nach sich zieht.

1. Rechtsprechung

Die Rechtsprechung zur Bindung von Schiedsklauseln reicht über mehr als 100 Jahre zurück und bejaht bis auf eine Ausnahme die grundsätzliche Wirkungserstreckung der Schiedsvereinbarung auf den Insolvenzverwalter.

Das erste hierzu ergangene Urteil des OLG Braunschweig vom 04. April 1902 ist zugleich die einzig ablehnende Entscheidung.[45] Das OLG versagte die

---

44 St. Rspr. seit RGZ 137, 109; BGH NJW 1957, 791; KTS 1962, 234; DZWIR 2004, 161; NJW-RR 2008, 558; NJW 2009, 1747; NZI 2011, 634; MünchKommInsO/Schumacher, Bd. 2, 3. A. 2013, Vor §§ 85 bis 87, Rn. 53 f.; Gottwald/Huber, Insolvenzrechts-Handbuch, 5. A. 2015, § 36 Rn. 46; Uhlenbruck/Mock, InsO, 14. A. 2015, § 85 Rn. 74; Jaeger/Windel, InsO, Bd. 2, 1. A. 2007, § 85 Rn. 68; Hess, InsR, Bd. 1, 2. A. 2013, § 80 Rn. 269; Stein/Jonas/Schlosser, ZPO, Bd. 10, 23. A. 2014, § 1029 Rn. 86; MünchKommZPO/Münch, Bd. 3, 4. A. 2013, § 1029 Rn. 126, § 1029 Rn. 50; Rosenberg/Schwab/Gottwald, Zivilprozessrecht, 17. A. 2010, § 175 Rn. 41; Baumbach/Lauterbach/Albers/Hartmann, ZPO, 73. A. 2015, § 1029 Rn. 26; Musielak/Voit/Voit, ZPO, 12. A. 2015, § 1029 Rn. 8; Zöller/Geimer, ZPO, 30. A. 2014, § 1029 Rn. 65; Saenger Hk-ZPO/Saenger, 6. A. 2015, § 1029, Rn. 22; Lachmann, Handbuch für die Schiedsgerichtspraxis, 3. A. 2008, Rn. 516; Schwab/Walter, Schiedsgerichtsbarkeit, 7. A. 2005, Kap. 7 Rn. 33, Kap. 16 Rn. 49; Flöther, S. 70 ff.; Jestaedt, S. 65 ff.– a.A. Häsemeyer, Insolvenzrecht, 4. A. 2007, Rn. 13.28; zur Unwirksamkeit wegen Ungleichgewichts bei der Besetzung des Schiedsgerichts und wegen Rechtswegspaltung Schulte-Frohlinde/Wilts ZInsO 2006, 196, 199.

45 OLG Braunschweig OLGZ 5, 203.

Bindungswirkung einer vom Schuldner abgeschlossenen Schiedsvereinbarung für den Fall des Forderungsfeststellungsstreits. Zur Begründung führte es die Vorschrift des § 146 Abs. 2 KO an, nach welcher die Feststellung von Konkursforderungen im ordentlichen Verfahren zu betreiben sei. Nach Ansicht des OLG lasse diese Regelung keine Verlagerung der Entscheidung auf den Schiedsrechtsweg zu. Zum einen habe der Gläubiger ein Interesse daran, bei mehreren Feststellungsgegnern diese gemeinsam zu verklagen. Dies sei jedoch im Rahmen der Schiedsgerichtsbarkeit nicht sicher, da gemäß § 1028 a.F. ZPO eine Ernennung unterschiedlicher Schiedsrichter bei den zu führenden Verfahren erfolgen könne. Zum anderen war das Gericht der Ansicht, eine Schiedsklausel habe im Konkursverfahren keinen Bestand, wenn dieses dadurch wesentlich beeinflusst würde oder eine positive Gesetzesvorschrift entgegenstehe. Als eine solche Vorschrift seien aber § 146 Abs. 2[46] und Abs. 5[47] KO anzusehen, welche auf den ordentlichen Gerichtsweg ebenso wie auf ein besonderes Gericht für Feststellungsstreitigkeiten verweisen würden.

Gegenteilig entschied das OLG Hamburg mit Urteil vom 08. Juli 1905.[48] Danach sei das Schiedsgericht auch für Forderungsfeststellungsstreitigkeiten nach § 146 KO zuständig. Die Urteilsbegründung lässt jedoch die Erwägungen für diese Entscheidung nicht erkennen.

In einer anderen Entscheidung vom OLG Naumburg vom 05. Januar 1917 wurde ebenfalls die Zulässigkeit der Entscheidung von Feststellungsstreitigkeiten durch Schiedsgerichte bejaht.[49] Das Gericht stützte seine Begründung entgegen der Entscheidung des OLG Braunschweig nun gerade auf § 146 KO. Denn nach diesem sei zwar grundsätzlich die Zuständigkeit der ordentlichen Gerichte begründet. Hieraus folge jedoch kein Ausschluss der Schiedsgerichtsbarkeit.

Das BayObLG entschied mit Urteil vom 26. April 1916, dass die Schiedsabrede nur dann den Verwalter nicht binde, wenn der Schiedsvereinbarung zu

46 § 146 Abs. 2 KO: "Auf die Feststellung ist im ordentlichen Verfahren Klage zu erheben. Für die Klage ist das Amtsgericht, bei welchem das Konkursverfahren anhängig ist und, wenn der Streitgegenstand zur Zuständigkeit der Amtsgerichte nicht gehört, das Landgericht ausschließlich zuständig, zu dessen Bezirke der Bezirk des Konkursgerichts gehört."

47 § 146 Abs. 5 KO: "Die Bestimmungen des ersten, dritten und vierten Absatzes finden auf Forderungen, für deren Feststellung ein besonderes Gericht, eine Verwaltungsbehörde oder ein Verwaltungsgericht zuständig ist, entsprechende Anwendung."

48 OLG Hamburg OLGZ 11, 362.

49 OLG Naumburg OLGZ 42, 78, N. 1.

entnehmen sei, dass diese aufgrund eines besonderen Vertrauensverhältnisses nur an die Personen der Vertragsparteien geknüpft sei.[50]

Das Reichsgericht stellte mit Urteil vom 08. Juli 1932 hinsichtlich eines Absonderungsrechtsstreits fest, dass die Rechtswirksamkeit eines Schiedsvertrags nicht durch die Konkurseröffnung berührt werde und der Konkursverwalter in die vom Gemeinschuldner abgeschlossenen Schiedsverträge eintrete.[51] In seiner Begründung schrieb es: *„Die Konkursordnung geht davon aus, dass der Verwalter grundsätzlich die Rechtslage hinnehmen muss, die bei Eröffnung des Verfahrens besteht.“*[52] Damit prägte das Reichsgericht erstmals die treffende und bis heute oft verwendete Umschreibung der Bindung des Insolvenzverwalters an vorinsolvenzliche Schiedsabreden.[53] Lösungsmöglichkeiten von Verträgen und Vereinbarungen im Falle der Insolvenz bestünden nur in Form der Anfechtungsvorschriften nach den §§ 29 ff. KO und der Regelungen zu nicht vollständig erfüllten Verträgen nach §§ 17 ff. KO. Ein Schiedsvertrag falle jedoch nicht unter die §§ 17 ff. KO und sei damit weder ein gegenseitiger Vertrag noch ein Auftrag.

Der vom Reichsgericht vertretene Ansatz sowie die Einordnung des Schiedsvertrags wurden durch die nachfolgenden Entscheidungen des BGH bestätigt.[54] Mit Urteil vom 17. Oktober 1956 entschied er, dass der Gemeinschuldner vor Konkurseröffnung nicht befugt sei, über das Anfechtungsrecht zu verfügen oder Einfluss darauf zu nehmen.[55] Denn dieses Recht dient nicht dem Gemeinschuldner, sondern allein der Vermehrung der Konkursmasse im Interesse der Konkursgläubiger. Das Anfechtungsrecht entstehe mit Konkurseröffnung und ende mit Beendigung des Konkurses und könne daher niemals vom Schuldner ausgeübt werden. Wegen der Zweckgebundenheit des Anfechtungsrechts sei der Gemeinschuldner vor der Konkurseröffnung nicht befugt, darüber zu disponieren. Insgesamt ließ der BGH jedoch keinen Zweifel an der grundsätzlichen Bindung des Insolvenzverwalters aufkommen.

---

50 BayObLG OLGZ 39, 93.

51 RGZ 137, 109.

52 RGZ 137, 109, 111.

53 Statt vieler BGH DZWIR 2004, 161; MünchKommZPO/Münch, Bd. 3, 4. A. 2013, § 1029 Rn. 50.

54 BGH NJW 1957, 791.

55 BGH NJW 1956, 1920; DZWIR 2004, 161; NJW-RR 2008, 558; NJW 2009, 1747; NZI 2011, 634.

Mit Urteil vom 28. Februar 1957 führte der BGH die Rechtsprechung des Reichsgerichts fort.[56] Er bestätigte diese jedoch lediglich mit der "pauschalen"[57] Begründung, dass der Verwalter die Rechtslage übernehmen müsse, die bei Verfahrenseröffnung besteht. Gleichzeitig griff der BGH sein vorangegangenes Urteil vom 17. Oktober 1956[58] auf und stellte klar, dass die Bindung an eine vorinsolvenzliche Schiedsvereinbarung nur zu verneinen sei, wenn der Verwalter Anfechtungsrechte geltend mache.

Mit Beschluss vom 20. November 2003 verwies der BGH erneut auf die anerkannte Bindung des Insolvenzverwalters an Schiedsabreden.[59] Neben dem Verweis auf die herrschende Meinung in der Literatur zog der BGH zudem ähnlich gelagerte Entscheidungen heran, welche Rückschlüsse auf die zugrunde liegenden dogmatischen Erwägungen zulassen.[60]

In der ersten zitierten Entscheidung erkannte der BGH darauf, dass Testamentsvollstecker an Schiedsabreden gebunden seien.[61] Ein Testamentsvollstrecker mache zwar Ansprüche aus eigenem Recht als Partei kraft Amtes geltend. Diese würden sich jedoch materiell auf das Rechtsverhältnis beziehen, das im Wege der Gesamtrechtsnachfolge auf die Erben übergegangen sei. Dementsprechend sei der Testamentsvollstrecker ebenso wie die Erben an den vom Erblasser geschlossenen Schiedsvertrag gebunden. Der BGH verwies zur Begründung auf seine oben genannte Rechtsprechung zur Bindung des Insolvenzverwalters.

Die zweite zitierte Entscheidung besagt, dass sich ein Schiedsvertrag auf die Gesamt- und Sonderrechtsnachfolger erstreckt, welche in die Rechte und Pflichten des Vertrags eintreten.[62] Denn der Inhalt eines Rechtsverhältnisses ändere sich nicht dadurch, dass sein Inhaber wechsle.

Die dritte Entscheidung, auf welche der BGH Bezug nahm, hat den Übergang der Schiedsabrede auf einen Sonderrechtsnachfolger zum Gegenstand.[63] Dieser Übergang ergebe sich im Fall der Abtretung aus § 401 BGB, der bestimmt, dass mit einer abgetretenen Forderung alle Nebenrechte auf den neuen Gläubiger übergehen. Die Schiedsklausel stelle eine solche untrennbare Eigenschaft des zugrunde liegenden Rechts dar.

---

56 BGH NJW 1957, 791.
57 BGH NJW 2003, 3060, 3061.
58 BGH NJW 1956, 1920.
59 BGH DZWIR 2004, 161.
60 BGH a.a.O. mit Verweis auf BGH NJW 1979, 2567; KTS 1962, 234; NJW 2000, 2346.
61 BGH NJW 1979, 2567.
62 BGH KTS 1962, 234.
63 BGH NJW 2000, 2346.

Ferner betonte der BGH nochmals, dass die Schiedsvereinbarung weder ein gegenseitiger Vertrag nach § 103 InsO noch ein Auftrag nach § 115 InsO sei.

Am 17. Januar 2008[64] urteilte der BGH erneut, dass der Verwalter an Schiedsabreden des Schuldners gebunden sei und die Rechtslage so übernehmen müsse, wie sie sich bei Eröffnung des Verfahrens darstelle. Zugleich erteilte er dem Versuch, einer auf ein Absonderungsrecht gestützten Schiedsklage Anfechtungsansprüche durch den Insolvenzverwalter im Wege der Einrede oder Schiedswiderklage entgegenzuhalten, eine Absage. Schiedsvereinbarungen des Schuldners könnten Anfechtungsrechte nicht erfassen, weshalb dem Schiedsgericht keine Entscheidungskompetenz über sie zukomme.

Mit Entscheidung vom 29. Januar 2009[65] stellte der BGH klar, dass die Bindung an Schiedsvereinbarungen auch für Feststellungsrechtsstreitigkeiten gelte. Zudem sei unter bestimmten Voraussetzungen ein nach Insolvenzeröffnung ergangener Leistungsschiedsspruch als Feststellung zur Insolvenztabelle auszulegen.

Mit Entscheidung vom 30. Juni 2011[66] konkretisierte der BGH die Bindung des Insolvenzverwalters an eine vorinsolvenzliche Schiedsvereinbarung weiter. Der Verwalter sei bei der Geltendmachung insolvenzspezifischer Rechte wie der Insolvenzanfechtung oder dem Wahlrecht gemäß § 103 InsO, die sich nicht unmittelbar aus dem vom Schuldner abgeschlossenen Vertrag ergeben, nicht an die Schiedsabrede gebunden. Der BGH übertrug in seiner Entscheidung die Rechtsprechung zu Ansprüchen aus Insolvenzanfechtung auf das Wahlrecht gemäß § 103 InsO, über welches der Schuldner ebenfalls nicht verfügen oder darauf Einfluss nehmen könne.

Die Rechtsprechung geht damit von der grundsätzlichen Bindung des Insolvenzverwalters an vorinsolvenzliche Schiedsvereinbarungen aus. Die dogmatische Herleitung bleibt zwar weitgehend unausgesprochen, trägt aber dennoch jede Entscheidung und liegt ihr zugrunde. Um die vom BGH als selbstverständlich angesehenen Wirkungen klar herauszubilden, ist zunächst auf die Stellung des Verwalters und die bisherigen Untersuchungen der Literatur einzugehen.

2. *Stellung des Insolvenzverwalters*

Die subjektive Reichweite der Schiedsvereinbarung könnte auch durch die rechtliche Einordnung der Position des Verwalters beeinflusst werden.

64 BGH NJW-RR 2008, 558.
65 BGH NJW 2009, 1747.
66 BGH NZI 2011, 634.

Nach der Vertretertheorie ist der Insolvenzverwalter gesetzlicher Vertreter des Schuldners in Bezug auf die Masse.[67] Das hat zur Folge, dass der Verwalter an die vom (Gemein)Schuldner geschaffene Rechtslage gebunden ist und nur mittels der ihm durch die Insolvenzordnung gegebenen Rechte auf die vom Schuldner geschaffene rechtliche Situation einwirken kann.

Nach der Theorie des neutralen Handels handelt der Verwalter weder im Namen des Schuldners noch vertritt er dessen Interessen. Er handelt nicht im eigenen Namen, sondern in seiner Eigenschaft als Verwalter fremden Vermögens und daher objektbezogen und neutral.[68] Auch nach dieser Ansicht ist der Verwalter an die Schiedsvereinbarung gebunden. Denn einziger Anknüpfungspunkt für ein Handeln des Verwalters ist aufgrund der Objektbezogenheit das durch ihn verwaltete Vermögen. Dieses ist aber im Geltungsbereich der Schiedsabrede durch deren Wirkungen beschränkt. Folglich erstreckt sich die Schiedsvereinbarung auch auf den Verwalter.

Nach der Organtheorie ist die Insolvenzmasse rechtlich verselbstständigt und als Sondervermögen mit einer eigenen Sachlegitimation anzusehen.[69] Die Bindungswirkung kann mit dem Argument verneint werden, der Verwalter sei mangels Sukzession nicht Rechtsnachfolger des Gemeinschuldners.[70] Es komme daher zu einer Unterwerfung der Schiedsabrede unter die insolvenzrechtliche Haftungsordnung, welche eine Bindung an die Schiedsabrede ausschließe.[71] Dagegen spricht jedoch, dass, die Organtheorie zugrunde gelegt, der Insolvenzverwalter als Organ des Rechtsnachfolgers "Insolvenzmasse"[72] in Bezug auf die massezugehörigen Rechte und wegen seiner Stellung an die vorinsolvenzlichen Rechtsgeschäfte des Gemeinschuldners gebunden ist.[73] Für eine haftungsrechtliche Umgestaltung bestehen zudem keine Anhaltspunkte. Die Regelungssystematik der Insolvenzordnung zu gegenseitigen Verträgen nach § 103 InsO und Aufträgen nach § 115 InsO ergibt, dass die Schiedsabrede nicht von diesen Vorschriften erfasst wird. Die Bindung des Verwalters leitet sich von der vor

---

67 Bley ZZP 62 (1941), 111; Bernhardt NJW 1962, 2194; Lent ZZP 62 (1941), 129 ff.; ders. KTS 1956, 161 ff.; Ballerstedt AcP, 151 (1951), 501 ff.

68 Hess, InsR, Bd. 1, 2. A. 2013, § 80 Rn. 174 f.

69 KPB/Lüke, InsO, Bd. 2, § 80 Rn. 35; MünchKommInsO/Ott/Vuia, Bd. 2, 3. A. 2013, § 80 Rn. 29.

70 Flöther, S. 81 f.

71 Häsemeyer, Insolvenzrecht, 4. A. 2007, Rn. 13.28.

72 Jestaedt, S. 65.

73 Jestaedt, a.a.O.

Insolvenz geschaffenen Rechtslage ab. Der Verwalter ist auch nach dieser Theorie an die Schiedsabrede gebunden.

Die modifizierte Organ- bzw. Vertretertheorie sieht den Verwalter bei natürlichen Personen als gesetzlichen Vertreter beschränkt auf die Masse und bei juristischen Personen als Organ und obligatorischen Fremdliquidator.[74] Aber auch nach dieser Systematisierung ergibt sich die Bindung des Verwalters aus der Anknüpfung an die vorinsolvenzliche, durch den Gemeinschuldner begründete Rechtslage. Eine Umgestaltung der Rechtsverhältnisse, welche die Bindung hindern könnte, findet nicht statt.

Nach der heute am weitesten verbreiteten Amtstheorie handelt der Insolvenzverwalter materiell-rechtlich wie prozessual im eigenen Namen und auch aus eigenem Recht, jedoch mit Wirkung für und gegen die Masse und dabei in Erfüllung der ihm durch die Insolvenzordnung auferlegten Verpflichtungen.[75] Der Verwalter wird in prozessualer Hinsicht als Rechtsnachfolger angesehen oder zumindest als ein solcher behandelt[76] und ist daher in Bezug auf die Masse grundsätzlich an die Rechtsgeschäfte des Gemeinschuldners gebunden, die dieser vor Insolvenz getätigt hat.[77]

Der Verwalter ist damit nach nahezu allen Ansichten an die Schiedsabrede gebunden. Die vorstehenden Theorien zur Positionsbeschreibung des Verwalters haben daher für die hier in Frage stehende Problematik keine ausschlaggebende Bedeutung. Teils werden sie bereits als überholt angesehen werden[78] und ihnen wird Einfluss auf die Bindungswirkung des Verwalters an Schuldnergeschäfte sogar insgesamt abgesprochen.[79]

---

74 K. Schmidt, Wege zum Insolvenzrecht der Unternehmen, S. 107 ff.; ders. KTS 1984, 345, 360 ff.; 1991, 211 ff.; Rosenberg/Schwab/Gottwald, Zivilprozessrecht, 17. A. 2010, § 40 Rn. 14 ff.

75 St. Rspr. seit RGZ 29, 29; BGH NJW 1962, 544; 1960, 1006; 1984, 739; 1987, 3133; 1994, 3232; BGH ZInsO 2006, 260; BGH WM 2005, 1084; MünchKommInsO/Schumacher, Bd. 2, 3. A. 2013, § 80 Rn. 27, 35; Uhlenbruck/Mock, InsO, 14. A. 2015, § 80 Rn. 57; KPB/Lüke, InsO, Bd. 2, § 80 Rn. 37; Jaeger/Windel, InsO, Bd. 2, 1. A 2007, § 80 Rn. 12, 15; Häsemeyer, Insolvenzrecht, 4. A. 2007, Rn. 15.06; Nerlich/Römermann/Wittkowski/Kruth, InsO, § 80 Rn. 38; Weber KTS 1955, 102, 111, Henckel ZIP 1991, 133 ff.

76 Stein/Jonas/Schlosser, ZPO, Bd. 10, 23. A. 2014, § 1029 Rn. 85, 86, 87a; Jestaedt, S. 65, Heuser, S. 32 f. – a.A. Tintelnot, S. 24 ff.; Flöther, S. 81 f.

77 Jestaedt, S. 65.

78 Gottwald/Klopp/Kluth, Insolvenzrechts-Handbuch, 5. A. 2015, § 22 Rn. 21 ff.

79 Tintelnot, S. 25 f.

3. *Schlussfolgerungen der Literatur*

Nach der ganz herrschenden Meinung in der Literatur ist der Insolvenzverwalter ebenfalls an Schiedsabreden des Schuldners gebunden und tritt in prozessualer Hinsicht ohne Weiteres an dessen Stelle.[80] Er müsse die Rechtslage grundsätzlich so übernehmen, wie sie sich bei Eröffnung des Verfahrens darstellt.[81] Damit könne er für die Masse nicht mehr und auch keine anderen Rechte geltend machen, als es der Gemeinschuldner könnte.[82] Ebenso komme es nicht darauf an, ob das Schiedsgericht bei Verfahrenseröffnung bereits angerufen war oder nicht. [83]

Die Schiedsabrede sei auch kein gegenseitiger Vertrag im Sinne des § 103 InsO und kein Auftrag im Sinne des § 115 InsO. Daher ist dem Insolvenzverwalter weder die Möglichkeit gegeben, die Erfüllung gemäß § 103 Abs. 2 Satz 1 InsO abzulehnen, noch komme es zu einem Erlöschen des Schiedsvertrags gemäß § 115 Abs. 1 InsO durch die Eröffnung des Insolvenzverfahrens.[84]

Etwas anderes könnte ausnahmsweise gerechtfertigt sein, wenn die Schiedsvereinbarung nur zwischen den Beteiligten persönlich gelten soll und nicht auch für den Insolvenzverwalter.[85] Hierzu müsse ausdrücklich oder konkludent die Rechtsnachfolge des Verwalters in die Parteistellung ausgeschlossen sein oder zwischen den Parteien ein besonderes Vertrauensverhältnis bestanden haben,

---

80 MünchKommInsO/Schumacher, Bd. 2, 3. A. 2013, Vor §§ 85 bis 87 Rn. 53 f.; Gottwald/Huber, Insolvenzrechts-Handbuch, 5. A. 2015, § 36 Rn. 46; Uhlenbruck/Mock, InsO, 14. A. 2015, § 85 Rn. 72; Jaeger/Windel, InsO, Bd. 2, 1. A 2007, § 85 Rn. 68; Hess, InsR, Bd. 1, 2. A. 2013, § 80 Rn. 269; Stein/Jonas/Schlosser, ZPO, Bd. 10, 23. A. 2014, § 1029 Rn. 35; MünchKommZPO/Münch, Bd. 3, 4. A. 2013, § 1029 Rn. 50, Rosenberg/Schwab/Gottwald, Zivilprozessrecht, 17. A. 2010, § 175 Rn. 41; Baumbach/Lauterbach/Albers/Hartmann, ZPO, 73. A. 2015, § 1029 Rn. 26; Musielak/Voit/Voit, ZPO, 12. A. 2015, § 1029 Rn. 8; Zöller/Geimer, ZPO, 30. A. 2014, § 1029 Rn. 65; Saenger Hk-ZPO/Saenger, 6. A. 2015, § 1029, Rn. 22; Lachmann, Handbuch für die Schiedsgerichtspraxis, 3. A. 2008, Rn. 516; Schwab/Walter, Schiedsgerichtsbarkeit, 7. A. 2005, Kap. 7 Rn. 33, Kap. 16 Rn. 49; Flöther, S. 70 ff.; Jestaedt, S. 65 ff. – a.A. Häsemeyer, Insolvenzrecht, 4. A. 2007, Rn. 13.28; zur Unwirksamkeit wegen Ungleichgewichts bei der Besetzung des Schiedsgerichts und wegen Rechtswegspaltung Schulte-Frohlinde/Wilts in ZInsO 2006, 196, 199.

81 Tintelnot, S. 21 f.

82 Lachmann, Handbuch für die Schiedsgerichtspraxis, 3. A. 2008 Rn. 516; zur übereinstimmenden Handhandhabung im österreichischen Recht Smid, S. 71, 79.

83 BGH DZWIR 2004, 161.

84 Gottwald/Huber, Insolvenzrechts-Handbuch, 5. A. 2015, § 36 Rn. 45 f.; MünchKommInsO/Huber, Bd. 2, 3. A. 2013, § 103 Rn. 94; Kück ZInsO 2006 11 ff.

85 BGH a.a.O; Lachmann, Handbuch für die Schiedsgerichtspraxis, 3. A. 2008, Rn. 520.

welches die Grundlage für die Schiedsvereinbarung bildete.[86] In einem solchen Fall wäre es möglich, den Verwalter in den Grenzen des § 242 BGB von der Übernahme des Verfahrens auszuschließen. Da der Verwalter jedoch als Partei kraft Amtes[87] im eigenen Namen und mit Wirkung für und gegen den Insolvenzschuldner zu handeln befugt ist, bedürfe es eines besonderen Interesses der Parteien der Schiedsvereinbarung, um den Verwalter von den Wirkungen der Schiedsvereinbarung auszunehmen.[88]

Für eine Bindung des Insolvenzverwalters wird angeführt, dass Schiedsvereinbarungen keine selbstständigen Verträge seien, über deren Durchführung und Geltung der Verwalter disponieren könne.[89] Schiedsvereinbarungen seien als Abreden über die prozessuale Behandlung materieller Rechte – als prozessuale accidentalia negotii – anzusehen.[90] Deshalb seien sie wie alle anderen materiellrechtlichen Nebenabreden bei Vertragsschluss durch die Parteien zu behandeln, nur dass es sich insoweit um vertragliche Modalitäten der Rechtsdurchsetzung handle. Die Bindungswirkung des Verwalters wird dabei mit der eines Gesamtrechtsnachfolgers vergleichen. Der Verwalter übernehme die Masse wie ein Erbe mit allen hierzu gehörigen Rechten und Pflichten. Die Gleichbehandlung des Verwalters mit der eines Rechtsnachfolgers begründe sich in der haftungsrechtlichen Anerkennung der durch den Gemeinschuldner abgeschlossenen Geschäfte.[91] In der Konsequenz sei der Verwalter an die materiell-rechtlichen wie an die prozessrechtlichen Nebenbestimmungen gebunden. Diese prozessualen Inhalts- und Nebenbestimmungen des materiellen subjektiven Rechts können den Insolvenzverwalter begünstigen als auch belasten.[92] Vergleichsweise wird darauf verwiesen, dass der Verwalter auch kein Recht habe, sich einem vom Schuldner abgeschlossenen Gewährleistungsausschluss zu entziehen.[93]

---

86 BGH NJW 1978, 1585; OLGZ 39, 93, 95; BGH NJW 1963, 203, 204; parallel zum Übergang auf den Abtretungsgläubiger RGZ 56, 182; 146, 52, 55 ff.; Schütze/Tscherning/Wais, Hdb. d. Schiedsverfahrens, 2. A. 1990, Rn. 63.

87 RGZ 29, 29; 97, 107, 109; 120, 189, 192; BGH NJW 1960, 1006; 1968, 300, 302; 1977, 900.

88 KPB/Lüke, InsO, Bd. 2, § 85 Rn. 33.

89 G. Wagner KTS 2010, 39, 42.

90 G. Wagner KTS 2010, 39, 42.

91 G. Wagner KTS 2010, 39, 42.

92 G. Wagner, Prozessverträge, S. 306 ff.

93 G. Wagner KTS 2010, 39, 42.

Nach anderer Ansicht wird die Bindungswirkung des Verwalters aus der Amts- und Organtheorie geschlussfolgert.[94] Der Verwalter sei Rechtsnachfolger und in Bezug auf die Insolvenzmasse als Gesamtrechtsnachfolger anzusehen. Damit rücke er wie ein Erbe in die Stellung des Schuldners und in die Schiedsabrede ein.[95] Als Rechtsnachfolger sei der Verwalter ohne Weiteres an materiellrechtliche wie prozessuale Vereinbarungen des Schuldners gebunden.

Gegen eine Rechtsnachfolge wird argumentiert, dass mit Übergang der Verwaltungs- und Verfügungsbefugnis auf den Insolvenzverwalter gerade keine die Rechtsnachfolge kennzeichnende Sukzession einsetze.[96] Es handle sich beim Übergang der Verwaltungs- und Verfügungsbefugnis nicht um einen derivativen Rechtserwerb, welcher die gleiche Rechtsstellung übertrage, wie sie der Rechtsvorgänger innehatte. Der Verwalter nehme als Partei kraft Amtes die Rechte des Schuldners nur zur Verwirklichung der gesetzlichen Haftungsordnung wahr, was eine haftungsrechtliche Änderung dieser Rechte bewirke.[97]

An diesem Punkt der Argumentation, der Verwalter sei nicht Rechtsnachfolger, teilen sich die Ansichten in der Literatur.

So wird einerseits, trotz Verneinens der Rechtsnachfolge des Verwalters, eine Anerkennung der vom Schuldner geschlossenen Schiedsabrede mit der haftungsmäßigen Anerkennung vorinsolvenzlicher Verträge begründet, welche auch den Verwalter, der zur Verwirklichung der insolvenzrechtlichen Haftungsordnung berufen ist, binde.[98] Grundlage dieser Überlegung ist, dass die Verfahrensaufgabe, Haftung zu realisieren, nicht denkbar wäre, würden alle Schuldnergeschäfte zur Disposition gestellt. Der Verwalter sei ein "alter ego" des Schuldners in der Verwirklichung der Haftungsfunktion des schuldnerischen Vermögens.[99]

Andererseits wird vorgetragen, die Verwirklichung der gesetzlichen Haftungsordnung führe zu einer haftungsrechtlichen Änderung der vom Schuldner begründeten Rechtsverhältnisse und verhindere, dass der Gemeinschuldner mit Dritten Streitbedingungen für die Zukunft treffen könne. Dies schließe eine Bindung des Verwalters an eine Schiedsvereinbarung aus. Nur bereits vor Verfahrenseröffnung bestehende schiedsgerichtliche Prozesslagen könnten eine Bindung auch für den Verwalter erlangen.[100]

---

94 Jestaedt, S. 65 ff.

95 Jestaedt, a.a.O.; G. Wagner KTS 2010, 39, 42.

96 Flöther, S. 82.

97 Häsemeyer, Insolvenzrecht, 4. A. 2007, Rn. 13.28; Flöther, S. 82.

98 Flöther, S. 83; Tintelnot, S. 22 ff.

99 Flöther, S. 85 mit Verweis auf Tintelnot, S. 26.

100 Häsemeyer, a.a.O.

4. Stellungnahme

Sowohl die herrschende Auffassung in der Rechtsprechung als auch in der Literatur bejahen die Bindung des Insolvenzverwalters an vorinsolvenzliche Schiedsvereinbarungen.

Die der Rechtsprechung zugrunde liegenden Wertungsgesichtspunkte werden dabei deutlicher angesprochen, als dies auf den ersten Blick scheinen mag. Bereits die Entscheidung des Reichsgerichts aus dem Jahr 1932,[101] nach welcher die Konkursordnung davon ausgehe, dass der Verwalter grundsätzlich die Rechtslage hinnehmen müsse, die bei Eröffnung des Verfahrens besteht,[102] enthält nahezu alle rechtstheoretischen Eckpfeiler zur Begründung der Bindung an Schiedsvereinbarungen.[103]

Die Bindung des Verwalters an die Rechtslage bei Verfahrenseröffnung ist Ausdruck der haftungsrechtlichen Anerkennung der Geschäfte des Gemeinschuldners,[104] die sich in seiner Person als Partei kraft Amtes fortsetzt. Das hat zur Folge, dass den Schuldnergeschäften ihre Wirkung für und gegen den jeweiligen Gläubiger und damit auch für und gegen die Masse nur im Rahmen der Vorschriften über nicht erfüllte Verträge oder über die Insolvenzanfechtung genommen werden kann. Dieser Regelungen hätte es nicht bedurft, wenn das Insolvenzrecht nicht von einem grundsätzlichen Bestand der schuldnerischen Geschäfte ausgehen würde.[105] Bei diesen Vorschriften handelt es sich auch nicht um bloße Ausnahmen von der Bindung des Insolvenzverwalters an vorinsolvenzliche Geschäfte des Schuldners.[106] Es tritt vielmehr der insolvenzrechtliche Grundsatz hervor, dass schuldnerische Geschäfte haftungsrechtlich anzuerkennen sind. Diese haftungsrechtliche Anerkennung liegt bereits der Entscheidung des Reichsgerichts zugrunde und ist das zentrale Argument für die Bindung des Insolvenzverwalters. Entsprechend verwies der BGH auf die parallele Handhabung beim Einrücken des Gesamtrechtsnachfolgers in die vom Rechtsvorgänger begründete Rechtsstellung.[107] Die Bindung des Insolvenzverwalters an Schiedsvereinbarungen wird

---

101 RGZ 137,109, 111.

102 RGZ 137,109, 111.

103 a.A. Heuser, S. 32.

104 Tintelnot, S. 21 f.

105 Smid DZWIR 1993, 484, 488.

106 Tintelnot, S. 22 – so jedoch BGH NJW 1965, 1585, 1587; 1989, 580, 581; Smid DZWIR 1993, 484, 488.

107 BGH DZWIR 2004, 161 mit Verweis auf: BGH NJW 1979, 2567; KTS 1962, 234; NJW 2000, 2346; ebenso auch RGZ 42, 343, 345 (zur Drittwiderspruchsklage); RGZ 53, 8 ff. (zur Eideszuschiebung).

damit offensichtlich. Eine tatsächliche Gesamtrechtsnachfolge scheidet zwar aus, da auf den Insolvenzverwalter nicht sämtliche Rechtsverhältnisse übergehen und seine Rechtsstellung nicht dieselbe ist wie die des Gemeinschuldners.[108] Der Verwalter tritt in die Rechte und Pflichten des Schuldners ein[109] und ist deshalb wie ein Gesamtrechtsnachfolger zu behandeln.

Zur Begründung der daraus folgenden grundsätzlichen Bindung an Schiedsvereinbarungen bedarf es daher eigentlich keines Rückgriffs auf die rechtliche Einordnung der Stellung des Insolvenzverwalters mehr. Dennoch kann sie als Begründungsansatz herangezogen werden. Insgesamt erscheint die Amtstheorie vorzugswürdig. Der Insolvenzverwalter handelt danach materiell-rechtlich wie prozessual im eigenen Namen und aus eigenem Recht, jedoch mit Wirkung für und gegen die Masse.[110] Prozessual wird er als Rechtsnachfolger behandelt und ist so an die Rechtsgeschäfte des Schuldners gebunden. Durch die Ableitung der Rechtsstellung des Verwalters vom Gemeinschuldner kann die Anerkennung schuldnerischer Geschäfte in der Insolvenz für und gegen den Verwalter und damit dessen Bindung an Schiedsvereinbarungen nachvollzogen werden. Ebenso kann das Einrücken des Verwalters als prozessualer Rechtsnachfolger und Partei in die Schiedsabrede aus der Beschreibung der Amtstheorie gefolgert werden. Die Anknüpfung liegt in der vorinsolvenzlich geschaffenen Rechtslage. Mit dem Bejahen der Bindung des Insolvenzverwalters setzen das Reichsgericht und der BGH die gesetzgeberische Konzeption der Konkurs- und Insolvenzordnung, welche von einer grundsätzlichen Anerkennung und Wirksamkeit der Geschäfte des Gemeinschuldners ausgeht, um. Die Rechtsprechung hat dies nur nicht in aller Deutlichkeit ausgesprochen.[111]

Die Anerkennung prozessualer Vereinbarungen des Schuldners ist zudem als Teil einer gemeinschaftlichen und gleichmäßigen Gläubigerbefriedigung nach § 1 InsO zu sehen. Denn maßgebend für die Teilhabe jedes Gläubigers an der gemeinschaftlichen Haftungsverwirklichung sind die Rechte und Pflichten des Schuldners zum Zeitpunkt der Verfahrenseröffnung und spiegelbildlich hierzu die der Gläubiger. Würde nun allein aufgrund der Insolvenzeröffnung eine im Übrigen gültige und nicht anfechtbare Vereinbarung – so wie die Schiedsabrede als Prozessvereinbarung – ihre Wirkung verlieren, wäre dies eine Benachteiligung dieses Gläubigers gegenüber den anderen. Ihm würden Rechte genommen, welche er im Zusammenhang mit den materiell-rechtlichen Ansprüchen erworben

108 Flöther, S. 82; Heuser, S. 36; kritisch Tintelnot, S. 23 ff. – a.A. Jestaedt, S. 65 f.
109 MünchKommInsO/Ott/Vuia, Bd. 2, 3. A. 2013, § 80 Rn. 43.
110 bereits RGZ 29, 29, 36.
111 a.A. Heuser, S. 32.

hat und ohne Weiteres als Teil seiner Insolvenzforderung gegen die Masse geltend machen könnte, deren Bestand also nicht grundlegend in Frage gestellt ist. Es würde auch das vertragliche Äquivalenzverhältnis, welches nicht nur den Wert des vertragsgegenständlichen Gutes, sondern auch die juristischen Eigenschaften eines Vertrags beinhaltet, zerstört.[112] Im Gegensatz zu anderen Gläubigern würde der Gläubiger benachteiligt, der eine Schiedsabrede mit dem Schuldner getroffen hat. Das ist nicht gerechtfertigt und findet keine Stütze im Gesetz.

Sieht man Schiedsklauseln als eine prozessvertragliche Nebenbestimmung des zugrunde liegenden materiellen Rechts an, wird die Bindung des Verwalters ebenso deutlich. Da der Verwalter an die zur Masse gehörenden Rechte und Pflichten gebunden ist, ist er in den Grenzen der Insolvenzordnung auch an Inhalts- und Nebenbestimmungen des jeweiligen materiellen Rechts gebunden.[113] Diese Nebenbestimmungen des materiellen Rechts werden durch die Insolvenzeröffnung nicht in einer ihre Bindungswirkung ausschließenden Weise berührt. Die Insolvenzordnung sieht keine eigenen Regelungen über die Anerkennung und Wirkungserstreckung von Nebenbestimmungen eines Vertrags vor.

Gegen eine Anerkennung der Schiedsvereinbarung im Fall der Insolvenz wird vorgebracht, der Verwalter nehme die massezughörigen Rechtsverhältnisse allein zur Verwirklichung der insolvenzrechtlichen Haftungsordnung wahr, was zu einer haftungsrechtlichen Veränderung der Rechtsverhältnisse des Schuldners führe.[114] Als Argument hierfür können die Regelungsziele des Insolvenzrechts dienen, welche mit einer Bindung des Verwalters nicht in Einklang zu bringen sein könnten. Denn die Bindung des Verwalters an eine Schiedsabrede könnte geeignet sein, die Verwirklichung der insolvenzrechtlichen Haftungsordnung zu erschweren und die Durchsetzung von Ansprüchen zur Massemehrung und die Verteidigung der Masse gegen vermeintliche Gläubiger zu behindern.[115] Die haftungsrechtliche Änderung der Rechtsverhältnisse soll keine Rückwirkung entfalten und so Prozesslagen vor Eröffnung des Insolvenzverfahrens unberührt lassen. Folge der genannten haftungsrechtlichen Veränderung wäre, dass der Gemeinschuldner mit Dritten keine Streitbedingungen für die Zukunft treffen könne, wodurch eine Bindung des Verwalters an eine Schiedsvereinbarung

112 G. Wagner, Prozessverträge, S. 307 f.

113 MünchKommInsO/Ott/Vuia, Bd. 2, 3. A. 2013, § 80 Rn. 43.

114 Häsemeyer, Insolvenzrecht, 4. A. 2007, Rn. 13.28; zur Unwirksamkeit wegen Ungleichgewichts bei der Besetzung des Schiedsgerichts und wegen Rechtswegspaltung Schulte-Frohlinde/Wilts in ZInsO 2006, 196, 199.

115 Häsemeyer, Insolvenzrecht, 4. A. 2007, Rn. 13.28.

ausgeschlossen wäre.[116] Im Ergebnis wäre der Verwalter nur an ein Verfahren gebunden, welches im Zeitpunkt der Insolvenzeröffnung bereits begonnen hatte. Teils wird dem Verwalter in Fortentwicklung dieser Ansicht ein Wahlrecht nach § 103 InsO zugebilligt, welches jedoch nicht zurück wirkt und vor Verfahrenseröffnung begründete Prozesslagen unberührt lässt.[117]

Diese Argumentation ist, wie auch die Befürworter einer Bindung des Insolvenzverwalters zugestehen, "nicht von der Hand zu weisen".[118] Dennoch ist diese Ansicht im Ergebnis abzulehnen, da die Insolvenzordnung nicht die Behandlung von vor Verfahrenseröffnung abgeschlossenen Prozessverträgen regelt. Die Regelungssystematik der Insolvenzordnung zu gegenseitigen Verträgen nach § 103 InsO und Aufträgen nach § 115 InsO ist insoweit abschließend und Schiedsabreden werden nicht erfasst.[119] Dementsprechend kann der Insolvenzverwalter weder die Erfüllung gemäß § 103 Abs. 2 Satz 1 InsO ablehnen noch erlischt der Schiedsvertrag gemäß § 115 Abs. 1 InsO durch die Eröffnung des Insolvenzverfahrens. Schiedsvereinbarungen sind keine Verträge, über die der Verwalter im Rahmen seiner ihm durch die Insolvenzordnung verliehenen Rechte disponieren kann.

Auch im Hinblick auf die Regelungen der Schiedsgerichtsbarkeit nach den §§ 1025 ff. ZPO sind keine Gründe ersichtlich, an der Zulässigkeit und Bindungswirkung einer solchen Vereinbarung zu zweifeln.[120] Die Schiedsgerichtsbarkeit bietet gegenüber den staatlichen Gerichten gleichwertigen Rechtsschutz.[121] Das hat zur Folge, dass Schiedsgerichte Staatsgerichte im Rahmen von Streitigkeiten, welche der Schiedsabrede unterfallen, substituieren und volle Entscheidungsbefugnis mit Rechtskraftfolge haben.[122] Es bestehen kein tragender Grund und keine Notwendigkeit, die vereinbarte Abwahl der staatlichen Gerichte als unzulässig anzusehen und der staatlichen Gerichtsbarkeit im Insolvenzfall automatisch die Entscheidung sämtlicher Rechtsstreitigkeiten zu übertragen.

Der Insolvenzverwalter ist an die Schiedsvereinbarung gebunden und muss vor dem Schiedsgericht klagen. Andernfalls läuft er Gefahr, dass ihm von seinem Prozessgegner die Schiedseinrede gemäß § 1032 Abs. 1 ZPO entgegengehalten und seine Klage als unzulässig abgewiesen wird. Genauso müssen umgekehrt

---

116 Häsemeyer, Insolvenzrecht, 4. A., 2007, Rn. 13.28.

117 Jaeger/Windel, InsO, Bd. 2, 1. A. 2007, § 80 Rn. 249; Häsemeyer a.a.O.

118 So Uhlenbruck/Uhlenbruck, InsO, 13. A. 2010, § 80 Rn. 115 – Voraufl.

119 BGH Beschluss v. 20.11.2003 – Az.: III ZB 24/03.

120 G. Wagner KTS 2010, 39, 42.

121 SchiedsVfG, BT-Drucks. 13/5274, S. 34.

122 MünchKommZPO/Münch, Bd. 3, 4. A. 2013, Vor §1025 Rn. 1 f.

die Gläubiger des Gemeinschuldners vor dem Schiedsgericht Klage gegen den Insolvenzverwalter erheben.

Nach der im Allgemeinen festgestellten Bindung des Insolvenzverwalters, ist nun zu prüfen, ob sich diese auch auf die einzelnen, im Rahmen der Insolvenz zu führenden Verfahren erstreckt.

IV. Aktivprozesse und Passivprozesse

1. Aktivprozesse

Aktivprozesse sind bereits bei Verfahrenseröffnung anhängige Prozesse, mit denen ein Vermögensrecht für den Schuldner und nach Insolvenzeröffnung für die Insolvenzmasse, in Anspruch genommen wird. Der Streitgegenstand des Prozesses bildet ein potentielles Aktivum für die Masse. In diesem Zusammenhang wird daher die Bezeichnung "Aktivprozess" verwendet.[123] § 85 InsO bestimmt, dass der Insolvenzverwalter diese Prozesse in der jeweiligen Lage, in der sie sich zum Zeitpunkt der Eröffnung des Insolvenzverfahrens befinden, aufnehmen kann.

Entschließt sich der Verwalter das Verfahren aufzunehmen, ist er an die vom Schuldner abgeschlossene Schiedsvereinbarung gebunden und führt das Schiedsverfahren an dessen Stelle fort.

Die Aufnahme des Schiedsverfahrens durch den Verwalter folgt nicht der Form von § 250 ZPO. Das Schiedsverfahren kann vom Verwalter formfrei gegenüber dem Schiedsgericht aufgenommen werden. Das ergibt sich aus § 1044 ZPO. Danach ist es bereits für den Beginn des Schiedsverfahrens ausreichend, wenn der Beklagte den Antrag, die Streitigkeit einem Schiedsgericht vorzulegen, formlos empfangen hat. An die Aufnahme eines wegen Insolvenz ruhenden Schiedsverfahren können keine höheren Anforderungen gestellt werden.

Die Vorschriften der ZPO über die Unterbrechung und Aussetzung des Verfahrens sind der schiedsrichterlichen Ermessensbefugnis untergeordnet. Das Schiedsgericht kann aber ähnliche Wirkungen herbeiführen.[124]

Eine Möglichkeit wäre, dass das Schiedsgericht durch einen verfahrensleitenden Beschluss das Verfahren aussetzt und bestimmt, dass es in einer dem § 250 ZPO entsprechenden Weise wieder aufzunehmen ist.[125] Der Insolvenzverwalter könnte dazu eine Aufforderung seitens des Schiedsgerichts sowie eine

123 Gottwald/Gerhardt, Insolvenzrechts-Handbuch, 5. A. 2015, § 32 Rn. 137.

124 Stein/Jonas/Schlosser, ZPO, Bd. 10, 23. A. 2014, § 1042 Rn. 113, Schwab/Walter, Schiedsgerichtsbarkeit, 7. A. 2005, Kap. 16 Rn. 48 ff., Jestaedt, S. 21 ff.

125 Stein/Jonas/Schlosser, ZPO, Bd. 10, 23. A. 2014, § 1042 Rn. 113.

Überlegungsfrist erhalten, um zu entscheiden, ob er das Schiedsverfahren aufnehmen möchte. Wenn der Verwalter nach Ablauf der gesetzten Fristen nicht in das Verfahren eintritt, würde sich das weitere Verfahren nach § 1048 ZPO richten. So könnte gemäß § 1048 Abs. 3 ZPO eine Entscheidung nach Lage der Akten ergehen.[126]

Da die Insolvenz im Schiedsverfahren keine Unterbrechung gemäß § 240 ZPO bewirkt, sollte dem Verwalter stattdessen die Bestimmung des Eintrittszeitpunkts überlassen werden. Dieses Vorgehen dient der Vermeidung von Unsicherheiten bei der Bemessung der Länge der dem Verwalter einzuräumenden Einarbeitungsfrist und umgeht damit auch das Risiko einer möglichen Aufhebung des Schiedsspruchs wegen der Verletzung des rechtlichen Gehörs.[127]

Der Insolvenzverwalter kann es ebenso wie bei einem Prozess vor einem staatlichen Gericht ablehnen, in das Schiedsverfahren einzutreten.[128] Die Ablehnungserklärung gegenüber dem Schuldner hat Freigabewirkung.[129] Der Schuldner erlangt damit die Prozessführungsbefugnis wieder zurück. Das Schiedsgericht muss nun in der gleichen Weise wie bei Übergang der Verfahrensführungsbefugnis vom Schuldner auf den Insolvenzverwalter den erneuten Wechsel von der Person des Verwalters zurück auf den Schuldner beachten.[130] Gemäß § 85 Abs. 2 InsO kann das Schiedsverfahren sowohl durch den Schuldner als auch durch den Gegner aufgenommen werden. Dementsprechend sollte das Schiedsgericht bis zur Aufnahme des Rechtsstreits durch den Schuldner oder den Gegner das Verfahren aussetzen oder den Parteien zumindest eine entsprechende Überlegungsfrist setzen. Auf diese Weise können die Parteien wieder am Verfahren beteiligt werden.

2. *Passivprozesse*

Bei anhängigen Passivprozessen geht es um Ansprüche gegen den Schuldner, die unmittelbar auf eine Minderung der Insolvenzmasse abzielen. Als Prozessgegenstand kommen Aussonderungs-, Absonderungs- und Masseschuldansprüche in Betracht.[131] Bei Masseschuldverfahren besteht eine Bindung des Insolvenzverwalters jedoch nur, wenn er seine Rechtsstellung vom Gemeinschuldner ableitet. Eine

126 Flöther, S. 101 f.

127 Flöther, S. 102.

128 Jestaedt, S. 74 f., 85 ff.; Flöther, S. 101 ff.

129 Uhlenbruck/Mock, InsO, 14. A. 2015, § 85 Rn. 166.

130 Flöther, S. 104.

131 Gottwald/Gerhardt, Insolvenzrechts-Handbuch, 5. A. 2015, § 32 Rn. 161.

Bindung des Verwalters scheidet daher in Verfahren über Ansprüche nach § 55 Abs. 1 Nr. 1 InsO aus, da es sich nach dieser Vorschrift um Masseverbindlichkeiten aus Handlungen des Insolvenzverwalters handelt. Der Insolvenzverwalter leitet seine Rechtsstellung dann nicht vom Schuldner ab und die jeweiligen Ansprüche werden nicht von einer vom Gemeinschuldner abgeschlossenen Schiedsvereinbarung erfasst.

Verlangt der Verwalter jedoch gemäß § 55 Abs. 1 Nr. 3 InsO bei gegenseitigen Verträgen die Erfüllung zu Insolvenzmasse, übernimmt er damit auch eine über diese abgeschlossene Schiedsvereinbarung des Schuldners.

Spiegelbildlich zu Aktivprozessen muss der Verwalter aufgrund der Bindungswirkung der Schiedsvereinbarung bei Passivprozessen vor einem Schiedsgericht verklagt werden.[132]

Der Verwalter und der Prozessgegner haben gemäß § 86 Abs. 1 InsO die Möglichkeit, das Schiedsverfahren aufzunehmen. Die Aussetzung des Verfahrens durch das Schiedsgericht, die Aufnahme sowie die Beteiligung des Verwalters erfolgen wie bei Aktivprozessen.

Der Gegner braucht dabei nicht auf die Entschließung des Verwalters zu warten, sondern hat selbst die Möglichkeit, das Verfahren weiterzuführen.

Der Insolvenzverwalter kann den Anspruch gemäß § 86 Abs. 2 InsO auch sofort anerkennen und das streitgegenständliche Recht freigeben.[133] § 86 Abs. 2 InsO gibt dem Verwalter eine Reaktionsmöglichkeit darauf, dass der Prozessgegner nach § 86 Abs. 1 InsO ohne Weiteres zur Aufnahme berechtigt ist.[134]

Bei diesen beiden Konstellationen handelt es sich um die einfachsten und zugleich einzig unstreitigen Fälle, welche aus dem Prinzip der Bindung des Verwalters an die Schiedsvereinbarung folgen.

V. Feststellungsprozesse

Die Bindung des Insolvenzverwalters und der Gläubiger an eine Schiedsvereinbarung im Rahmen von Feststellungsprozessen ist stark umstritten.

Mit der Eröffnung des Insolvenzverfahrens sollen die Gläubiger gemeinschaftlich und gleichmäßig befriedigt werden.[135] Um dieses Ziel zu erreichen, wird die Verteilung der Masse auf das Insolvenzverfahren konzentriert und die Inanspruchnahme des Schuldners durch die Gläubiger gemäß § 87 InsO nur nach

132 RGZ 137, 109; Jestaedt, S. 75 f.; Flöther, S. 104 ff.

133 Jestaedt, S. 102 ff.; Flöther, a.a.O.

134 Jaeger/Windel, InsO, Bd. 2, 1. A. 2007, § 86 Rn. 31.

135 MünchKommInsO/Breuer, Bd. 2, 3. A. 2013, § 87 Rn. 2.

den Vorschriften der Insolvenzordnung zugelassen.[136] Die Individualzwangsvollstreckung in das Vermögen des Schuldners ist gemäß § 89 InsO durch das Insolvenzverfahren als Gesamtvollstreckungsverfahren ausgeschlossen.[137]

Die einzelnen Forderungen sind beim Insolvenzverwalter gemäß § 174 Abs. 1 InsO zur Tabelle anzumelden. Wird gegen die Forderung kein Widerspruch erhoben gilt sie als festgestellt. Die Eintragung in die Tabelle wirkt für die festgestellten Forderungen gemäß § 178 Abs. 3 InsO wie ein rechtskräftiges Urteil gegenüber dem Insolvenzverwalter und allen Insolvenzgläubigern. Widerspricht jedoch der Verwalter oder ein anderer Gläubiger, so hat der Gläubiger die Feststellung seines bestrittenen Rechts zu betreiben, vgl. § 179 Abs. 1 InsO. Der Verfahrensverlauf richtet sich dann danach, ob hinsichtlich der Forderung bereits ein Titel erlangt wurde, ein anhängiges Verfahren im Gange ist oder Neuklage erhoben werden muss. Eine Klage auf Feststellung ist gemäß § 180 Abs. 1 Satz 1 InsO im ordentlichen Verfahren zu erheben. Für diese ist ausschließlich das Amtsgericht zuständig, bei dem das Insolvenzverfahren anhängig ist oder war bzw. das Landgericht zu dessen Bezirk das zuständige Insolvenzgericht gehört, vgl. § 180 Abs. 1 Satz 2 und Satz 3 InsO.

Zuerst wird die Schiedsfähigkeit von Feststellungsprozessen untersucht.[138] Bei der Prüfung der Bindungswirkung der Schiedsvereinbarung muss zwischen einem Widerspruch gegen die angemeldete Forderung allein durch den Insolvenzverwalter und einem Widerspruch durch andere Gläubiger des Gemeinschuldners unterschieden werden. Im Falle des Bestreitens durch den Insolvenzverwalter wird zwar auch im Feststellungsstreit von einer Bindung an Schiedsvereinbarungen ausgegangen, der Umfang dieser Bindungswirkung ist jedoch umstritten.

Bei einem Bestreiten durch andere Gläubiger des Gemeinschuldners ist zu prüfen, ob auch sie in die Wirkung der Schiedsvereinbarung miteinzubeziehen sind. Diese Gläubiger hätten dann das Verfahren um die bestrittene Forderung vor einem Schiedsgericht zu führen, obwohl sie niemals Vertragspartei der Schiedsvereinbarung waren. Ein weiterer Punkt der Untersuchung ist die Rechtskrafterstreckung in Bezug auf Feststellungsprozesse.

---

136 Nerlich/Römermann/Wittkowski/Kruth, InsO, § 87 Rn. 2 f.

137 BT-Drucks. 12/2443 S. 137; Braun/Kroth, InsO, 6. A. 2014, § 89 Rn. 1.

138 Zur Unterbrechung von Schiedsverfahren siehe unter Teil I. D., S. 94 ff.

1. Schiedsfähigkeit

Die Zuständigkeit des Insolvenzgerichts nach § 180 Abs. 1 Satz 2 InsO ist eine ausschließliche. Sie kann auch nicht gemäß § 40 Abs. 2 Satz 1 Nr. 2 ZPO durch Gerichtsstandsvereinbarung der Beteiligten ausgeschlossen werden.[139] Der durch den Gesetzgeber festgelegte ausschließliche Gerichtsstand könnte der Schiedsfähigkeit von Feststellungsprozessen entgegenstehen und eine Entscheidung durch Schiedsgerichte verwehren. Die Zuständigkeitskonzentration am Insolvenzgericht soll eine zu große Zersplitterung der Feststellungsprozesse verhindern und für den Fall, dass die Klage gegen mehrere Bestreitende mit unterschiedlichem allgemeinem Gerichtsstand zu erheben ist, die Bestimmung des zuständigen Gerichts gemäß § 36 Abs. 1 Nr. 3 ZPO erübrigen.[140] Die ausschließliche örtliche Zuständigkeit gilt nicht nur für eine positive Feststellungsklage des Gläubigers gegen den Bestreitenden gemäß § 179 Abs. 1 InsO, sondern auch dann, wenn der Bestreitende gemäß § 179 Abs. 2 InsO seinen Widerspruch durch selbständige Klage verfolgt.[141]

Dies könnte gegen die Schiedsfähigkeit von Feststellungsstreitigkeiten sprechen, obwohl bereits bisher von der herrschenden Ansicht in der Literatur vertreten wurde, dass die ausschließliche örtliche Zuständigkeit einer Feststellungsklage vor dem Schiedsgericht nicht entgegenstehe.[142] Die ausschließliche Zuständigkeit sei für das Merkmal der Schiedsfähigkeit ohne Bedeutung, da § 180 Abs. 1 Satz 2 InsO nur die Zulässigkeit der Prorogation innerhalb der ordentlichen Gerichtsbarkeit regle. Die Bestimmung eines ausschließlichen Gerichtsstands regle lediglich die Zuständigkeit unter den staatlichen Gerichten. Eine Entscheidung, ob und unter welchen Voraussetzungen ein Rechtsstreit statt vor staatlichen Gerichten vor privaten Schiedsgerichten zu verhandeln sei, könne der Zuständigkeitsregelung des § 180 Abs. 1 Satz 2

---

139 MünchKommInsO/Schumacher, Bd. 2, 3. A. 2013, § 180 Rn. 12; Uhlenbruck/Sinz, InsO, 14. A. 2015, § 180 Rn. 3; KPB/Pape/Schaltke, InsO, Bd. 3, § 180 Rn. 1; Braun/Specovius, InsO, 6. A. 2014, §§ 179–181 Rn. 24; Andres/Leithaus/Leithaus, InsO, 3. A. 2014, § 180 Rn. 2.

140 MünchKommInsO/Schumacher, Bd. 2, 3. A. 2013, § 180 Rn. 12.

141 MünchKommInsO/Schumacher, Bd. 2, 3. A. 2013, § 180 Rn. 12; KPB/Pape/Schaltke, InsO, Bd. 3, § 179 Rn. 18.

142 Heidbrink/v.d. Groeben ZIP 2006, 265, 268 f.; Flöther, S. 62 f., 108; Jestaedt, S. 123 ff., 126; G. Wagner KTS 2010, 39, 45; Uhlenbruck/Sinz, InsO, 14. A. 2015, § 180 Rn. 15; MünchKommInsO/Schumacher, Bd. 2, 3. A. 2013, § 180 Rn. 9; Schwab/Walter, Schiedsgerichtsbarkeit, 7. A. 2005, Kap. 4 Rn. 6 – a.A. Wilmowski, 4. A. 1889, § 134 Anm. 3; Oetker, S. 333, N. 4.; OLG Braunschweig OLGZ 5, 203.

InsO nicht entnommen werden.[143] Ebenso sei der Verweis auf das ordentliche Verfahren in § 180 Abs. 1 Satz 1 InsO lediglich dahingehend zu interpretieren, dass die Feststellung der Forderung jedenfalls nicht im Insolvenzverfahren zu erfolgen habe.[144]

Obwohl sich die Literatur für die Schiedsfähigkeit des Feststellungsbegehrens aussprach, gibt es lediglich zwei ältere Entscheidungen des OLG Hamburg und des OLG Naumburg, welche die Schiedsfähigkeit von Feststellungsprozessen bejahten.[145] Das OLG Braunschweig lehnte jedoch in einer älteren Entscheidung aus dem Jahr 1902 mit Blick auf § 146 Abs. 2 KO, der Vorgängerregelung des § 180 Abs. 1 InsO, und mit Verweis auf die Feststellung von Insolvenzforderungen im ordentlichen Verfahren die Schiedsfähigkeit ab.[146] Ebenso wird im Österreichischen Konkursrecht die Schiedsfähigkeit von Feststellungsstreitigkeiten verneint.[147] Auch in Deutschland hätte daher durchaus die Schiedsfähigkeit abgelehnt werden können.

Mit Urteil vom 29. Januar 2009 entschied der BGH jedoch, dass die Feststellung einer Insolvenzforderung zur Insolvenztabelle auch im Schiedsverfahren möglich sei.[148] Eine nähere Begründung unterblieb im Urteil. Der BGH verwies lediglich auf die oben genannte Literaturansicht und deren Begründung.

Die Entscheidung des BGH und die Ansicht der Literatur sind insgesamt vorzugswürdig. Es kann nicht von einer Regelung über die ausschließliche Zuständigkeit im Rahmen der staatlichen Gerichtsbarkeit auf die Möglichkeit zum Abschluss von Schiedsvereinbarungen geschlossen werden. Es besteht kein Zusammenhang, welcher eine solche Verknüpfung zuließe. Die ausschließliche Zuständigkeit eines staatlichen Gerichts und das Verbot, die Zuständigkeit eines an sich unzuständigen Gerichts zu prorogieren, hindert keine schiedsrichterliche Streiterledigung.[149]

---

143 Flöther, S. 62 f.; 108; Heidbrink/ v.d. Groeben, ZIP 2006, 265, 268 f.; Jestaedt, S. 123 ff., 126.

144 Flöther, S. 63; Heidbrink/v.d. Groeben ZIP 2006, 265, 268.

145 OLG Hamburg OLGZ 11, 362; OLG Naumburg OLGZ 42, 78, N. 1.

146 OLG Braunschweig OLGZ 5, 203.

147 Konecny/Schubert, InsolvenzG, 2010, § 110 Rn. 6; Rechberger, Fragen des deutschen und internationalen Insolvenzrechts, S. 71, 80 ff.; Fasching, S. 20 f.

148 BGH NJW 2009, 1747.

149 Schwab/Walter, Schiedsgerichtsbarkeit, 7. A. 2005, Kap. 4 Rn. 6; Stein/Jonas/Schlosser, ZPO, Bd. 10, 23. A. 2014, § 1030 Rn. 2 ff.; K. Schmidt ZGR 1988, 523, 526 – a.A. Samtleben IPRax 1981, 43, 45.

Die Schiedsfähigkeit wurde durch das Schiedsverfahrens-Neuregelungsgesetz nach dem Vorbild des Art. 177 Abs. 1 Schweiz. IPRG neu geregelt und ist grundsätzlich für alle vermögensrechtlichen Ansprüche vorgesehen. Das zuvor verwendete Kriterium der Vergleichsfähigkeit als Voraussetzung der Schiedsfähigkeit dient weiterhin zur Abgrenzung von schiedsfähigen und nichtschiedsfähigen nichtvermögensrechtlichen Ansprüchen. Soweit eine fehlende Vergleichsfähigkeit aus einer ausschließlichen Zuständigkeit bestimmter staatlicher Gerichte hergeleitet wurde, ist dies nach dem Recht des Schiedsverfahrens-Neuregelungsgesetzes aber kein ausschlaggebendes Argument gegen die Schiedsfähigkeit des betreffenden Anspruchs.[150] Nach der Gesetzesbegründung bezieht sich eine solche Zuständigkeitsnorm nur auf die Zuständigkeit der staatlichen Gerichte innerhalb der ordentlichen Gerichtsbarkeit. Ein Rückschluss, ob ein Rechtsstreit vor einem Schiedsgericht geführt werden kann oder nicht, ist diesen Regelungen daher nicht zu entnehmen.[151] Etwas anderes gilt nur, wenn für bestimmte Streitigkeiten besondere Gerichte eingerichtet sind, wie bei Klagen auf Nichtigerklärung von Patenten.

Bei der Bestimmung der Schiedsfähigkeit einer Streitigkeit sind daher nur die Regelungen der ZPO zur Schiedsgerichtsbarkeit heranzuziehen. Diese sehen keinen Verweis auf andere Gesetze zur Zuständigkeit vor, welche vorrangig zu beachten wären. Ein Verweis auf die Regelungen zu Gerichtsstandsvereinbarungen nach den §§ 38 ff. ZPO ist nicht vorhanden. Der Gesetzgeber war sich dessen auch bewusst, sodass eine planwidrige Regelunglücke auszuschließen ist. Bei Feststellungsstreitigkeiten handelt es sich auch stets um vermögensrechtliche Ansprüche.

Dieses Ergebnis deckt sich mit den Zuständigkeitsbestimmungen der Insolvenzordnung, nach denen Streitverfahren, die ihren Ausgang im Insolvenzverfahren haben, den Prozessgerichten zugewiesen sind. Dazu gehören Anfechtungsprozesse, Klagen auf Herausgabe von auszusondernden Gegenständen aber auch Forderungsfeststellungsklagen.[152] Die Insolvenzordnung folgt nicht dem Grundsatz der vis attractiva concursus, weshalb keine Konzentration der Zuständigkeit insolvenzrechtlicher Streitigkeiten beim Insolvenzgericht stattfindet.[153]

---

150 BT-Drucks. 13/5274, S. 33 f.

151 K. Schmidt ZGR 1988, 523 ff.; BT-Drucks. 13/5274, S. 34.

152 Pape/Uhlenbruck/Voigt-Salus, InsR, 2. A. 2010, Kap. 13 Rn. 9.

153 Uhlenbruck/Sinz, InsO, 14. A. 2015, § 180 Rn. 1.

Im Ergebnis besteht daher kein Zweifel an der Schiedsfähigkeit von Feststellungsstreitigkeiten. Die Schiedsfähigkeit scheitert nicht an der durch § 180 Abs. 1 Satz 2 InsO angeordneten ausschließlichen Zuständigkeit.

2. *Bindung des widersprechenden Insolvenzverwalters*

a) *Rechtsprechung und Literatur*

Die herrschende Meinung geht in Bezug auf den Insolvenzverwalter aufgrund der allgemein anerkannten Bindung an vorinsolvenzliche Schiedsvereinbarungen auch von einer Bindung im Feststellungsrechtsstreit über den Bestand und die Höhe von Insolvenzforderungen aus.[154] Das ist folgerichtig, da der Feststellungsprozess nichts anderes ist als das Gegenstück zum Aktivprozess des Verwalters zur Durchsetzung einer vor der Insolvenzeröffnung begründeten Forderung des Schuldners. Ein – aus Verwaltersicht – Passivprozess eines Insolvenzgläubigers gegen die Masse kann daher nicht anders zu beurteilen sein.[155]

Geht es jedoch um die Feststellung des Rangs der Forderung nach § 39 InsO sowie um die Anmeldbarkeit der Forderung gemäß § 38 InsO, wird eine Bindung teils mit dem Argument abgelehnt, der Schuldner sei nicht befugt, diese Streitgegenstände in eine Schiedsvereinbarung einzubeziehen.[156] Denn der Schuldner könne der Forderung durch eine Vereinbarung mit dem Gläubiger materiellrechtlich keinen besseren Rang verleihen.[157] Es fehle ihm daher die Kompetenz zum Abschluss von Schiedsvereinbarungen über Rangfragen und sich daraus ergebende Rangstreitigkeiten seien der Entscheidung durch Schiedsgerichte entzogen. Diese Fälle seien stattdessen entsprechend der fehlenden Bindung des Verwalters in Bezug auf Anfechtungsrechte nach §§ 129 ff. InsO zu behandeln.[158]

Anders soll dies nur sein, wenn der Schuldner gemäß § 39 Abs. 2 InsO vollrangige Forderungen durch Rangrücktrittsvereinbarungen zu Nachrangigen

---

154 BGH NJW 2009, 1747, 1748; OLG Hamburg OLGZ 11, 362; OLG Naumburg OLGZ 42, 78; MünchKommInsO/Schumacher, Bd. 2, 3. A. 2013, § 180 Rn. 11; Jaeger/Gerhardt, InsO, Bd. 6, 1. A. 2010, § 180 Rn. 15 ff.; Uhlenbruck/Sinz, InsO, 14. A. 2015, § 180 Rn. 15 f.; Stein/Jonas/Schlosser, ZPO, Bd. 10, 23. A. 2014, § 1029 Rn. 86; KPB/Pape/Schaltke, InsO, Bd. 2, § 180 Rn. 7; Jestaedt, S. 126 ff.; Flöther, S. 108 ff.; Bley, S. 25 ff.; Ehricke ZIP 2006, 1847, 1849; Berger ZInsO 2009, 1033, 1037 f.; Heidbrink/v.d. Groeben ZIP 2006, 265, 269.; G. Wagner KTS 2010, 39, 44 – a.A. Häsemeyer, Insolvenzrecht, 4. A. 2007, Rn. 13.28; Schulte-Frohlinde/Wilts ZInsO 2006, 196, 199; Jonas, S. 22 f.

155 G. Wagner KTS 2010, 39, 44.

156 Lüke ZZP 101 (1988), 92, 98, 100.

157 Berger ZInsO 2009, 1033, 1038 f.

158 MünchKommInsO/Schumacher, Bd. 2, 3. A. 2013, § 180 Rn. 11.

qualifiziert.[159] Ebenfalls sei es möglich, dass sich der anmeldende Gläubiger und der Widersprechende darauf einigen, insolvenzspezifische Fragen wie Rang, Anmeldbarkeit und Anfechtbarkeit der Forderung durch ein Schiedsgericht entscheiden zu lassen.[160]

Nach der Gegenansicht darf das Schiedsgericht sowohl über den Rang als auch über die Anmeldbarkeit entscheiden, da es die staatliche Gerichtsbarkeit ersetze und daher auch die gleichen Prüfungskompetenzen innehabe.[161] So könne mit einer streitigen Forderung zusammen oder auch nur der streitige Rang allein vor dem Schiedsgericht entschieden werden.[162] Die Beurteilung sei entsprechend § 185 InsO wie die bei der Zuständigkeit besonderer Gerichte vorzunehmen. Bei diesen ergebe sich die Zuständigkeit aus dem Gesetz, beim Schiedsgericht aus dem Schiedsvertrag. Auch sofern der Schiedsvertrag keine ausdrückliche Regelung hinsichtlich des Rangs einer Forderung vorsehe, sei dennoch von der Zuständigkeit des Schiedsgerichts im Rangstreit auszugehen. Denn die Zuständigkeit für den Streit über den Bestand der Forderung und dessen Feststellung allgemein umfasse auch den Rang, da dieser lediglich eine besondere Eigenschaft der Forderung darstelle.[163] Es werde nicht in die materiell-rechtliche Position eingegriffen, sondern lediglich eine verfahrensrechtliche und damit anerkanntermaßen zulässige Bindungswirkung durch die Schiedsvereinbarung herbeigeführt.[164]

Die Problematik um den Rang einer Forderung wird nach der Insolvenzordnung relevant, wenn es darum geht, ob es sich um eine nachrangige Forderung gemäß § 39 InsO handelt. Es kann Streit über die Frage bestehen, ob es sich bei der anzumeldenden Forderung um ein Gesellschafterdarlehen, ein Schenkungsversprechen, Zinsen oder Kosten handelt oder, ob stattdessen eine vollrangige Insolvenzforderung besteht. Ebenfalls kann Streit im seltenen Fall entstehen, wenn nachrangige Gläubiger untereinander über den Rang ihrer Forderung gemäß § 39 Abs. 1 InsO streiten, da eine Rangklasse erst befriedigt wird, wenn die vorhergehende Rangklasse voll befriedigt wurde.[165]

---

159 Berger ZInsO 2009, 1033, 1039.

160 MünchKommInsO/Schumacher, Bd. 2, 3. A. 2013, § 180 Rn. 11.

161 Uhlenbruck/Sinz, InsO, 14. A. 2015, § 180 Rn. 16; Ehricke ZIP 2006, 1847, 1851.

162 Jestaedt, S. 132 ff.

163 Jestaedt, S. 134 mit Verweis auf BGH NJW 1971, 1271; 1973, 1077 wonach der Rang eine besondere Eigenschaft der Forderung sei und das besondere Gericht gemäß § 185 InsO auch über den Rang entscheiden könne.

164 Uhlenbruck/Sinz, InsO, 14. A. 2015,§ 180 Rn. 16.

165 Uhlenbruck/Hirte, InsO, 14. A. 2015, § 39 Rn. 6.

Ein Widerspruch wegen dem Rang einer Forderung führt dann zur Prüfung der gesamten Insolvenzforderung. Es gibt keinen „isolierten Rangstreit".[166]

Zudem kann Streit über die einzelnen Voraussetzungen der Anmeldbarkeit einer Forderung als Insolvenzforderung gem. § 38 InsO bestehen.[167]

b) Stellungnahme

Mit der Bindungswirkung einer Schiedsvereinbarung im Falle von Rang- und Anmeldbarkeitsstreitigkeiten hatte sich die Rechtsprechung bisher noch nicht zu befassen. Es ist daher auf die früheren Entscheidungen zum Rechtsweg für die Feststellung des Konkursvorrechts zurückzugreifen. Danach war der Rang einer Forderung nur eine besondere Eigenschaft derselben und solle ihr unselbstständig anhaften.[168] Das Konkursvorrecht nach § 61 KO ist zwar entfallen, dennoch besteht, nachdem nunmehr nur noch nachrangige Forderungen nach § 39 InsO in Betracht kommen, kein Grund, den Rang einer Forderung von dieser in prozessualer Hinsicht abzuspalten oder anders abweichend zu beurteilen.[169]

So wie nach § 185 InsO besondere staatliche Gerichte die Rangprüfungskompetenz innehaben, wenn der Rechtsweg zum ordentlichen Gericht nicht gegeben ist, kann bei einer Verlagerung der Streitigkeit auf Schiedsgerichte diese Streitfrage nicht isoliert einer anderen Rechtswegzuständigkeit unterfallen. Ob Streitigkeiten über den Rang von Forderungen von der Schiedsklausel erfasst werden, ist daher nicht von ausschlaggebender Bedeutung.[170] Denn aus der Eigenschaft des Rangs der Forderung resultiert, dass dieser von der Forderung nicht getrennt werden und auch keiner anderen Zuständigkeit als der über die Forderungsfeststellung selbst unterliegen kann.

Sogar bei einem gesondert angestrengten Vorrechtsstreit macht nicht das Vorrecht allein den Streitgegenstand aus. Einheitlicher Streitgegenstand ist die Forderung in ihrer Eigenschaft als Insolvenzforderung bestimmten Ranges und bestimmten Betrages.[171] So eng miteinander zusammenhängende Dinge können

166 Jaeger/Gerhardt, InsO, Bd. 6, 1. A. 2010, § 179 Rn. 10.

167 Jaeger/Gerhardt, InsO, Bd. 6, 1. A. 2010, § 179 Rn. 11.

168 BGH NJW 1971, 1271; 1973, 1077.

169 a.A. Berger ZInsO 2009, 1033, 1038 f.

170 Jestaedt, S. 134 – a.A. Ehricke ZIP 2006, 1847, 1850; MünchKommInsO/Schumacher, Bd. 2, 3. A. 2013, § 180 Rn. 11.

171 BGH ZIP 1994, 1193; RGZ 55, 157, 160; 143, 357 ff.; 149, 265 ff.; MünchKommInsO/Schumacher, Bd. 2, 3. A. 2013, § 178 Rn. 12; Jaeger/Gerhardt, InsO, Bd. 6, 1. A. 2010, § 179 Rn. 12; Uhlenbruck/Sinz, InsO, 14. A. 2015, § 179 Rn. 11; KPB/Pape/Schaltke, InsO, Bd. 3, § 179 Rn. 11a; Spellenberg, S. 33 f.

nicht unterschiedlichen Rechtswegen zugewiesen werden.[172] Es erscheint daher nicht sachgerecht, den Insolvenzverwalter von der Bindung der Schiedsvereinbarung in diesem Fall auszunehmen.

Auch wird davon auszugehen sein, dass nach dem Willen der Parteien bei Abschluss der Schiedsvereinbarung eine vollständige Klärung sämtlicher Streitigkeiten durch das Schiedsgericht angestrebt war. Bei einer Schiedsklausel, welche alle Streitigkeiten aus dem jeweiligen Vertragsverhältnis erfassen soll,[173] wird im Zweifel bei einer Entscheidung des Schiedsgerichts über Forderungsfeststellungsstreitigkeiten auch eine Entscheidung über hiermit in Zusammenhang stehende Rangstreitigkeiten gewollt sein.

Für die Entscheidung von Rangstreitigkeiten im schiedsgerichtlichen Verfahren spricht auch, dass im Rahmen der Regelung zu besonderen Zuständigkeiten gemäß § 185 InsO ein bereits anhängiges Verfahren – gleich welcher Zuständigkeit[174] – gemäß §§ 185 Abs. 2, 180 Abs. 2 InsO wieder aufzunehmen ist. Die Eröffnung des Insolvenzverfahrens führt also nicht aus sich heraus zu einem Wechsel einer einmal begründeten Zuständigkeit. Das bereits befasste, staatliche Gericht ist nach Verfahrenseröffnung im Feststellungsverfahren auch für die Prüfung von Rangstreitigkeiten zuständig. Wenn ein Schiedsverfahren bereits angestrengt wurde, kann der Fall nicht anders zu beurteilen sein. Hiergegen würden auch die Prozessökonomie und der Sachbezug des Schiedsgerichts sprechen.

Verfehlt ist das Argument, der Schuldner könne durch Vereinbarung mit einem Gläubiger einer Forderung keinen besseren Rang einräumen, mit der Folge, dass ihm die Kompetenz zum Abschluss von Schiedsvereinbarungen über Rangfragen fehle.[175] Die mangelnde Fähigkeit über den Rang einer Forderung zu disponieren, lässt diesen Rückschluss nicht zu. Denn der Schuldner hat die anerkannte Möglichkeit, den Verwalter prozessual bei Feststellung über den

---

172 hier sei insbesondere auf den Meinungsstand zur Prüfungskompetenz im Rahmen sondergerichtlicher Zuständigkeiten hingewiesen, vgl. MünchKommInsO/Schumacher, Bd. 2, 3. A. 2013, § 185 Rn. 3; Jaeger/Gerhardt, InsO, Bd. 6, 1. A. 2010, § 185 Rn. 7; Uhlenbruck/Sinz, InsO, 14. A. 2015, § 185 Rn. 1.

173 So empfiehlt die Deutsche Institution für Schiedsgerichtsbarkeit e.V. (DIS) allen Parteien, die auf die DIS-Schiedsgerichtsordnung Bezug nehmen wollen, folgende Musterschiedsvereinbarung: *„Alle Streitigkeiten, die sich im Zusammenhang mit diesem Vertrag oder über seine Gültigkeit ergeben, werden nach der Schiedsgerichtsordnung der Deutschen Institution für Schiedsgerichtsbarkeit e. V. (DIS) unter Ausschluss des ordentlichen Rechtsweges endgültig entschieden.“* – abrufbar unter http://www.dis-arb.de/de/17/klauseln/dis-schiedsgerichtsbereinbarung-98-id21.

174 MünchKommInsO/Schumacher, Bd. 2, 3. A. 2013, § 180 Rn. 26.

175 Berger ZInsO 2009, 1033, 1039.

Bestand der Forderung im Wege der Schiedsklausel zu binden – hierin liegt der Anknüpfungspunkt zur Beurteilung der Reichweite der Schiedsvereinbarung und der Kompetenz des Schiedsgerichts. Bei der Begründung der Zuständigkeit des Schiedsgerichts handelt es sich auch nicht um eine in die materiell-rechtliche Position eingreifende Vereinbarung wie bei einer Vereinbarung mit einem Gläubiger zur Einräumung eines besseren Ranges. Stattdessen wird lediglich eine verfahrensrechtliche Wirkung bezweckt.

Rangstreitigkeiten sind auch nicht mit insolvenzspezifischen Rechten des Verwalters zu vergleichen, über welche der Gemeinschuldner nicht befugt ist zu verfügen oder Einfluss darauf zu nehmen, wann, in welcher Weise und bei welcher Stelle sie geltend gemacht werden.[176] Die Bindung des Verwalters an die Schiedsvereinbarung und die Zuständigkeit der Schiedsgerichte im Fall von Rangstreitigkeiten ist nicht gleichzusetzen mit dem Wahlrecht nach § 103 InsO, den Sonderkündigungsrechten nach §§ 109, 113 InsO oder den Insolvenzanfechtungsrechten nach §§ 129 ff InsO. Die Bindung resultiert aus dem Eintritt des Verwalters in die Rechts- und Pflichtenstellung des Schuldners. Rechte des Insolvenzverwalters werden mit der verfahrensrechtlichen Zuständigkeit beim Rangstreit nicht betroffen oder beeinträchtigt. Eine entsprechende Anwendung der Rechtsprechung zum Anfechtungsrecht, welche sich nach einer neuen Entscheidung des BGH[177] auch auf andere insolvenzspezifische Rechte des Verwalters erstreckt, kommt daher nicht in Betracht.

Die Einbeziehung von Rangstreitigkeiten in die Wirkung der Schiedsvereinbarung und damit auch die Bindung des Insolvenzverwalters ist zu befürworten. Die Prozessökonomie wird dadurch gefördert. Das Schiedsgericht stellt das sachnähere Gericht dar, denn es ist für einen Streit über den Bestand der Forderung selbst zuständig. Schiedsgerichte substituieren Staatsgerichte soweit vereinbart und von den Parteien gewollt und lassen Eingriffe nur in eng begrenzten Ausnahmefällen zu. Sie haben die volle Entscheidungsmacht für das Zu- oder Absprechen von Ansprüchen inklusive aller Vorfragen.[178] Die Schiedsvereinbarung bindet den Insolvenzverwalter deshalb in Rangstreitigkeiten.

Ebenso bindet sie ihn bei Anmeldbarkeitsstreitigkeiten. Die Anmeldbarkeit nach § 38 InsO ist ebenso eine Eigenschaft der Forderung wie sie der Rang darstellt.[179] Auf die Anmeldbarkeit lassen sich die oben dargestellten Ausführungen daher ohne Weiteres übertragen.

---

176 BGH SchiedsVZ 2011, 281, 283 f.

177 BGH SchiedsVZ 2011, 281, 283 f.

178 MünchKommZPO/Münch, Bd. 3, 4. A. 2013, Vor §1025 Rn. 2.

179 BK-InsO-Gruber, Bd. 2, § 180 Rn. 26.

3. Bindung des bestreitenden Insolvenzgläubigers

Nach der Feststellung der Bindung des Insolvenzverwalters bei Feststellungsstreitigkeiten sowie bei Rang- und Anmeldbarkeitsstreitigkeiten, stellt sich die Frage nach der Bindung widersprechender Gläubiger an eine vorinsolvenzliche Schiedsvereinbarung. Es ist bereits hinreichend geklärt, dass die Schiedsvereinbarung durch die Eröffnung des Insolvenzverfahrens in ihrer Wirksamkeit zwischen den vertragschließenden Akteuren wie in der Person des Insolvenzverwalters unberührt bleibt. Bei Feststellungsprozessen ist jedoch die Reichweite der Bindung der Schiedsvereinbarung von entscheidender Bedeutung.

Bejaht man eine Bindung bestreitender Gläubiger, auch solcher, welche nicht Partei der Schiedsvereinbarung sind, hätte dies zur Folge, dass sämtliche Prozesse eines Gläubigers dessen angemeldete Forderung einer Schiedsvereinbarung zwischen ihm und dem Gemeinschuldner unterliegt, gegen die Widersprechenden vor einem Schiedsgericht zu führen wären. Die Prozesse gegen Gläubiger, welche nicht Partei der Schiedsvereinbarung sind, würden dann nicht der Zuständigkeit der ordentlichen Gerichtsbarkeit unterliegen und ein Auseinanderfallen der Zuständigkeiten würde vermieden. Das Risiko sich widersprechender Entscheidungen des Schiedsgerichts und der ordentlichen Gerichte bestünde dann nicht mehr und der die Feststellung betreibende Gläubiger könnte auf schnellere und kostengünstigere Weise alle Widersprüche beseitigen und zu einer Feststellung seiner Forderung gemäß § 178 Abs. 1 Satz 1 InsO gelangen.

a) Literatur

Die Rechtsprechung hat sich mit der Frage der Einbeziehung widersprechender Gläubiger in die Schiedsvereinbarung bisher noch nicht beschäftigt. In der Literatur wird die Bindungswirkung der Schiedsabrede gegenüber Opponenten einer bestrittenen Forderung eines Gläubigers kontrovers diskutiert.[180]

Nach einer älteren Ansicht begründe sich die Bindung widersprechender Gläubiger mit ihrem am Vermögen des Konkursschuldners bestehenden Konkurspfandrecht. Dieses Konkurspfandrecht sei Grundlage für ihr Recht zum Widerspruch gegen die Konkursforderungen anderer Gläubiger. Durch dieses

180 Zustimmend Kohler, S. 226 f.; Jestaedt, S. 127 ff.; Flöther, S. 83; Berger ZInsO 2009, 1033, 1038; G. Wagner KTS 2010, 39, 44 f.; MünchKommInsO/Schumacher, Bd. 2, 3. A. 2013, § 180 Rn. 11; Smid DZWIR, 484, 490 f.; Seuffert, S. 263 Fn. 3 – a.A. Ehricke ZIP 2006, 1847, 1853 f.; Bley, S. 25; Jonas, S. 22; Jaeger/Gerhardt, InsO, Bd. 6, 1. A. 2010, § 180 Rn. 19 f.; Uhlenbruck/Sinz, InsO, 14. A. 2015, § 180 Rn. 16; KPB/Pape/Schaltke, InsO, Bd. 3, § 180 Rn. 7.

Pfandrecht, welches die Gläubiger ähnlich einem Rechtsnachfolger an das Schuldnervermögen binde, seien auch die Opponenten bei Feststellungsklagen durch eine Schiedsvereinbarung des Schuldners mit dem die Feststellung betreibenden Gläubiger gebunden.[181]

In Abkehr der überholten Pfandrechtstheorie,[182] aber im Kern orientiert an der vom Gemeinschuldner abgeleiteten Rechtsstellung wird die Bindung der Opponenten auch weiterhin begründet.[183] Der Widersprechende führe einen Rechtsstreit, den bei entsprechender Interessenlage vor Insolvenzeröffnung der Schuldner hätte austragen müssen. Denn dem Gemeinschuldner obliege es, vor Verfahrenseröffnung die Nichthaftung seines Vermögens darzulegen. Bei der Frage der Haftung der Insolvenzmasse habe der Widersprechende daher die Stellung eines prozessualen Sonderrechtsnachfolgers des Schuldners. Dieser nehme nun die genannten Rechte des Gemeinschuldners wahr und habe demzufolge eine diesem gleichende Rechtsposition. Infolgedessen übernehme der Opponent die Verfahrensrechte des Gemeinschuldners in dem Zustand, in dem sie sich bei Insolvenzeröffnung befänden.[184] Dies führe zu einer Bindung der widersprechenden Gläubiger an die Schiedsvereinbarung. Diese Sichtweise bestätige auch § 180 Abs. 2 InsO, der die Aufnahme der zum Zeitpunkt der Insolvenzeröffnung anhängigen Prozesse anordne. Bei einem Widerspruch eines anderen Gläubigers habe dieser den Rechtstreit durch Aufnahme des Prozesses zu führen und trete im Wege des Parteiwechsels anstelle des Insolvenzschuldners in den Prozess ein. Der Opponent sei damit an die bisherigen Prozesslagen gebunden.[185] Diese Bindungswirkung lasse sich nur mit dem Gedanken der Rechtsnachfolge in die Streitkompetenz des Gemeinschuldners erklären. Da diese durch § 180 Abs. 2 InsO anerkannt sei, könne für die Schiedsvereinbarung und den Feststellungsprozess nichts anderes gelten.[186] Ein Vergleich mit der Gerichtsstandsvereinbarung führe zum gleichen Ergebnis. Denn die durch Prorogation begründete Zuständigkeit eines Gerichts, bei dem ein Rechtsstreit bereits vor Insolvenzeröffnung anhängig gemacht wurde, bleibe gemäß § 180 Abs. 2 InsO trotz der Bestimmung eines ausschließlichen örtlichen Gerichtsstandes nach § 180 Abs. 1

181 Kohler, S. 226 f.; Seuffert, S. 269 Fn. 3.

182 Jaeger/Henckel, InsO, Bd. 1, 1. A. 2004, § 35 Rn. 3 f., § 43 Rn. 3 ff.

183 Jestaedt, S. 128 ff.; Berger ZInsO 2009, 1033, 1038; G. Wagner KTS 2010, 39, 44 f.

184 Jestaedt, S. 129, 130 f.; ähnlich G. Wagner a.a.O.

185 Berger ZInsO 2009, 1033, 1038; MünchKommInsO/Schumacher, Bd. 2, 3. A. 2013, § 180 Rn. 21.

186 Berger a.a.O.

Satz 2 InsO weiter bestehen.[187] Für neu anzustrengende Verfahren stelle § 180 Abs. 1 Satz 2 InsO über § 40 Abs. 2 ZPO einen Erlöschenstatbestand bei Gerichtsstandsvereinbarungen dar. Für Schiedsverfahren gelte § 180 Abs. 1 Satz 2 InsO hingegen nicht, sodass Gerichtsstandsvereinbarungen für bereits anhängige als auch für neue Schiedsverfahren Wirkung erlangen würden.[188]

Das Gesetz differenziere zudem nicht nach dem Widerspruch des Verwalters und dem anderer Gläubiger, sondern spreche lediglich vom "*Widersprechenden*". Die Frage nach der Bindung eines widersprechenden Gläubigers könne daher nicht anders behandelt werden als bei einem Widerspruch des Insolvenzverwalters.[189]

Nach der Gegenauffassung in ihrer älteren Ausprägung ist das im Konkursfeststellungsprozess zu entscheidende Rechtsverhältnis ein prozessuales und bezüglich der Teilnahmeberechtigung, nicht in Bezug auf das zugrundeliegende materiell-rechtliche Verhältnis, sei der Schuldner nur allein in der Lage gewesen, den Schiedsvertrag abzuschließen. Der Schuldner könne dem Schiedsvertrag daher keine Wirkung hinsichtlich der Opponenten verleihen.[190]

In der neueren Literatur wird gegen eine Bindung nicht am Schiedsvertrag beteiligter Gläubiger vorgebracht, es handele sich um einen Verstoß gegen grundlegende Prinzipien der Vertragsautonomie und um einen unzulässigen Vertrag zu Lasten Dritter. Der Widersprechende sei in den Schiedsvertrag, welcher ihn nun binden soll, nicht eingebunden.[191]

Das Bestreiten einer Insolvenzforderung als Verteidigung der Masse ziehe keine Bindung nach sich. Die grundsätzliche Bindung des Verwalters und des Gläubigers, welcher mit dem Schuldner die Schiedsabrede geschlossen hatte, sagten nichts über die Bindung von anderen Gläubigern aus.[192] Eine Bindung der widersprechenden Gläubiger resultiere nicht aus der Bindung der Masse. Nur der Schuldner sei an die von ihm geschlossenen Verträge gebunden.[193] Jedenfalls bei einem neu anzustrengenden Feststellungsrechtsstreit nach § 180 Abs. 1 InsO könne nicht von einer prozessualen Sonderrechtsnachfolge ausgegangen

---

187 Grundlegend dazu Jestaedt, S. 129 f.

188 Jestaedt a.a.O.; kritisch Bettermann ZZP 91 (1978), 365, 392.

189 Jestaedt, S. 131.

190 Jonas, S. 22.

191 Ehricke ZIP 2006, 1847, 1853 f.; Jaeger/Gerhardt, InsO, Bd. 6, 1. A. 2010, § 180 Rn. 20; Uhlenbruck/Sinz, InsO, 14. A. 2015, § 180 Rn. 16; KPB/Pape/Schaltke, InsO, Bd. 3, § 180 Rn. 7.

192 Ehricke ZIP 2006, 1847, 1853.

193 Ehricke ZIP 2006, 1847, 1854.

werden.[194] Es würde zudem zu unlösbaren Problemen führen, wenn der Schuldner mit mehreren Gläubigern unterschiedliche Schiedsvereinbarungen geschlossen hätte. Beim Bestreiten eines Gläubigers, der keine Schiedsabrede mit dem Schuldner getroffen hat, sei nicht klar, welcher der Schiedsabreden der widersprechende Gläubiger nun unterworfen sei.[195] Auch würde die Wertung des § 180 InsO unterlaufen, der grundsätzlich von der Zuständigkeit der ordentlichen Gerichte ausgehe. Von dieser ausschließlichen Zuständigkeit könne nur durch den Willen der Parteien und damit nur durch den Abschluss einer Schiedsabrede abgewichen werden.[196]

Ebenfalls wird angeführt, der Opponent widerspreche im eigenen Namen kraft seines eigenen Haftungsrechts an der Insolvenzmasse und leite deshalb sein Recht nicht vom Schuldner ab. Er sei deshalb nicht als prozessualer Sonderrechtsnachfolger anzusehen und eine Bindung scheide aus. Gegenstand des Feststellungsverfahrens sei nicht die Forderung des Gläubigers selbst, sondern sein insolvenzspezifisches subjektives Haftungsrecht nach § 1 Satz 1 InsO.[197]

Darüber hinaus sei § 180 Abs. 2 InsO, nach dem die Feststellung durch Aufnahme des Rechtsstreits zu betreiben ist, nicht anwendbar. Es bestehe bei Anwendung der Vorschrift das Risiko, dass das Schiedsverfahren bei Widerspruch gegen die Forderung durch nur einen Gläubiger fortgeführt werde und ein Schiedsspruch ergehe, der zur Umkehr der Betreibungslast führe. Lasse sich der Verwalter trotz einer ihm gesetzten Frist zur Einarbeitung in den Rechtsstreit nicht zur Sache ein und nehme nicht am Verfahren teil, so könnte ein wirksamer Schiedsspruch – kein bloßer Feststellungsschiedsspruch – ergehen. Dieser wäre dann nach § 179 Abs. 2 InsO als Endurteil anzusehen und so eine Umkehr der Betreibungslast eingetreten. Der Opponent müsste dann den Widerspruch verfolgen. Wäre § 180 Abs. 2 InsO anwendbar, hätte der anmeldende Gläubiger die Wahl, den Widersprechenden vor dem Schiedsgericht zu verklagen oder einfach auf die Nichteinlassung des Verwalters zu vertrauen.[198] Zudem sei die Wirkung des § 179 Abs. 2 InsO auf solche Schiedssprüche zu begrenzen, die vor dem Anmelde- und Prüfungsverfahren ergangen sind. Denn es sei notwendig, sämtliche Möglichkeiten auszuschließen, welche zu einem Erlass eines Schiedsspruchs und

194 Jaeger/Gerhardt, InsO, Bd. 6, 1. A. 2010, § 180 Rn. 19.
195 Ehricke ZIP 2006, 1847, 1854.
196 Ehricke a.a.O.
197 Heuser, S. 58 f.
198 Heuser, S. 59 f.

damit einer Umkehr der Betreibungslast bei gänzlichem Untätigbleiben des Verwalters führen könnten.[199]

b) Stellungnahme

Dogmatisch und aus praktischer Sicht ist eine Bindung sämtlicher, der Forderungsanmeldung widersprechender Gläubiger an die vom Schuldner abgeschlossene Schiedsabrede zu befürworten und Feststellungsstreitigkeiten sind vor dem Schiedsgericht zu führen.

Der Gläubiger, der die Forderung geltend macht, ist aufgrund der Schiedsabrede, deren Partei er ist, ohnehin gebunden. Widerspricht nicht der Insolvenzverwalter, sondern ein anderer Gläubiger, welcher zuvor nicht an der Schiedsvereinbarung beteiligt war, ist die Bindungswirkung der Schiedsvereinbarung nicht anders zu beurteilen. Dies ergibt die Betrachtung der Schutzrichtung und des Streitgegenstandes des Feststellungsverfahrens. Der widersprechende Gläubiger nimmt durch den Widerspruch Einfluss auf ein Rechtsverhältnis, welches zwischen dem Gemeinschuldner und dem die Forderung geltend machenden Gläubiger begründet wurde. Allein die Insolvenzeröffnung berechtigt den Widersprechenden, die sämtlichen Gläubigern zur Haftungsverwirklichung zugewiesene Masse durch Verfolgung der Einwände seines Widerspruchs zu verteidigen.[200] Die Berechtigung zum Bestreiten hat jeder Insolvenzgläubiger im eigenen Namen und kraft eigenen Rechts, auch gegen den Willen der übrigen Gläubiger oder gegen den des Insolvenzverwalters.[201]

Wäre der Schuldner nicht in Insolvenz gefallen, hätte der bestreitende Gläubiger keine Möglichkeit zur Einflussnahme auf die Feststellung des Bestehens oder Nichtbestehens der Forderung des anmeldenden Gläubigers. Es wäre auch nicht notwendig, ihm ein solches Recht durch Gesetz einzuräumen. Nach Insolvenzeröffnung haben die Gläubiger jedoch das Recht, sich mit Blick auf die drohende Verminderung ihrer Insolvenzquote gegen die Forderungen anderer Gläubiger zur Wehr zu setzen. Die Anrufung eines bestimmten Gerichts ist aber nicht durch das Feststellungsverfahren geschützt, weder zu Gunsten des Insolvenzverwalters noch zu Gunsten eines widersprechenden Gläubigers. Das belegt die anerkannte Bindung des widersprechenden Verwalters im Feststellungsprozess.

---

199 Heuser, S. 60 f.

200 MünchKommInsO/Schumacher, Bd. 2, 3. A. 2013, § 178 Rn. 15 ff., 20 ff.; Jaeger/Gerhardt, InsO, Bd. 6, 1. A. 2010, § 176 Rn. 29 ff.

201 Jaeger/Gerhardt, InsO, Bd. 6, 1. A. 2010, § 176 Rn. 29.

Auch dient die Widerspruchsberechtigung nicht der Sicherung der Verfahrensrechte der Gläubiger.[202] Sie soll den Gläubigern das Recht geben, die angemeldeten Forderungen zu prüfen und die Masse von unberechtigten Ansprüchen freizuhalten.[203] Das Feststellungsverfahren bezweckt den Schutz materieller Rechtsverhältnisse und nicht den Schutz besonderer Verfahrensrechte.[204] Rechtsschutzfähig ist allein der materiell-rechtliche Anspruch als Insolvenzforderung und damit nur der zur Zeit der Insolvenzeröffnung begründete Vermögensanspruch. Denn der Gegenstand des Insolvenzfeststellungsverfahrens bestimmt sich nach der herrschenden Ansicht in Rechtsprechung und Literatur aus der gegen den Schuldner gerichteten Forderung als eine Insolvenzforderung bestimmten Betrages und bestimmtes Ranges.[205] Dieser Gegenstand des Feststellungsverfahrens – die angemeldete Forderung – kann nur mit einem Widerspruch gegen den Grund der Forderung, den Betrag, die Berechtigung des Anmeldenden, den Rang und die Eigenschaft als Insolvenzforderung angegriffen werden.[206] Der Widerspruch richtet sich allein gegen den materiell-rechtlichen Hauptvertrag, aus dem der angemeldete Anspruch resultiert.

Die Schiedsabrede kann als selbstständiger Prozessvertrag gem. § 1040 Abs. 1 Satz 2 ZPO nicht mit dem Widerspruch gegen die anzumeldende Forderung angegriffen werden. Auch teilt sie nicht ipso iure das Schicksal des Hauptvertrags und umgekehrt auch nicht der Hauptvertrag das Schicksal der Schiedsvereinbarung.[207] Die Schiedsvereinbarung ist im Gefüge mit dem Hauptvertrag selbstständig rechtlich zu beurteilen. Ein Ausschluss der Bindung der

---

202 Häsemeyer KTS 1982, 507, 546 f. – a.A. Stein, S. 134 ff.; kritisch Spellenberg, S. 27 ff.; stärkere materiell-rechtliche Ausrichtung des Konkursteilnahmerechts nach Jahr ZZP 79 (1966), 347, 377 ff.

203 Jaeger/Gerhardt, InsO, Bd. 6, 1. A. 2010, § 176 Rn. 1 f., 12 ff.

204 Häsemeyer, Insolvenzrecht, 4. A. 2007, Rn. 22.03, 22.23; Spellenberg, S. 81 ff.; Henckel FS Michaelis, S. 151, 152 ff.

205 BGH ZIP 1994, 1193; RGZ 55, 157, 160; 143, 357 ff.; 149, 265 ff.; MünchKommInsO/Schumacher, Bd. 2, 3. A. 2013, § 178 Rn. 12; Jaeger/Gerhardt, InsO, Bd. 6, 1. A. 2010, § 179 Rn. 12; Uhlenbruck/Sinz, InsO, 14. A. 2015, § 179 Rn. 11; KPB/Pape/Schaltke, InsO, Bd. 3, § 179 Rn. 11a; Spellenberg, S. 33 f. – a. A. MünchKommInsO/Schumacher, Bd. 2, 3. A. 2013, § 179 Rn. 7, § 178 Rn. 15; Jaeger/Gerhardt, InsO, Bd. 6, 1. A. 2010, § 179 Rn. 13 f.; Spellenberg, S. 81 ff.; Henckel FS Michaelis, S. 151 ff.

206 MünchKommInsO/Schumacher, Bd. 2, 3. A. 2013, § 176 Rn. 22; KPB/Pape/Schaltke, InsO, Bd. 2, § 176 Rn. 14; Jaeger/Gerhardt, InsO, Bd. 6, 1. A. 2010, § 176 Rn. 45 ff.

207 Schwab/Walter, Schiedsgerichtsbarkeit, 7. A. 2005, Kap. 4 Rn. 16; MünchKommZPO/Münch, Bd. 3, 4. A. 2013, § 1040 Rn. 8 f.

Opponenten kann daher nicht aus der verfahrensrechtlichen Ausgestaltung der Forderungsfeststellung gefolgert werden.

Die Schutzrichtung des Feststellungsverfahrens mit Blick auf materielle Rechtsverhältnisse lässt auch keine andere Beurteilung zu, wenn man den Gegenstand der Feststellung nicht mit der überwiegenden Meinung als eine Insolvenzforderung bestimmten Betrages und Ranges ansieht, sondern stattdessen der Gegenansicht folgt und die Insolvenzforderung als Insolvenzgläubigerrecht im Sinne des Haftungsrechts des Gläubigers an der Masse ansieht.[208] Denn die Richtung des Widerspruchs gegen den Grund und den Betrag der Forderung richtet sich auch hier nicht gegen die Schiedsvereinbarung selbst.

Die Schutzrichtung des Feststellungsverfahrens gebietet daher unabhängig von der Einordnung des Gegenstands der Insolvenzfeststellung keine Ausnahme der Opponenten von der Bindung der Schiedsvereinbarung.

Da die Widersprechenden Rechte geltend machen, welche vor Insolvenzeröffnung eigentlich dem Schuldner oblagen, ist es mit Blick auf die Theorie des prozessualen Sonderrechtsnachfolgers[209] geboten und auch gerechtfertigt, sie an die Schiedsabrede zu binden. Es besteht auch sonst kein Grund, widersprechende Gläubiger von der Bindung der Schiedsvereinbarung auszunehmen. Denn Ziel des Anmelde- und Prüfungsverfahrens ist es, die Masse vor unberechtigten Forderungen zu schützen und das zur Verteilung vorhandene Vermögen endgültig und einheitlich gegenüber allen Gläubigern festzustellen. Dem steht die Bindung an die Schiedsvereinbarung nicht entgegen, da sie keine Forderung oder eine sonstige Belastung darstellt und so der Feststellung der Masse nicht entgegensteht.

Die Schutzrichtung des Feststellungsverfahrens deckt sich zwangsläufig mit dessen Streitgegenstand. Die Forderung in ihrer Eigenschaft als Insolvenzforderung bestimmten Ranges und bestimmten Betrags ist im Hinblick auf den Streitgegenstand nicht nur als das materielle Recht, sondern als eigenständiger prozessualer Anspruch zu qualifizieren.[210] Sie bestimmt sich ohne Rücksicht auf die materiell-rechtlichen Rechtsbehauptungen des anmeldenden Gläubigers nach dem der Anmeldung zu Grunde liegenden Betrag und dem zur Begründung

---

208 MünchKommInsO/Schumacher, Bd. 2, 3. A. 2013, § 179 Rn. 7, § 178 Rn. 15; Jaeger/Gerhardt, InsO, Bd. 6, 1. A. 2010, § 179 Rn. 13 f.; Spellenberg, S. 81 ff.; Henckel FS Michaelis, S. 151 ff.

209 Jestaedt, S. 129, 130 f.

210 MünchKommInsO/Schumacher, Bd. 2, 3. A. 2013, § 178 Rn. 12.

vorgetragenen Lebenssachverhalt.[211] Diese Anforderungen ergeben sich aus § 174 Abs. 2 InsO. Darin kommt das Grundprinzip des Verfahrensrechts, nach einer tatsächlichen und zugleich rechtlichen Individualisierung des Anspruchs zum Ausdruck.[212] Die Angabe des Grundes ist maßgeblich für den Feststellungsprozess. Erst sie gibt dem Verwalter und den anderen Gläubigern die Gelegenheit, die angemeldete Forderung zu prüfen und gegebenenfalls zu bestreiten. Der Grund des Anspruchs bestimmt auch den Umfang der Rechtskraft des im Feststellungsprozess ergehenden Urteils bzw. des Schiedsspruchs.[213] Nur die Insolvenzforderung als prozessualer Anspruch ist für die Feststellung maßgeblich. Die Insolvenzforderung und damit der bezeichnete Streitgegenstand unterliegen jedoch der Schiedsabrede. Dieser Streitgegenstand ist sowohl für den Verwalter als auch für widersprechende Gläubiger identisch. Aufgrund der Identität des Streitgegenstands und der stets gegebenen Schiedsbefangenheit kann es keinen Unterschied machen, ob der Insolvenzverwalter oder ein anderer Gläubiger der angemeldeten Forderung widerspricht. In beiden Fällen ist der Streitgegenstand gleich zu behandeln und von einem Schiedsgericht zu entscheiden. Die Bindung der Schiedsvereinbarung wirkt daher allseitig auch hinsichtlich der widersprechenden Gläubiger.

Der widersprechende Gläubiger ist auch nicht schutzwürdig in dem Bestreben, ein staatliches Gericht anzurufen. Er kann nicht darauf vertrauen, den Widerspruch gegen eine Forderung im Verfahren vor den staatlichen Gerichten zu verfolgen, anstatt vor einem Schiedsgericht. Der die Forderung anmeldende Gläubiger hat hingegen ein Vertrauen darauf, dass alle von der Schiedsabrede erfassten Streitigkeiten von einem Schiedsgericht entschieden werden. Sein Vertrauen in die von ihm abgeschlossene Schiedsvereinbarung würde enttäuscht, könnten Streitigkeiten von jedem anderen Gläubiger des Gemeinschuldners der Kompetenz des Schiedsgerichts entzogen werden. Hier kann die Parallele zur Rechtsnachfolge des Widersprechenden in die Verfahrensrechte des Gemeinschuldners und zur Zurechnung vollzogener Verfahrensschritte[214] gezogen werden. Es bestünde so das Risiko, dass nicht mehr der Verwalter den

211 MünchKommInsO/Schumacher, Bd. 2, 3. A. 2013, § 178 Rn. 12, § 174 Rn. 10; Jaeger/Gerhardt, InsO, Bd. 6, 1. A. 2010, § 174 Rn. 24 ff.; Gottwald/Eickmann, Insolvenzrechts-Handbuch, 5. A. 2015, § 63 Rn. 10; Uhlenbruck/Sinz, InsO, 14. A. 2015, § 174 Rn. 29.

212 OLG Stuttgart NJW 1962, 1018; BGH ZIP 2001, 2099; 2003, 2379; ZInsO 2009, 381; NZI 2002, 37; OLG Frankfurt KTS 1982, 481, 483; LG Mönchengladbach KTS 1970, 62.

213 BGH NZI 2002, 37.

214 Jestaedt, S. 128 f.

angemeldeten Forderungen widerspricht, sondern nur noch die bestreitenden Gläubiger. Die Bindung der Schiedsvereinbarung könnte im Fall der Insolvenz ausgehebelt werden.

Der Gläubiger muss das Recht der Masse, das er verteidigt, so hinnehmen wie es ist. Dazu gehört auch eine damit verbundene Schiedsvereinbarung. Die Teilnahmeberechtigung der Gläubiger wurzelt maßgeblich im zwischen dem anmeldenden Gläubiger und dem Gemeinschuldner bestehenden Rechtsverhältnis. Dieses unterliegt jedoch der Schiedsvereinbarung und bindet damit die jeweiligen Opponenten. Auch haftet die Schiedsvereinbarung dem Hauptvertrag an und kann nicht ohne eine Benachteiligung des anmeldenden Gläubigers übergangen werden.[215]

Die Bindung widersprechender Gläubiger stellt auch keinen unzulässigen Vertrag zu Lasten Dritter dar.[216] Die Schiedsvereinbarung ist ein schuldrechtlicher Vertrag, der naturgemäß nur Wirkung zwischen den Vertragsparteien entfalten kann. Die Einbeziehung von dritten Personen, welche sonst in keiner Verbindung mit dem Hauptvertrag, der Schiedsvereinbarung oder dessen Parteien stehen, wäre zu Recht als unzulässiger Vertrag zu Lasten Dritter einzustufen. Doch so stellt sich die Lage beim Feststellungsstreit vor dem Schiedsgericht nicht dar. Der Vorwurf eines unzulässigen Vertrags zu Lasten Dritter bezieht sich auf eine Verkürzung der Rechte der Opponenten in der Weise, als der Widersprechende bei einer Bindung an die Schiedsvereinbarung durch den die Feststellung betreibenden Gläubiger vor dem Schiedsgericht verklagt werden könnte, obwohl er nicht Partei des Schiedsvertrags ist. Anknüpfungspunkt für die Frage nach der Bindung des Widersprechenden darf aber nicht die Klage des die Forderung anmeldenden Gläubigers sein. Das Widerspruchsrecht des Opponenten ist stattdessen Gegenstand der Beurteilung, ob es sich bei der Bindung widersprechender Gläubiger um einen unzulässigen Vertrag zu Lasten Dritter handelt. Der Widerspruch richtet sich aber nur gegen den Grund der Forderung, den Betrag, die Berechtigung des Anmeldenden, den Rang und die Eigenschaft als Insolvenzforderung. Die Richtung des Widerspruchs geht entsprechend der Schutzrichtung des Feststellungsverfahrens ausschließlich gegen den materiell-rechtlichen Anspruch und dient nicht der Sicherung der Verfahrensrechte der widersprechenden Gläubiger. Nach erfolgtem Widerspruch ist lediglich das Bestehen oder Nichtbestehen der Forderung festzustellen. Die Rechte des Opponenten werden

---

215 Siehe oben unter Teil I Ziff. A. III. 4.

216 So aber Ehricke ZIP 2006, 1847, 1853 f.; Jaeger/Gerhardt, InsO, Bd. 6, 1. A. 2010, § 180 Rn. 20; Uhlenbruck/Sinz, InsO, 14. A. 2015, § 180 Rn. 16; KPB/Pape/Schaltke, InsO, Bd. 3, § 180 Rn. 7.

bei einer Klage vor einem Schiedsgericht in keiner Weise eingeschränkt. Es handelt sich daher nicht um einen unzulässigen Vertrag zu Lasten Dritter.

Die Bindung der Opponenten ergibt sich auch aus der Nähe ihres Widerspruchsrechts zur Prozessstandschaft. Der Opponent macht kein eigenes Recht geltend, sondern bezieht sich mit seinem Widerspruch maßgeblich auf die durch den Schuldner begründete schiedsbefangene Forderung und macht Einwendungen geltend, welche vormals durch den Schuldner hätten geltend gemacht werden müssen. Da die Opponenten ihre Position von der des Schuldners herleiten, sind sie wie der Schuldner an die Schiedsvereinbarung gebunden und ihre Bindung an die Schiedsvereinbarung ist kein unzulässiger Vertrag zu Lasten Dritter. Insofern ist auf die genannte Theorie des prozessualen Sonderrechtsnachfolgers abzustellen.

Auch wenn man als Gegenstand des Feststellungsverfahrens nicht die Insolvenzforderung bestimmten Betrags und bestimmten Ranges sehen will,[217] sondern den Anteil des Gläubigers an der gemeinschaftlichen Haftungszuweisung, sein Haftungsrecht an der Masse,[218] kann die Betrachtung im Ergebnis nicht anders ausfallen. Zwar leitet der widersprechende Gläubiger sein Recht nach dieser Ansicht nicht vom Schuldner ab, sondern es handelt sich in diesem Fall um das subjektive Haftungsrecht, welches jedem Gläubiger zusteht. Dieses richte sich auf die anteilige Befriedigung aus der Masse, welche den Insolvenzgläubigern zugewiesen sei. Diese Qualifikation als subjektives Haftungsrecht der Gläubiger, ergebe sich mittelbar aus dem Zweck des Insolvenzverfahrens, der Verwirklichung der Vermögenshaftung nach § 1 Satz 1 InsO.[219]

Ziel des Insolvenzverfahrens nach dieser Vorschrift ist aber auch die gemeinschaftliche und gleichmäßige Gläubigerbefriedigung. Das den Gläubigern zugewiesene Haftungsrecht an der Masse bestimmt sich wegen der grundsätzlichen Anerkennung aller vorinsolvenzlichen Geschäfte aus sämtlichen Rechten und Pflichten des Schuldners zum Zeitpunkt der Verfahrenseröffnung und spiegelbildlich zu denen der Gläubiger. Das Haftungsrecht umfasst daher auch die getroffene Schiedsabrede. Diese bestimmt mittelbar den Anteil der Gläubiger an der gemeinschaftlichen Haftungszuweisung. Würde nun wegen des Widerspruchs

217 BGH ZIP 1994, 1193; RGZ 55, 157, 160; 143, 357 ff.; 149, 265 ff.; MünchKommInsO/Schumacher, Bd. 2, 3. A. 2013, § 178 Rn. 12; Jaeger/Gerhardt, InsO, Bd. 6, 1. A. 2010, § 179 Rn. 12; Uhlenbruck/Sinz, InsO, 14. A. 2015, § 179 Rn. 11; KPB/Pape/Schaltke, InsO, Bd. 3, § 179 Rn. 11a; Spellenberg, S. 33 f.

218 MünchKommInsO/Schumacher, Bd. 2, 3. A. 2013, § 178 Rn. 15, 61; Jaeger/Gerhardt, InsO, Bd. 6, 1. A. 2010, § 179 Rn. 14; Henckel FS Michaelis, S. 151, 158.

219 Eckardt, Rn. 1.

eines Gläubigers eine im Übrigen gültige und nach den Regeln der Insolvenzordnung nicht anfechtbare Schiedsvereinbarung ihre Wirkung verlieren, so wäre dies eine Benachteiligung des Gläubigers, der Partei der Schiedsabrede ist. Das vertragliche Äquivalenzverhältnis, welches nicht nur den Wert des vertragsgegenständlichen Gutes, sondern auch die juristischen Eigenschaften des Vertrags beinhaltet, wäre zerstört.

Auch wenn der Schuldner mit mehreren Gläubigern jeweils unterschiedliche Schiedsvereinbarungen geschlossen hat, ist das kein Problem im Hinblick darauf, an welche der Schiedsabreden der Widersprechende gebunden ist. Bestehen mehrere Schiedsvereinbarungen, entfaltet jede ihre eigene Wirkung beim jeweiligen Opponenten aufgrund dessen Widerspruchs. Eine Überschneidung mehrerer Schiedsabreden hinsichtlich des Widerspruchs gegen ein- und dieselbe Forderung scheidet aus. Denn die jeweils angemeldete Forderung wird auch nur einer Schiedsvereinbarung unterliegen. Es ist nicht möglich, dass bei einem Widerspruch gegen eine angemeldete Forderung der Rechtsstreit einer Schiedsvereinbarung unterliegen sollte, welche mit einem anderen Gläubiger getroffen wurde. Dies würde dem Bestimmtheitserfordernis nach § 1029 Abs. 1 ZPO widersprechen, welcher vorschreibt, dass sich die Schiedsvereinbarung auf Rechtsstreitigkeiten beziehen muss, welche aus einem oder mehreren Rechtsverhältnissen hervorgehen.[220] Da sich Schiedsvereinbarungen auf Streitigkeiten aus einem bestimmten Rechts- oder vertragsverhältnis beziehen müssen, kann eine Überschneidung mit der Folge, dass nicht feststellbar ist, welcher Schiedsvereinbarung die Streitigkeit unterliegt, nicht eintreten. So ist auch beim Bestehen mehrerer Schiedsvereinbarungen mit unterschiedlichen Gläubigern des Schuldners stets klar abgrenzbar, welches Rechtsverhältnis welcher Schiedsabrede unterliegt. Abhängig davon, gegen welche Forderung in Verbindung mit welchem Hauptvertrag sich der Widerspruch richtet, hat der Widersprechende seinen Widerspruch vor dem jeweils zuständigen Schiedsgericht mittels einer Klage zu verfolgen.

So verhält es sich auch bei einem mehrseitigen Vertrag mit unterschiedlichen Schiedsvereinbarungen gegenüber den einzelnen Gläubigern. Hier richtet sich die Bindung des Widersprechenden nach dem Schiedsvertrag des Gläubigers, dessen Forderung bestritten wurde. Am deutlichsten wird dies, wenn man den Opponenten als prozessualen Sonderrechtsnachfolger des Schuldners ansieht. Der jeweils widersprechende Gläubiger ist ebenso wie der Schuldner an die geschlossenen Schiedsabreden gebunden.

---

220 MünchKommZPO/Münch, Bd. 3, 4. A. 2013, § 1029 Rn. 69 ff.

Dem Argument der Rechtsnachfolge in die Streitkompetenz des Gemeinschuldners und die daraus gefolgerte Bindungswirkung der Opponenten entsprechend § 180 Abs. 2 InsO[221] steht nicht das Risiko eines wirksamen Schiedsspruchs bei vollständig unterbliebener Tätigkeit des Insolvenzverwalters im laufenden Schiedsverfahren entgegen – zumindest nicht in der Weise eines ungerechtfertigten Vorteils des Anmelders.[222]

Allgemein wird ein bei Insolvenzeröffnung bereits anhängiges Schiedsverfahren zur Vermeidung einer späteren Aufhebung des Schiedsspruchs nach § 1059 Abs. 2 Nr. 1 lit. b) ZPO wegen Verstoßes gegen den ordre public nach dem freien Ermessen der Schiedsrichter ausgesetzt.[223] Diese Aussetzung erfolgt unabhängig von einem Widerspruch des Verwalters oder eines anderen Gläubigers. Das Schiedsverfahren darf erst nach Durchführung des Prüfungstermins fortgesetzt werden.[224] Der Grundsatz der Gläubigergleichbehandlung gebietet es, dass zunächst alle Gläubiger ihre Ansprüche zur Tabelle anmelden und erst im Falle des Bestreitens einer Forderung ein bereits anhängiges Verfahren aufnehmen dürfen.[225] So hat jeder Gläubiger und auch der Verwalter die Möglichkeit, die angemeldeten Forderungen zu prüfen und diesen gegebenenfalls zu widersprechen. Im Zeitpunkt des Prüfungstermins sind daher allen beteiligten Gläubigern und insbesondere dem Verwalter die angemeldeten Forderungen bekannt. Im Prüfungstermin selbst ist die jeweilige Forderung zu bestreiten[226] mit der Folge, dass die bestrittenen Forderungen einzeln erörtert werden.[227] Das Schiedsverfahren wird erst nach Abschluss des Prüfungstermins fortgesetzt.

Unproblematisch ist die Konstellation bei der nur der Verwalter und kein Gläubiger widerspricht. Lässt er sich nach erfolgtem Widerspruch im Rahmen des Schiedsverfahrens nicht zur Sache ein und nimmt nicht am Verfahren teil, ist der Erlass eines Schiedsspruchs ohne Weiteres sachgerecht. Andere Gläubiger werden mangels eines eigenen Widerspruchs nicht benachteiligt.

---

221 Berger ZInsO 2009, 1033, 1038.

222 So aber Heuser, S. 59 ff.

223 Jestaedt, S. 20 ff.; Flöther, S. 12 ff.; MünchKommInsO/Schumacher, Bd. 3, 3. A. 2013, Vor §§ 85 bis 87 Rn. 53; Stein/Jonas/Schlosser, ZPO, Bd. 10, 23. A. 2014, § 1042 Rn. 113; Nacimiento/Bähr NJOZ 2009, 4752, 4755.

224 Uhlenbruck/Sinz, InsO, 14. A. 2015, § 180 Rn. 37; MünchKommInsO/Schumacher, Bd. 2, 3. A. 2013, Vor §§ 85 bis 87 Rn. 53.

225 Jestaedt, S. 111.

226 MünchKommInsO/Schumacher, Bd. 2, 3. A. 2013, § 178 Rn. 40; Uhlenbruck/Sinz, InsO, 14. A. 2015, § 178 Rn. 16.

227 Uhlenbruck/Sinz, InsO, 14. A. 2015, § 176 Rn. 31.

Wird die angemeldete Forderung durch einen anderen Gläubiger, nicht aber durch den Verwalter bestritten, ergeben sich unterschiedliche Verfahrensfolgen, wenn man die Bindungswirkung der Schiedsvereinbarung für den Opponenten bejaht oder ablehnt.

Nimmt man eine Bindung des Widersprechenden an, tritt dieser durch Parteiwechsel in das vom Anmeldenden aufgenommene Schiedsverfahren ein.[228] Zwar wird das Schiedsverfahren nach herrschender Meinung nicht gemäß § 240 ZPO unterbrochen.[229] Es ist jedoch gemäß § 1059 Abs. 2 Nr. 2 lit. b) ZPO i.V.m. § 87 InsO nicht vor Abschluss des insolvenzrechtlichen Feststellungsverfahrens fortzusetzen.[230] Fällt das Schiedsgericht trotz der Insolvenzeröffnung entgegen § 87 InsO einen Leistungsschiedsspruch, ist dieser wegen Verstoßes gegen den ordre public gem. § 1059 Abs. 2 Nr. 2 lit. b) ZPO aufzuheben.[231]

Der Opponent hat nun anstelle des Schuldners das Verfahren zu führen. Lässt er sich nach erfolgtem Widerspruch nicht zur Sache ein, ergeht ein Feststellungsschiedsspruch. Erlässt das Schiedsgericht stattdessen einen auf Leistung gerichteten Schiedsspruch ist dieser als Feststellung zur Tabelle auszulegen.[232]

Verneint man eine Bindung des Opponenten, wäre aufgrund der nunmehr auseinanderfallenden Zuständigkeiten ein anhängiges Verfahren vor dem Schiedsgericht gegeben und ein noch anzustrengendes Verfahren gegen den widersprechenden Gläubiger vor den ordentlichen Gerichten. Im Übrigen ergeben sich keine Unterschiede.

Darüber hinaus ist es nicht notwendig, § 179 Abs. 2 InsO teleologisch derart zu reduzieren, dass sämtlichen nach dem Anmelde- und Prüfungsverfahren ergangenen Schiedssprüchen, welche keine Feststellungsschiedssprüche sind, keine Wirkung zukommt. Denn für die Umkehr der Betreibungslast nach § 179 Abs. 2 InsO ist seit jeher erforderlich, dass ein vollstreckbarer Schuldtitel oder

---

228 BGH NJW 1962, 153; Jaeger/Gerhardt, InsO, Bd. 6, 1. A. 2010, § 180 Rn. 75; MünchKommInsO/Schumacher, Bd. 2, 3. A. 2013, § 180 Rn. 22; Uhlenbruck/Sinz, InsO, 14. A. 2015, § 180 Rn. 22; Braun/Specovius, InsO, 6. A. 2014, §§ 179–181 Rn. 27 f.

229 RGZ 62, 24 f.; BGH KTS 1966, 246, 247; MünchKommInsO/Schumacher, Bd. 2, 3. A. 2013, § 180 Rn. 31; Schwab/Walter, Schiedsgerichtsbarkeit, 7. A. 2005, Kap. 16 Rn. 49; Jestaedt, S. 38 ff., 106 f.

230 Jaeger/Gerhardt, InsO, Bd. 6, 1. A. 2010, § 180 Rn. 61 f.; MünchKommInsO/Schumacher, Bd. 2, 3. A. 2013, § 180 Rn. 31.

231 Flöther, S. 110; Heidbrink/v.d. Groeben ZIP 2006, 265, 270.

232 BGH NJW 2009, 1747.

ein Endurteil bei Eröffnung des Insolvenzverfahrens vorhanden war[233] und den Gläubigern spätestens im Prüfungstermin vorgelegt wurde.[234] Als ein solches Endurteil ist ein Schiedsspruch zwar bereits vor Vollstreckbarerklärung anzusehen.[235] Kann im Prüfungstermin kein Schiedsspruch vorgelegt werden, wird die Forderung nicht als tituliert behandelt.[236] Ergeht ein Schiedsspruch erst nach dem Prüfungstermin reicht dies nicht aus, um die Wirkungen des § 179 Abs. 2 InsO herbeizuführen. § 179 Abs. 2 InsO darf dann keine Anwendung finden. Es ist daher nicht notwendig § 179 Abs. 2 InsO auf Schiedssprüche zu beschränken, die vor dem Anmelde- und Prüfungsverfahren ergangen sind, denn diese Wirkung kommt § 179 Abs. 2 InsO bereits zu.

Der anmeldende Gläubiger kann nicht selbst eine Umkehr der Betreibungslast herbeiführen. Nimmt der Verwalter nicht am Schiedsverfahren teil, lässt sich nicht zur Sache ein und bestreitet die Forderung nicht, handelt es sich lediglich um einen freiwilligen Verzicht auf ein ihm zustehendes Mittel der Rechtsverteidigung sowie sein eigenes prozessuales Risiko.

Andere Gläubiger werden nicht benachteiligt, denn sie haben selbst die Möglichkeit, im Prüfungstermin die angemeldete Forderung zu bestreiten oder bei Vorlage eines Schiedsspruchs den Widerspruch zu betreiben.

Im Ergebnis sprechen die besseren Argumente für eine Bindung der widersprechenden Gläubiger an die vom Schuldner vorinsolvenzlich abgeschlossene Schiedsvereinbarung. Die Betrachtung der Schutzrichtung und des Streitgegenstands des Feststellungsverfahrens lässt eine Verfolgung des Widerspruchs gegen den Widersprechenden nur im Schiedsverfahren zu. Darüber hinaus leitet der Opponent sein Recht zum Widerspruch vom Schuldner ab und ist insofern als dessen prozessualer Sonderrechtsnachfolger anzusehen. Sämtliche Verfahren der Forderungsfeststellung sind daher vor dem Schiedsgericht zu führen.

4. Rechtskrafterstreckung

Nach § 183 Abs. 1 InsO wirkt eine rechtskräftige Entscheidung, durch die eine Forderung festgestellt oder ein Widerspruch für begründet erklärt wird,

---

233 MünchKommInsO/Schumacher, Bd. 2, 3. A. 2013, § 179 Rn. 25; Uhlenbruck/Sinz, InsO, 14. A. 2015, § 179 Rn. 20.

234 Uhlenbruck/Sinz, InsO, 14. A. 2015, § 179 Rn. 19 ff.

235 Ristelhuber ZInsO 2004, 427, 430 f.; Jestaedt, S. 109 ff.; Flöther, S. 116 ff.; Heidbrink/v.d. Groeben ZIP 2006, 265, 270 – a.A. Uhlenbruck/Sinz, InsO, 14. A. 2015, § 179 Rn. 20; MünchKommInsO/Schumacher, Bd. 2, 3. A. 2013, § 179, Rn. 23 f.; Jonas, S. 73.

236 MünchKommInsO/Schumacher, Bd. 2, 3. A. 2013, § 179 Rn. 26.

gegenüber allen Insolvenzgläubigern sowie gegenüber dem Verwalter. Dadurch soll erreicht werden, dass nach Beendigung aller Feststellungsprozesse der Umfang der Masse gegenüber allen Insolvenzgläubigern endgültig und einheitlich feststeht.[237]

Einem Schiedsspruch kommen gemäß § 1055 ZPO unter den Parteien die Wirkungen eines rechtskräftigen gerichtlichen Urteils zu. Damit ist dieser ebenfalls geeignet, die Rechtsfolge des § 183 Abs. 1 InsO herbeizuführen. Durch die Worte "unter den Parteien" soll aber keine gegenüber Gerichtsurteilen eingeschränkte subjektive Tragweite der materiellen Rechtskraft verfügt werden.[238] Das führt dazu, dass sich die subjektive Rechtskraft des Schiedsspruchs sowohl auf den Anmelder der Forderung und den Opponenten als auch auf nichtbeteiligte Insolvenzgläubiger sowie den Verwalter erstreckt.

Eine Versagung der erweiterten Rechtskraftwirkung hätte zur Folge, dass die allseitige Bindung an die Schiedsvereinbarung leer laufen würde. Der Feststellungsrechtsstreit vor dem Schiedsgericht wäre nutzlos, da keine rechtskräftige Feststellung der Forderung als Insolvenzforderung erfolgen könnte. Dieses Ergebnis ist in der Literatur anerkannt.[239]

Der BGH stellte mit seiner Entscheidung vom 29. Januar 2009 zunächst klar, dass die Feststellung einer Insolvenzforderung zur Insolvenztabelle auch im Schiedsverfahren möglich sei.[240] Um die Wirkung des § 183 Abs. 1 InsO herbeizuführen, sei jedoch erforderlich, dass zuvor das Anmeldungs- und Prüfungsverfahren betrieben werde.[241] Andernfalls liege ein Verstoß gegen die zum ordre public gehörende Vorschrift des § 87 InsO vor. Dieser ordne das Anmelde- und Feststellungsverfahren nach §§ 174 ff. InsO zwingend an und stelle so die gleichmäßige und gemeinschaftliche Befriedigung der Insolvenzgläubiger sicher.[242] Falls diese Voraussetzung im Schiedsverfahren nicht beachtet werde, sei der Schiedsspruch nach § 1059 Abs. 2 Nr. 2 lit. b) ZPO aufzuheben.

Auf diese Weise wird sichergestellt, dass die Gläubiger die Möglichkeit haben, auf das Verfahren Einfluss zu nehmen, ihren Standpunkt vorzutragen und

237 Jaeger/Gerhardt, InsO, Bd. 6, 1. A. 2010, § 183 Rn. 2; MünchKommInsO/Schumacher, Bd. 2, 3. A. 2013, § 183 Rn. 1.

238 Rosenberg/Schwab/Gottwald, Zivilprozessrecht, 17. A. 2010, § 156 Rn. 5; Schwab/Walter, Schiedsgerichtsbarkeit, 7. A. 2005, Kap. 22 Rn. 2.

239 Jestaedt, S. 135 ff., 139 ff.; Flöther, S. 93 ff., 95 ff.; Ehricke ZIP 2006, 1847, 1851 ff.

240 BGH NJW 2009, 1747, 1748.

241 BGH NJW 2009, 1747, 1748 f.

242 BGH NJW-RR 2004, 1050; NJW-RR 2007, 1693.

durch Widerspruch am Schiedsverfahren teilnehmen zu können.[243] Eine Benachteiligung der Insolvenzgläubiger durch die Rechtskrafterstreckung des Feststellungsschiedsspruchs ist daher zu verneinen. Die Insolvenzgläubiger werden nicht schlechter gestellt als vor staatlichen Gerichten und haben die gleichen Möglichkeiten, sich am Anmelde- und Prüfungsverfahren zu beteiligen. Damit ist gesichert, dass Schiedsgerichte Insolvenzforderungen feststellen können und die Wirkungen des Feststellungsschiedsspruchs im Sinne des § 183 Abs. 1 InsO denen eines rechtskräftigen gerichtlichen Urteils entsprechen.

Auf der gleichen Linie hat der BGH mit Entscheidung vom 6. April 2009 zur Schiedsfähigkeit von Beschlussmängelstreitigkeiten bei der GmbH darauf erkannt, dass die Rechtskraftwirkung des § 248 Abs. 1 AktG auch für Schiedssprüche gilt.[244] § 248 Abs. 1 AktG bestimmt, dass ein rechtskräftiges Urteil, welches einen Gesellschafterbeschluss für nichtig erklärt, für und gegen alle Aktionäre sowie die Mitglieder des Vorstands und des Aufsichtsrats wirkt, auch wenn sie nicht Partei des Rechtsstreits sind. Die Vorschrift gleicht § 183 Abs. 1 InsO. Ziel ist die Schaffung von Rechtsklarheit und -sicherheit. Ein Beschluss der Hauptversammlung darf nicht nur für den Kläger und die beklagte Gesellschaft als Prozessparteien sowie ihre Organe nichtig sein, sondern er muss auch im Verhältnis zu den anderen Aktionären und den einzelnen Mitgliedern des Vorstands und des Aufsichtsrats nichtig sein, wenn die Anfechtungsklage endgültig Erfolg hatte. Ein und derselbe Beschluss darf nicht für den einen Teil der Betroffenen nichtig, aber für den anderen Teil nach wie vor die verbindliche Äußerung des Gesellschaftswillens sein.[245] Im Kern geht es um Zweckmäßigkeitsgesichtspunkte und die Vermeidung einander sich widersprechender Urteile.[246] Die Interessenlage der Beteiligten im Rahmen von § 248 AktG ist damit gleich der des § 183 Abs. 1 InsO, welcher die einheitliche Feststellung der Insolvenzmasse sicherstellt.[247]

Ähnlich der Entscheidung des BGH hinsichtlich des zwingend durchzuführenden Anmelde- und Prüfungsverfahrens wird die Ausgestaltung des Rechtsschutzes im schiedsgerichtlichen Verfahren in einer den staatlichen Gerichten

243 So bereits Jestaedt, S. 138 ff.; Flöther, S. 96 f.

244 BGH SchiedsVZ 2009, 233, ebenso G. Wagner KTS 2010, 39, 46 f.

245 MünchKommAktG/Hüffer, Bd. 4, 3. A. 2011, § 248 Rn. 3.

246 MünchKommAktG/Hüffer, Bd. 4, 3. A. 2011, § 248 Rn. 25; Spindler/Stilz/Dörr, Bd. 2, 3. A. 2015, § 248 Rn. 18; Hölters/Englisch, AktG, 2. A. 2015, § 248 Rn. 8; Rosenberg/Schwab/Gottwald, Zivilprozessrecht, 17. A. 2010, § 156 Rn. 5, § 175 Rn. 13.

247 MünchKommInsO/Schumacher, Bd. 2, 3. A. 2013, § 183 Rn. 1; Jaeger/Gerhardt, InsO, Bd. 6, 1. A. 2010, § 183 Rn. 2.

gleichwertigen Weise zur Voraussetzung einer Entscheidung durch Schiedsgerichte gemacht.[248] Der Mindeststandard an Mitwirkungsrechten und damit an Rechtsschutzmöglichkeiten wurde vom BGH an § 138 BGB gemessen.[249] Insbesondere müsse jeder Gesellschafter über die Einleitung und den Verlauf des Schiedsverfahrens informiert und dadurch in die Lage versetzt werden, dem Verfahren zumindest als Nebenintervenient beizutreten.[250]

Die Rechtskrafterstreckung bei Schiedssprüchen zu Beschlussmängelstreitigkeiten entspricht dann der eines rechtskräftigen gerichtlichen Urteils, sofern die Verfahrensbeteiligungsrechte gewahrt sind und die Beteiligten durch das schiedsgerichtliche Verfahren nicht schlechter als vor staatlichen Gerichten gestellt werden.

Vor dem Hintergrund der vorangegangenen Entscheidung zur Feststellung von Insolvenzforderungen im Schiedsverfahren und der gleichgerichteten Zielsetzung von § 183 Abs. 1 InsO und § 248 AktG wäre ein abweichendes Urteil auch nicht sachgerecht gewesen. An einer Rechtskraftwirkung für und gegen alle Beteiligten im Feststellungsstreit bestehen daher bei Einhaltung der Vorschriften nach §§ 174 ff. InsO keine Bedenken mehr. Sie ist zwingende Folge der Bindungswirkung der Schiedsvereinbarung.

VI. Insolvenzanfechtung

Bei allen bisher untersuchten insolvenzrechtlichen Streitigkeiten war im Ergebnis eine Bindung an eine vorinsolvenzliche Schiedsvereinbarung zu bejahen. Eine wichtige, jedoch nicht unumstrittene Ausnahme stellen insolvenzrechtliche Anfechtungsstreitigkeiten dar.[251] Es ist zu untersuchen, ob und inwieweit der

248 BGH SchiedsVZ 2009, 233; NJW 1996, 1753.

249 a.A. Nolting SchiedsVZ 2011, 319, 321, 323 mit Verweis auf das Vorzugswürdige Aufhebungsverfahren wegen ordre public Verstoßes nach § 1059 Abs. 2 Nr. 2 lit. b) ZPO.

250 BGH SchiedsVZ 2009, 233, 235.

251 BGH NJW 1956, 1920, 1921; NJW 1957, 791; BGH ZInsO 2004, 88; BGH NJW-RR 2008, 558; BGH SchiedsVZ 2011, 281, 283 f.; LG Paderborn ZIP 1980, 967; MünchKommInsO/Kirchhoff, Bd. 2, 3. A. 2013, § 146 Rn. 37a; Jaeger/Henckel, InsO, Bd. 4, 1. A. 2008, § 143 Rn. 174; Baumbach/Lauterbach/Albers/Hartmann, ZPO, 73. A. 2015, § 1029 Rn. 26; MünchKommZPO/Münch, Bd. 3, 3. A. 2008, § 1029 Rn. 50; Musielak/Voit/Voit, ZPO, 12. A. 2015, § 1029 Rn. 8; Saenger Hk-ZPO/Saenger, 6. A. 2015, § 1029 Rn. 22; Stein/Jonas/Schlosser, ZPO, Bd. 10, 23. A. 2014, § 1029 Rn. 86; Zöller/Geimer, ZPO, 30. A. 2014, § 1029 Rn. 65; Jestaedt, S. 76 ff.; Flöther, S. 85; Hoepffner MDR 1957, 330; Heidbrink SchiedsVZ 2009, 258; Berger ZInsO 2009, 1033, 1036 f.; Heydn

Schuldner den Verwalter auch im Rahmen von Anfechtungsprozessen an eine Schiedsvereinbarung binden kann.

1. Bindung im Insolvenzanfechtungsprozess

Im Jahr 1956 hatte sich der BGH erstmals mit der Frage zu beschäftigen, ob eine vom Schuldner abgeschlossene Schiedsvereinbarung Bindung im Anfechtungsrechtsstreit über Rückgewähr des aufgrund eines anfechtbaren Rechtsgeschäfts Erlangten entfalten kann.[252] Der BGH lehnte eine Bindung mit der Begründung ab, der Gemeinschuldner sei zu keinem Zeitpunkt befugt, über das Anfechtungsrecht zu verfügen oder darauf Einfluss zu nehmen, wann, in welcher Weise und bei welcher Stelle es geltend zu machen ist.[253] Das Anfechtungsrecht sei zweckgebunden zur Vermehrung der Insolvenzmasse im Interesse der Insolvenzgläubiger. Es entstehe mit Eröffnung und erlösche mit Beendigung des Insolvenzverfahrens. Der Gemeinschuldner könne das Anfechtungsrecht niemals selbst ausüben und sei auch nicht vor Konkurseröffnung befugt, in irgendeiner Weise darüber zu verfügen oder seine Geltendmachung zu beeinflussen.[254] Das Anfechtungsrecht sei regelmäßig dazu bestimmt, die Wirkungen von Rechtshandlungen des Gemeinschuldners gegen dessen Willen rückgängig zu machen. Es handle sich daher um ein selbständiges, der Verfügungsgewalt des Gemeinschuldners entzogenes Recht des Insolvenzverwalters, welches sich nicht aus dem anfechtbar geschlossenen Vertrag ergebe. Eine vom Schuldner abgeschlossene Schiedsvereinbarung binde daher den Verwalter nicht im Rahmen der Insolvenzanfechtung nach §§ 129 ff. InsO. Der jeweilige Insolvenzgläubiger und Anfechtungsgegner könne dem Verwalter nicht die Schiedseinrede nach § 1032 Abs. 1 ZPO entgegenhalten, um eine Abweisung des Anfechtungsrechtsstreits als unzulässig herbeizuführen.[255]

Dieser Rechtsprechung stimmt auch die herrschende Meinung in der Literatur zu.[256] Teilweise wird die fehlende Bindung aus der Stellung des Verwalters als

---

SchiedsVZ 2010, 182 ff.; G. Wagner KTS 2010, 39, 48 ff. – a.A. Paulus ZInsO 1999, 244; Bork/Adolphsen, Handbuch des Insolvenzanfechtungsrechts, 1. A. 2006, Kap. 19 Rn. 40.

252 BGH NJW 1956, 1920.

253 BGH NJW 1956, 1920, 1921.

254 BGH a.a.O.

255 BGH NJW 1957, 791; BGH ZInsO 2004, 88; NJW-RR 2008, 558, 560.

256 Jaeger/Henckel, InsO, Bd. 4, 1. A. 2008, § 143 Rn. 174; MünchKommZPO/Münch, Bd. 3, 4. A. 2013, § 1029 Rn. 50; Musielak/Voit/Voit, ZPO, 12. A. 2015, § 1029 Rn. 8; Saenger Hk-ZPO/Saenger, 6. A. 2015, § 1029 Rn. 22; Stein/Jonas/Schlosser, ZPO, Bd. 10, 23. A. 2014, § 1029 Rn. 86; Zöller/Geimer, ZPO, 30. A. 2014, § 1029 Rn. 65;

Rechtsnachfolger des Schuldners gefolgert und nicht entsprechend dem BGH auf die fehlende Verfügungsbefugnis des Schuldners abgestellt. Es müsse wie bei allen Arten von Rechtsstreitigkeiten in der Insolvenz danach gefragt werden, inwieweit der Verwalter im Hinblick auf seine Rechtsstellung auch im Anfechtungsrechtsstreit Rechtsnachfolger des Schuldners sei.[257] Da das Anfechtungsrecht erst mit Insolvenzeröffnung entstehe und nicht bereits zu einem Zeitpunkt, in welchem der Gemeinschuldner noch verfügungsbefugt ist, sei der Insolvenzverwalter in diesem Falle nicht als Rechtsnachfolger des Schuldners anzusehen. Eine Bindung des Verwalters im Anfechtungsprozess sei daher abzulehnen.[258]

Nach der Gegenauffassung umfasse eine vorinsolvenzliche Schiedsabrede auch Anfechtungsansprüche. Dies ergebe sich nach dem Schiedsverfahrensneuregelungsgesetz aus § 1030 Abs. 1 ZPO, welcher für alle vermögensrechtlichen Ansprüche die Zulässigkeit von Schiedsvereinbarungen bejaht. Auf die Vergleichsfähigkeit komme es nicht mehr an. Nachdem sich das Insolvenzrecht klar gegen eine deliktsrechtliche Qualifikation von Anfechtungsansprüchen ausspreche, werde die Zulässigkeit solcher Vereinbarungen noch deutlicher. Es handle sich bei Anfechtungsansprüchen um die Fortsetzung des ursprünglichen Schuldverhältnisses. Diesen Zusammenhang belege auch § 144 InsO. Die Schiedsvereinbarung entfalte daher auch Bindung im Anfechtungsrechtsstreit.[259]

Nach anderer Begründung entstehe der Anfechtungsanspruch bereits mit der Vornahme des anfechtbaren Rechtsgeschäfts und zwar aufschiebend bedingt durch die Eröffnung des Insolvenzverfahrens und nicht, wie vom BGH vertreten,[260] erst mit Eröffnung des Insolvenzverfahrens unmittelbar in der Person des Verwalters.[261] Der Schuldner habe so die Möglichkeit, mit einer Schiedsvereinbarung über den Anfechtungsanspruch zu disponieren. Es sei allein eine

Jestaedt, S. 76 ff.; Flöther, S. 85; Hoepffner MDR 1957, 330; Heidbrink SchiedsVZ 2009, 258; Berger ZInsO 2009, 1033, 1036 f.; Heydn SchiedsVZ 2010, 182 ff.; G. Wagner KTS 2010, 39, 48 ff.

257 Jestaedt, S. 77.

258 So im Ergebnis Jestaedt, a.a.O.

259 Paulus ZInsO 1999, 242, 244; Uhlenbruck/Hirte, InsO, 13. A. 2010, § 143 Rn. 66 – nunmehr in der 14. Aufl. wohl Anschluss an die h.M. Uhlenbruck/Ede/Hirte, InsO, 14. A. 2015, § 143 Rn. 143.

260 BGH NJW 1955, 259, 260; 1987, 2821, 2822; 1995, 2783; BGH WM 1956, 703, 706.

261 Paulus ZInsO 1999, 242, 244 mit Verweis auf Jaeger/Henckel, InsO, Bd. 4, 1. A. 2008, § 143 Rn. 103.

Frage der Auslegung der Schiedsvereinbarung, ob die Schiedsabrede diese Ansprüche mitumfasse.[262]

Nach wieder anderer Ansicht wird die Ablehnung der herrschenden Meinung in Rechtsprechung und Literatur mit dem Argument begründet, das Anfechtungsrecht habe keine bzw. keine ausreichende Beziehung zu dem zugrunde liegenden Schuldverhältnis und der Schuldner könne daher den Verwalter nicht mit einer Schiedsvereinbarung im Anfechtungsrechtsstreit binden. § 144 InsO zeige jedoch deutlich, dass ein solcher Zusammenhang bestehe, als gerade das Wideraufleben der Forderung angeordnet wird. Der Anfechtungsrechtstreit ist auch nach dieser Ansicht eine Fortsetzung des ursprünglichen Schuldverhältnisses und der Verwalter daher gebunden.[263]

Der BGH entschied nun, dass der Insolvenzverwalter nicht an Schiedsabreden gebunden sei, soweit es um dessen Rechte gehe, die sich nicht unmittelbar aus dem vom Gemeinschuldner abgeschlossenen Vertrag ergeben, sondern auf der Insolvenzordnung beruhen und daher insolvenzspezifisch seien.[264] Der Gemeinschuldner sei nicht befugt, über diese Rechte zu verfügen oder Einfluss darauf zu nehmen, wann, in welcher Weise und bei welcher Stelle sie geltend gemacht werden. Der BGH erteilte der in der Literatur vertretenen Auffassung, nach der eine Bindung des Insolvenzverwalters aus der Zulässigkeit von Schiedsabreden für alle vermögensrechtlichen Ansprüche gefolgert wird,[265] eine klare Absage. Die noch zur Konkursanfechtung ergangene Rechtsprechung[266] sei auch nach dem neuen Schiedsverfahrensrecht nicht überholt. Zwar setzte § 1025 Abs. 1 ZPO a.F. für die Schiedsfähigkeit eines Anspruchs voraus, dass die Parteien berechtigt waren, über den Gegenstand des Streits einen Vergleich abzuschließen. Nunmehr sei in § 1030 Abs. 1 Satz 1 ZPO diese Einschränkung für vermögensrechtliche Ansprüche entfallen. Die Änderung betreffe aber nur die objektive Schiedsfähigkeit von Ansprüchen und besage nichts dazu, ob und in welchem Umfang ein Dritter an eine Schiedsabrede gebunden sei. Dementsprechend gehe es, soweit in der älteren Rechtsprechung zur Konkursanfechtung[267] davon gesprochen wurde, dass der Gemeinschuldner keinen Vergleich über den Anfechtungsanspruch schließen könne, nicht um die Frage, ob der Anspruch aus

262 Paulus ZInsO 1999, 242, 245.

263 Bork/Adolphsen, Handbuch des Insolvenzanfechtungsrechts, 1. A. 2006, Kap. 19 Rn. 40.

264 BGH SchiedsVZ 2011, 281.

265 Uhlenbruck/Hirte, InsO, 13. A. 2010, § 143 Rn. 66.

266 BGH NJW 1956, 1920, 1921.

267 BGH a.a.O.

Konkursanfechtung im Sinne des § 1025 ZPO a.F. einem Vergleich zugänglich sei, sondern darum, wem die Verfügungsbefugnis über den Anspruch zustehe. § 1030 Abs. 1 Satz 1 ZPO ändere deshalb nichts an dem Grundsatz, dass der Insolvenzverwalter – ebenso wie vormals der Konkursverwalter – an eine vom Gemeinschuldner abgeschlossene Schiedsvereinbarung nicht gebunden sei, soweit streitgegenständlich ein selbstständiges, der Verfügungsgewalt des Schuldners entzogenes Recht des Insolvenzverwalters sei.

Das Urteil des BGH wurde in der Literatur zustimmend aufgenommen.[268] Dennoch erscheint es fraglich, ob der Streit über die Bindungswirkung bei Anfechtungsstreitigkeiten damit beigelegt werden kann.

Eine Bindung an die Schiedsvereinbarung kommt nach dem BGH nur bei Rechten des Insolvenzverwalters in Betracht, die sich direkt aus dem zugrunde liegenden Vertrag ergeben und nicht auf der Insolvenzordnung beruhen. Es darf sich also nicht um insolvenzspezifische Rechte handeln. Der Gemeinschuldner muss über die Rechte, welche er der Schiedsabrede unterwirft, verfügungsbefugt sein.

§ 144 Abs. 1 InsO, der bei Rückgewähr des aus einer anfechtbaren Leistung Erlangten ein Wiederaufleben der Forderung anordnet, stellt aber durchaus einen direkten Bezug zum ursprünglichen Hauptvertrag her. Rechtsfolge der Rückgewähr ist ein ipso iure Wiederaufleben der zunächst getilgten Forderung mit Rückwirkung auf die Zeit unmittelbar vor der Insolvenzeröffnung.[269] Der Anspruch lebt ex tunc wieder auf, wie er ohne die anfechtbare Tilgung bestünde.[270] Das führt dazu, dass sogar Verjährungsfristen, die inzwischen abgelaufen waren, als seit der ursprünglichen, später erfolgreich angefochtenen Erfüllungshandlung gemäß §§ 206, 209 BGB als gehemmt gelten.[271] Regelmäßig wird für den Anfechtungsgegner dann eine normale Insolvenzforderung begründet, die als solche im Insolvenzverfahren zur Tabelle angemeldet werden kann.[272] Die Forderung besteht nach erfolgter Anfechtung durch den Verwalter in gleicher Form wie sie ohne die Insolvenz bestehen würde. Das anfechtbare Rechtsgeschäft unterscheidet sich daher nicht von sonstigen Rechtsgeschäften, welche

268 BGH Beschl. v. 30.06.2011 – III ZB 59/10 mit Anm. Wilske LMK 2011, 322673; Anm. Dahl/Thomas GWR 2011, 368; Anm. NJW-Spezial 2011, 565.

269 MünchKommInsO/Kirchhoff, Bd. 2, 3. A. 2013, § 144 Rn. 8; OLG Brandenburg ZInsO 2004, 504, 506.

270 Jaeger/Henckel, InsO, Bd. 4, 1. A. 2008, § 144 Rn. 2.

271 BGH NJW 2001, 1280, 1283, MünchKommInsO/Kirchhoff, Bd. 2, 3. A. 2013, § 144 Rn. 8.

272 Uhlenbruck/Hirte/Ede, InsO, 14. A. 2015, § 144 Rn. 2 ff.; MünchKommInsO/Kirchhoff, Bd. 2, 3. A. 2013, § 144 Rn. 9; v. Olshausen KTS 2001, 45, 61 f.

der Gemeinschuldner anerkanntermaßen einer Schiedsabrede unterwerfen kann. Eine Schiedsvereinbarung bindet den Verwalter und die Gläubiger sowohl im Teilungsmassestreit als auch im Feststellungsprozess. Es ist daher vertretbar, einen direkten Bezug zu dem vom Gemeinschuldner abgeschlossenen Vertrag anzunehmen. Das Wiederaufleben der Forderung kann als Fortsetzung des ursprünglichen Schuldverhältnisses angesehen werden.

Legt man die im Vordringen befindliche Auffassung zugrunde, der Anfechtungsanspruch entstehe bereits mit der Vornahme des anfechtbaren Rechtsgeschäfts und zwar aufschiebend bedingt mit Eröffnung des Insolvenzverfahrens,[273] könnte ein Recht des Schuldners zur Verfügung über den Anfechtungsanspruch bejaht werden. Das Anfechtungsrecht würde so bereits vor Insolvenzeröffnung und damit zu einem Zeitpunkt entstehen, zu dem der Schuldner noch die subjektive Verfügungsbefugnis über die aus seinen Vertragsverhältnissen resultierenden Rechte innehatte. Da das Anfechtungsrecht aufschiebend bedingt mit Verfahrenseröffnung entsteht, wäre der Verwalter wegen der grundsätzlichen Anerkennung vorinsolvenzlicher Rechtsgeschäfte an eine Schiedsvereinbarung gebunden.

Mit dem Abschluss der Schiedsvereinbarung durch den Schuldner greift dieser nicht zwangsläufig in die einzig dem Verwalter zustehende Befugnis zur Ausübung des Anfechtungsrechts ein. Das "Ob" und "Wie" der Geltendmachung obliegt allein dem Verwalter. Lediglich über die Frage nach der Entscheidung durch ein staatliches Gericht oder durch ein Schiedsgericht, könnte der Schuldner disponieren.

Da die Schiedsgerichtsbarkeit gegenüber den staatlichen Gerichten gleichwertigen Rechtsschutz bietet und in der Schiedsabrede und der Entscheidung eines Rechtsstreits durch ein Schiedsgericht nahezu niemals eine Gläubigerbenachteiligung zu sehen ist, spricht auch aus grundsätzlichen Erwägungen nichts gegen eine Bindung des Insolvenzverwalters in Anfechtungsstreitigkeiten.

Diese Sichtweise muss sich jedoch die mangelnde Befugnis des Schuldners entgegenhalten lassen, in materiell-rechtlicher Weise über Anfechtungsansprüche zu verfügen. Hieraus kann gefolgert werden, dass er auch prozessual keine Einschränkungen vornehmen dürfe. Der Schuldner könne weder Einfluss auf den

273 Jaeger/Henckel, InsO, Bd. 4, 1. A. 2008, § 143 Rn. 103; MünchKommInsO/Kirchhoff, Bd. 2, 3. A. 2013, § 129 Rn. 186; Uhlenbruck/Hirte/Ede, InsO, 14. A. 2015, § 129 Rn. 6; – a. A. KPB/Jacoby, InsO, Bd. 2, § 143 Rn. 9; Gerhardt/Kreft, Aktuelle Probleme der Insolvenzanfechtung, 10. A. 2006, Rn. 172 ff.

Gerichtsstand für Anfechtungsklagen nehmen noch durch eine Vereinbarung bestimmte Beweismittel ausschließen oder bestimmte Tatsachen zugestehen.[274]

In sich schlüssiger ist die Auffassung, welche eine Bindung des Verwalters ablehnt. Kann der Schuldner nicht in materiell-rechtlicher Art und Weise auf Anfechtungsansprüche einwirken, so kann er auch in prozessualer Hinsicht nicht dem Verwalter zustehende Rechte ausüben und über sie disponieren. Dies folgt aus der mangelnden Verfügungsbefugnis des Schuldners über Anfechtungsansprüche. Diese Auffassung ist bei Wertung aller vorgebrachten Argumente vorzugswürdig und weniger konstruiert. Der Insolvenzverwalter ist daher nicht gezwungen, Anfechtungsansprüche vor dem Schiedsgericht geltend zu machen.

2. Geltendmachung von Anfechtungsansprüchen im Schiedsverfahren

Nachdem der Schuldner den Verwalter mit einer Schiedsvereinbarung im Rahmen von Anfechtungsrechtsstreitigkeiten nicht binden kann, ist zu untersuchen, welche Möglichkeiten des Insolvenzverwalters bestehen, seine Rechte aus Insolvenzanfechtung als Verteidigungsmittel in einem Schiedsverfahren geltend zu machen und gegebenenfalls von einem Schiedsgericht entscheiden zu lassen. Der Insolvenzverwalter könnte an einer Entscheidung durch ein Schiedsgericht interessiert sein, da im Falle eines Feststellungsrechtsstreits und der einredeweisen Geltendmachung von Anfechtungsansprüchen ein Auseinanderfallen der Zuständigkeiten für einen einheitlichen Lebenssachverhalt vermieden würde. Bei Verfahren mit Auslandbezug könnte zudem eine Vollstreckung beim Anfechtungsgegner wegen der erleichterten Vollstreckbarkeit von Schiedssprüchen von Vorteil sein.

Es ist zu untersuchen, ob der Verwalter die Möglichkeit hat, gegen den Willen des Anfechtungsgegners Anfechtungsklage vor dem Schiedsgericht zu erheben oder die Anfechtbarkeit im Schiedsverfahren als Verteidigungsmittel gegen Gläubigeransprüche geltend zu machen.

a) Anfechtungsklage vor dem Schiedsgericht

Es ist geklärt, dass der Insolvenzverwalter bei einer von ihm anzustrengenden Anfechtungsklage nicht gegen seinen Willen an einer vorinsolvenzlich abgeschlossenen Schiedsvereinbarung festgehalten werden kann. Zu untersuchen ist nun die umgekehrte Konstellation, in der der Verwalter eine Anfechtungsklage im Schiedsverfahren verfolgen möchte. Natürlich besteht die Möglichkeit, dass sich der Verwalter nach Insolvenzeröffnung einvernehmlich mit dem Anfechtungsgegner darauf einigt, die Streitigkeit vor einem Schiedsgericht

274 G. Wagner KTS 2010, 39, 48 f.

auszutragen.[275] Der Anfechtungsanspruch aus § 143 InsO stellt einen vermögensrechtlichen Anspruch gemäß § 1030 Abs. 1 Satz 1 ZPO dar und ist unbestritten schiedsfähig. Für gewöhnlich kann der Verwalter selbst entscheiden, ob er diesen Weg gehen will oder hat allenfalls die Zustimmung des Gläubigerausschusses nach § 160 Abs. 2 Nr. 3 InsO einzuholen.

Nicht geklärt ist die Frage, ob der Verwalter sich auf eine vorinsolvenzlich abgeschlossene Schiedsvereinbarung berufen kann, womöglich sogar gegen den Willen des Anfechtungsgegners. Soweit in der Literatur zu dieser Frage Stellung genommen wird, sei die Voraussetzung für dieses Vorgehen zumindest die tatbestandliche Erfassung von Anfechtungsansprüchen durch die Schiedsvereinbarung. Eine weitere Voraussetzung sei, dass die Schiedsvereinbarung auch Wirkung für den Verwalter erlangen kann. Eine Wirkung gegen den Verwalter ist, wie bereits dargelegt, ausgeschlossen.[276]

Nach herrschender Ansicht sind Anfechtungsansprüche von den typischen Formulierungen von Schiedsvereinbarungen, etwa dass "*alle Streitigkeiten, die sich im Zusammenhang mit dem Vertrag oder seiner Gültigkeit ergeben*"[277] durch ein Schiedsgericht zu entscheiden seien, nicht erfasst.[278]

Da der Verwalter bei Anfechtungsklagen nicht durch schuldnerseits abgeschlossene Schiedsvereinbarungen gebunden werden kann, ergebe eine Auslegung der Vereinbarung nach §§ 133, 157 BGB meist, dass sich der Anfechtungsgegner nicht einseitig habe binden wollen.[279] Nur wenn sich aus der Schiedsvereinbarung ausdrücklich eine einseitige Bindung des Anfechtungsgegners ergibt, habe es der Verwalter in der Hand, die Vereinbarung nachträglich gemäß § 177 BGB zu genehmigen.[280] Die Genehmigung ist notwendig, da der Schuldner bei Abschluss der Schiedsvereinbarung hinsichtlich der Anfechtungsansprüche im Namen des

---

275 MünchKommInsO/Schumacher, Bd. 2, 3. A. 2013, Vor §§ 85 bis 87 Rn. 54; Häsemeyer, Insolvenzrecht, 4. A. 2007, Rn. 13.28; Uhlenbruck/Ede/Hirte, InsO, 14. A. 2015, § 143 Rn. 144 f.; Jestaedt, S. 79 ff.

276 Heidbrink/v.d. Groeben ZIP 2006, 265, 267 f.

277 Die Deutsche Institution für Schiedsgerichtsbarkeit e.V. (DIS) empfiehlt allen Parteien, die auf die DIS-Schiedsgerichtsordnung Bezug nehmen wollen, folgende Musterschiedsvereinbarung: „*Alle Streitigkeiten, die sich im Zusammenhang mit diesem Vertrag oder über seine Gültigkeit ergeben, werden nach der Schiedsgerichtsordnung der Deutschen Institution für Schiedsgerichtsbarkeit e.V. (DIS) unter Ausschluss des ordentlichen Rechtsweges endgültig entschieden.*" – abrufbar unter http://www.dis-arb.de/de/17/klauseln/dis-schiedsgerichtsbereinbarung-98-id21.

278 Heidbrink/v.d. Groeben ZIP 2006, 265, 267 f.

279 Heidbrink/v.d. Groeben ZIP a.a.O.

280 Ausführlich Heidbrink/v.d. Groeben ZIP a.a.O.

zukünftigen Insolvenzverwalters handelt. Es sei zudem erforderlich, dass die Schiedsklausel explizit auch Ansprüche aus § 143 InsO erfasse.[281]

Dieser Sichtweise ist zuzustimmen. Allein die Auslegung der Schiedsvereinbarung wird niemals zu dem Ergebnis gelangen können, der Anfechtungsgegner habe sich einseitig binden wollen. Anders kann dies nur zu beurteilen sein, wenn ein solcher Wille eindeutig aus der Schiedsvereinbarung hervorgeht und diese ebenso eindeutig Anfechtungsansprüche mit umfasst. Denn kommt man zu dem Ergebnis, der Schuldner könne nicht verbindlich über Anfechtungsansprüche des Verwalters verfügen und damit diesen im Anfechtungsprozess nicht binden, kann ein Bindungswille des Anfechtungsgegners nicht allein im Wege der Auslegung nach § § 133, 157 BGB der Schiedsvereinbarung zu entnehmen sein. Diese Auslegung würde zu einer unzulässigen Erweiterung des Vertragsgegenstandes führen. Auf diese Weise kann keiner Partei etwas zuerkannt werden, was sie hat erreichen wollen, aber nicht erreicht oder vergessen hat.[282] Die ergänzende Vertragsauslegung darf auch nicht darauf hinauslaufen, etwas Neues, bisher im Grundsatz nicht Vorhandenes, in den Vertrag einzuführen.[283] Haben die Parteien also das Thema der Insolvenzanfechtung bei Abschluss der Schiedsvereinbarung nicht bedacht, hat der Insolvenzverwalter keine Möglichkeit, den Anfechtungsgegner gegen dessen Willen vor dem Schiedsgericht zu verklagen. Er kann den Anfechtungsgegner dann nur im ordentlichen Rechtsweg in Anspruch nehmen.

b) Anfechtungseinrede im Schiedsverfahren

Neben der Anfechtungsklage zur aktiven bzw. angriffsweisen Korrektur ungerechtfertigter Vermögensverschiebungen kann der Verwalter die Anfechtbarkeit von Rechtsgeschäften nach den §§ 129 ff. InsO im Wege der Einrede geltend machen. Die Einrede der Anfechtbarkeit dient der Wahrung der gegenwärtigen Rechtsstellung der Insolvenzmasse. Diese Einrede beruht auf dem „dolo facit qui petit quod statim redditurus est" – Einwand,[284] wonach treuwidrig handelt, wer etwas fordert, was sofort zurückgegeben werden muss. Denn ist der Gläubiger eines schuldrechtlichen Anspruchs zugleich Schuldner seines Schuldners im Rahmen des gleichen Rechtsverhältnisses, entsteht aus dem Anspruch des Schuldners eine Einrede. Eine solche Einrede folgt auch aus dem

281 Heidbrink SchiedsVZ 2009, 258, 259.

282 MünchKommBGB/Busche, Bd. 1, 7. A. 2015, § 157 Rn. 55 ff.

283 BGH NJW-RR 1989, 1490, 1491; NJW 1985, 480.

284 MünchKommBGB/Roth/Schubert, Bd. 2, 6. A. 2012, § 242 Rn. 408.

insolvenzrechtlichen Rückgewähranspruch.[285] Dieses Verteidigungsmittel lässt sich aus § 146 Abs. 2 InsO schließen. Dem Verwalter steht danach ein materiellrechtliches Leistungsverweigerungsrecht[286] oder nach anderer Ansicht eine Einwendung der materiell-rechtlichen Unwirksamkeit zu.[287] Unabhängig von der rechtlichen Einordnung geht es um die prozessuale Frage der Geltendmachung des dem Insolvenzverwalter zustehenden Leistungsverweigerungsrechts als Einrede oder im Weg der Widerklage im Schiedsverfahren.

Mit Beschluss vom 17. Januar 2008 entschied der BGH, dass der Verwalter weder im Schiedsverfahren mit der Schiedswiderklage noch im Wege der Einrede Ansprüche aus Insolvenzanfechtung geltend machen könne.[288] Denn Ansprüche aus Insolvenzanfechtung würden nicht von einer schuldnerseits getroffenen Schiedsvereinbarung erfasst und unterfielen daher nicht der Kompetenz des Schiedsgerichts. Unterliegen die Ansprüche aus Insolvenzanfechtung nicht der Kompetenz des Schiedsgerichts, dann könnten sie im Schiedsverfahren weder mit der Schiedswiderklage noch als Einrede geltend gemacht werden. Dies ergebe sich aus dem Justizgewährungsanspruch. Die Parteien würden mit Abschluss der Schiedsvereinbarung hinsichtlich der Ansprüche und Gegenansprüche aus dem insolvenzanfechtungsrechtlichen Rückgewährschuldverhältnis gemäß § 143 Absatz 1 InsO nicht auf den Zugang zum staatlichen Gericht verzichten. Es handle sich zudem um eine mit der Aufrechnung mit einer nicht schiedsbefangenen Gegenforderung vergleichbaren Fallgestaltung. Die Einrede der Insolvenzanfechtung könne stattdessen im Verfahren auf Vollstreckbarerklärung erhoben werden.[289]

Das Problem ist damit zwar in der Rechtsprechung geklärt, in der Literatur ist die Lösung des BGHs jedoch umstritten. Teilweise werden ähnlich dem BGH die Grundsätze zur Aufrechnung im Schiedsverfahren entsprechend angewendet.[290] Es wird angeführt, im Verfahren vor staatlichen Gerichten sei eine Aufrechnung mit einer schiedsbefangenen Gegenforderung ebenfalls nicht zu beachten, wenn die Gegenforderung streitig ist.[291] Ebenso sei im umgekehrten Fall eine Aufrechnung mit einer streitigen, nicht schiedsbefangenen Forderung im Schiedsver-

---

285 Bork/Jacoby, Handbuch des Insolvenzanfechtungsrechts, 1. A. 2006, Kap. 12 Rn. 12.
286 MünchKommInsO/Kirchhoff, Bd. 2, 3. A. 2013, § 146 Rn. 45 ff., 51 ff.
287 Jaeger/Henckel, InsO, Bd. 4, 1. A. 2008, § 146 Rn. 63.
288 BGH NJW-RR 2008, 558.
289 BGH NJW-RR 2008, 558, 560.
290 Jestaedt, S. 79 f.; Heidbrink SchiedsVZ 2009, 258, 261.
291 Heidbrink a.a.O. mit Verweis auf BGH NJW 1963, 243; siehe auch BGH NJW 1963, 538.

fahren unbeachtlich. Auch sei bei unterschiedlicher Rechtswegzuständigkeit für Hauptforderung und Gegenforderung eine Geltendmachung der Gegenforderung weder durch Widerklage noch durch Prozessaufrechnung möglich.[292] Wie bei der Aufrechnung werde dem Klageanspruch mit der Einrede der Anfechtbarkeit die Gegenforderung entgegengehalten. Diese Einrede sei ein selbstständiges Gegenrecht wie eine zur Aufrechnung gestellte Forderung und unterfalle der Kompetenz des Schiedsgerichts nur, wenn sie von der zugrundeliegenden Schiedsvereinbarung erfasst sei. Könnten im Wege der Aufrechnung oder durch Erhebung der Einrede der Anfechtbarkeit Ansprüche in das Schiedsverfahren eingeführt werden, auf welche sich die Schiedsabrede nicht beziehe, so stelle dies eine Umgehung von § 1026 ZPO und von § 1027 Abs. 1 Satz 1 ZPO dar. Das Schiedsgericht könne daher nicht über den Anfechtungsanspruch entscheiden und der Verwalter sei auf den ordentlichen Gerichtsweg zu verweisen.[293]

Nach der Gegenansicht erstrecke sich die Zuständigkeit für den mit der Klage geltend gemachten Anspruch auch auf die vom Beklagten geltend gemachten Verteidigungsmittel – "le juge de l'action est juge de l'execption" wie man in Frankreich sage. Das Schiedsgericht benötige daher nur einen Kompetenztitel für das mit der Schiedsklage geltend gemachte Recht, nicht aber für die Verteidigungsmittel.[294] Die Kompetenz des jeweiligen Gerichts bestimme sich ausschließlich nach der Zuständigkeit des Anspruchs der der Klage zugrunde liege, nicht nach den Einwänden des Beklagten. Die für die Aufrechnung anerkannte Ausnahme beruhe allein darauf, dass mit dieser ein zweiter Streitgegenstand in das Verfahren eingeführt werde und dessen Wert erhöhe. Der Anfechtungseinwand sei hingegen kein neuer Streitgegenstand und auch kein neuer wirtschaftlicher Wert im Verfahren. Es handle sich um eine *"ordinäre"* Einwendung.[295] Die Zuständigkeitsaufspaltung würde auch gegen die Wertung des § 17 Abs. 2 Satz 1 GVG verstoßen. Auch die Prozessökonomie spreche für die Abwicklung des Rechtsstreits in einem einheitlichen Verfahren. Dem Gläubiger geschehe kein Unrecht, da er seinerseits den Verwalter an der mit dem Schuldner

292 Heidbrink a.a.O.

293 Jestaedt, S. 80.

294 BGH Beschl. v. 17. Januar 2008 – III ZB 11/07 KTS 2009, 238, 242 m. Anm.: G. Wagner/Braem.

295 BGH Beschl. v. 17. Januar 2008 – III ZB 11/07 KTS 2009, 238, 248 m. Anm.: G. Wagner/Braem.

abgeschlossenen Schiedsvereinbarung festhalte und der Verwalter sich nur mit den ihm zur Verfügung stehenden Einwänden verteidige.[296]

Obwohl gute Gründe für eine Kognitionsbefugnis des Schiedsgerichts sprechen, ist die Anbringung der Anfechtungseinrede im Schiedsverfahren abzulehnen. Die Geltendmachung des Anfechtungseinwands im Schiedsverfahren widerspricht der systemischen Behandlung der Insolvenzanfechtung im schiedsgerichtlichen Verfahren. Die Anfechtungseinrede kann keine andere Behandlung erfahren als die Anfechtungsklage. Denn sie stellt nichts anderes dar als das Spiegelbild der Anfechtungsklage in Form des Einwands auf der Passivseite. Die Zielsetzung von Anfechtungsklage und Anfechtungseinwand sind identisch. Die Masse soll vor Schmälerungen geschützt werden, ob durch aktive Korrektur von Verringerungen des Schuldnervermögens im Wege einer Anfechtungsklage oder durch den Schutz der Insolvenz-masse im Wege der Erhebung der Anfechtungseinrede. Die Anfechtungseinrede ist Ausfluss der Ansprüche aus Insolvenzanfechtung und steht diesen gleich.

Allein die Differenzierung der Ansprüche aus Insolvenzanfechtung nach ihrer Natur als Angriffs- oder Verteidigungsmittel stellt kein geeignetes Kriterium dar, aus welchem sich eine Entscheidungsbefugnis des Schiedsgerichts folgern ließe. So stellt das Anfechtungsrecht anerkanntermaßen ein selbständiges, der Verfügungsgewalt des Gemeinschuldners entzogenen Recht des Insolvenzverwalters dar.[297] Eine durch den Schuldner abgeschlossene Schiedsvereinbarung ist nicht geeignet, die Ansprüche des Verwalters aus Insolvenzanfechtung zu erfassen. Der Insolvenzgläubiger und Anfechtungsgegner kann dem Verwalter die Schiedseinrede nach § 1032 Abs. 1 ZPO nicht entgegenhalten und keine Abweisung des Anfechtungsrechtsstreits als unzulässig herbeizuführen. Ebenso kann im umgekehrten Fall der Insolvenzverwalter dem Gläubiger im Schiedsverfahren nicht die Anfechtungseinrede entgegenhalten. Bereits die Auslegung der Schiedsvereinbarung ergibt, dass der Gläubiger sich nicht einseitig zu seinen Lasten einer Schiedsvereinbarung unterwerfen will, wenn diese für den Verwalter sonst keine Bindungswirkung entfaltet. Da die Anfechtungseinrede lediglich die Geltendmachung des Anspruchs aus Insolvenzanfechtung gemäß § 143 Abs. 1 InsO auf der Passivseite darstellt, ist diese wie die Anfechtungsklage des Insolvenzverwalters vor dem staatlichen Gericht zu erheben.

---

296 BGH Beschl. v. 17. Januar 2008 – III ZB 11/07 KTS 2009, 238, 246 m. Anm.: G. Wagner/Braem.

297 BGH NJW 1957, 791; BGH ZInsO 2004, 88; BGH NJW-RR 2008, 558, 560.

Die Zuständigkeit für den mit der Klage geltend gemachten Anspruch erstreckt sich auch nicht automatisch, wie teilweise vorgeschlagen wird, auf die beklagtenseits geltend zu machenden Verteidigungsmittel. Dies hätte zur Folge, dass der Anfechtungseinwand ohne Abschluss einer Schiedsvereinbarung und damit ohne Disposition der Parteien der Entscheidungskompetenz des Schiedsgerichts unterfiele und die staatliche Gerichtsbarkeit ausgeschlossen wäre.

Prozessuale Folge der Zulassung des Anfechtungseinwands als Verteidigungsmittel im Schiedsverfahren wäre, dass dieser zwingend im laufenden Schiedsverfahren geltend zu machen ist.[298] Die Anbringung des Anfechtungseinwands im Verfahren auf Vollstreckbarerklärung wäre dann analog § 767 Abs. 2 ZPO nur insoweit zulässig, als die Gründe, auf denen er beruht, nach dem Schluss der mündlichen Verhandlung, in der der Einwand spätestens hätte geltend gemacht werden müssen, entstanden sind.[299] Ist der Anfechtungseinwand im Schiedsverfahren wegen Verspätung präkludiert, so ist er das auch im späteren Vollstreckbarerklärungsverfahren. Der Insolvenzverwalter wäre gezwungen, den Anfechtungseinwand im Schiedsverfahren zu erheben, andernfalls könnte er diesen nicht mehr geltend machen. Eine nachfolgend erhobene Anfechtungsklage wäre wegen der Identität des Streitgegenstandes und damit des Begehrens des kontradiktorischen Gegenteils der im ersten Prozess ausgesprochenen Rechtsfolge als unzulässig abzuweisen.[300] Dieses Ergebnis ist ohne die ausdrückliche Einwilligung des Verwalters, die Anfechtungsansprüche und damit auch die Anfechtungseinrede zum Prozessstoff vor dem Schiedsgericht zu machen, nicht gerechtfertigt. Dem Schiedsgericht fehlt die Zuständigkeit, um über die Anfechtungsansprüche zu entscheiden.

Das Schiedsgericht kann daher keine Entscheidung über die Gegenrechte aus Insolvenzanfechtung, weder in Form von Einreden noch als Widerklagen, treffen.

Unzutreffend ist allerdings die Ablehnung der Geltendmachung der Anfechtungseinrede und der Schiedswiderklage mit Verweis auf die angeblich

---

298 RGZ 13, 347, 348 f.; 148, 270, 273, 276; RG JW 1934, 362, 363; BGH NJW 1961, 1067; ZZP 74 (1961), 371, 372 m. zust. Anm. Schwab; NJW 1963, 538; NJW 1965, 1138; BGH WM 1969, 72, 73; NJW 1987, 651; 1990, 2199; 1990, 3210, 3211; NJW-RR 1997, 1289; BayObLG NZI 2000, 366, 367; Stein/Jonas/Schlosser, ZPO, Bd. 10, 23. A. 2014, § 1063 Rn. 14 ff.; MünchKommZPO/Münch, Bd. 3, 4. A. 2013, § 1055 Rn. 27; ausführlich Nelle, S. 537 f., 543 ff.

299 MünchKommZPO/K. Schmidt/Brinkmann, Bd. 2, 4. A. 2012, § 767 Rn. 74.

300 MünchKommZPO/Gottwald, Bd. 1, 4. A. 2013, § 322 Rn. 39 ff.; Musielak/Voit/Musielak, ZPO, 12. A. 2015, § 322 Rn. 21 ff.

vergleichbare Fallgestaltung bei der Aufrechnung mit einer nicht schiedsbefangenen Gegenforderung bzw. umgekehrt mit der Aufrechnung mit einer schiedsbefangenen Forderung im Rechtsstreit vor dem staatlichen Gericht.[301] Denn nur mit dem Verteidigungsmittel der Aufrechnung wird ein weiterer Streitgegenstand in den Prozess eingeführt. Bei der Anfechtungseinrede handelt es sich hingegen um den gleichen wirtschaftlichen Wert.[302] Es handelt sich gerade nicht um eine beliebige weitere Forderung mit der aufgerechnet wird und die nichts mit dem eigentlichen Streitgegenstand zu tun hat. Dass es sich um den gleichen, dem Streitgegenstand zugrundeliegenden Wert handelt, ergibt sich aus der Einrede der Anfechtbarkeit des geltend gemachten Anspruchs selbst. Denn sowohl als materielles Leistungsverweigerungsrecht[303] als auch als Einwendung der materiell-rechtlichen Unwirksamkeit[304] geht die Einrede der Anfechtbarkeit dahin, dass die Belastung der Masse mit der Verpflichtung des Schuldners aufgehoben werden muss[305]. Es geht also stets um den gleichen Vertrag, Wert oder Gegenstand.

3. Geltendmachung der Anfechtungseinrede bei Leistungsschiedssprüchen

Da der Insolvenzverwalter die Einrede der Anfechtbarkeit nicht im Schiedsverfahren anbringen kann, ist zu untersuchen, welche Verfahren hierzu statthaft sind. In Betracht kommt das Vollstreckbarerklärungsverfahren gemäß § 1060 ZPO, das Aufhebungsverfahren nach § 1059 ZPO, die Vollstreckungsgegenklage nach §§ 767, 795, 794 Abs. 1 Nr. 4a ZPO sowie das ordentliche Klageverfahren.

Dabei ist die Untersuchung in Leistungs- und Feststellungsschiedssprüche zu unterteilen. Unter den Überbegriff "Leistungsschiedsspruch" fallen Schiedsverfahren, welche auf die Verurteilung des Insolvenzverwalters zu einer Leistung gerichtet sind. Bei diesen Verfahren kann es sich um die Geltendmachung von Aus- und Absonderungsrechten handeln.

---

301 BGH NJW-RR 2008, 558, 560.

302 So auch BGH Beschl. v. 17. Januar 2008 – III ZB 11/07 KTS 2009, 238, 246 m. Anm.: G. Wagner/Braem.

303 MünchKommInsO/Kirchhoff, Bd. 2, 3. A. 2013, 146 Rn. 45 ff., 51 ff.

304 Jaeger/Henckel, InsO, Bd. 4, 1. A. 2008, § 146 Rn. 63.

305 Jaeger/Henckel, InsO, Bd. 4, 1. A. 2008, § 146 Rn. 37.

a) Vollstreckbarerklärungsverfahren gem. § 1060 ZPO

Der BGH vertritt die Auffassung, dass die Anfechtungseinrede im Vollstreckbarerklärungsverfahren gemäß § 1060 ZPO erhoben werden könne.[306] Als Begründung führt er an, der Anfechtungsanspruch sei dem Rechtsweg zu den staatlichen Gerichten vorbehalten. Dazu sei nicht nur das ordentliche Klageverfahren, sondern aus Gründen der Prozessökonomie und der Verfahrenskonzentration auch das Vollstreckbarerklärungsverfahren vor den Oberlandesgerichten geeignet.

Eines Rückgriffs auf den Rechtsgedanken des § 767 Abs. 2 ZPO bedürfe es nicht, da es um die beim staatlichen Gericht verbliebene Entscheidungskompetenz gehe und weniger darum, ob die Anfechtungseinrede bereits im Verfahren der Vollstreckbarerklärung statt mit der Vollstreckungsgegenklage gegen die Exequaturentscheidung hätte geltend gemacht werden können.[307]

Der BGH gibt damit zunächst zwei Möglichkeiten vor. Zum einen kann der Insolvenzverwalter im ordentlichen Verfahren Klage aufgrund des Rückgewähranspruchs aus Insolvenzanfechtung erheben.

Zum anderen kann der Verwalter die Einrede der Anfechtbarkeit im Vollstreckbarerklärungsverfahren geltend machen.

Eine Vollstreckungsgegenklage kommt ebenfalls in Betracht. Der BGH scheint aber das Vollstreckbarerklärungsverfahren gegenüber einer erst gegen die Exequaturentscheidung zu erhebenden Vollstreckungsgegenklage zu favorisieren.

Der BGH setzt damit seine Rechtsprechung fort, nach der bei einem vorangegangenem Schiedsverfahren die Aufrechnung im Vollstreckbarerklärungsverfahren geltend gemacht werden kann[308] und überträgt diese auf die Einrede der Insolvenzanfechtung.

Die Lösung des BGH und deren Begründung sind jedoch nicht unumstritten. Dagegen wird vorgebracht, er habe dem Anfechtungsgegner und Antragsteller im Vollstreckbarerklärungsverfahren für den Streit über die Insolvenzanfechtung

---

306 BGH NJW-RR 2008, 558, 560.

307 BGH a.a.O.

308 BGH SchiedsVZ 2010, 330, 331; 2008, 40, 43; NJW-RR 2008, 659, 662; NJW 1990, 3210; dem folgend OLG Köln v. 11.9.2009 19 Sch 10/09; OLG Köln SchiedsVZ 2005, 163 ff.; OLG Düsseldorf SchiedsVZ 2005, 214 ff.; OLG Dresden SchiedsVZ 2005, 210 ff.; OLG Koblenz SchiedsVZ 2005, 260, 262; OLG Hamm NJW-RR 2001, 1362 f.; so auch Schwab/Walter, Schiedsgerichtsbarkeit, 7. A. 2005, Kap. 27 Rn. 12; Musielak/Voit/Voit, ZPO, 12. A. 2015, § 1060 Rn. 12; ähnlich Stein/Jonas/Schlosser, ZPO, Bd. 10, 23. A. 2014, § 1063 Rn. 14 ff. – a.A. BayObLG NJW-RR 2001, 1363, 1364; OLG Stuttgart MDR 2001, 595 f.; OLGR München 2006, 906; KG Berlin Beschl. v. 16.03.2006, 20 SCH 18/04; Borris/Schmidt SchiedsVZ 2004, 273, 276 und SchiedsVZ 2005, 254 ff.

eine Tatsacheninstanz entzogen. Der BGH sei zudem der Auffassung gewesen, eine auf die Anfechtungseinrede gestützte Vollstreckungsgegenklage könne keinen Erfolg haben, weil die Anfechtungseinrede nicht gemäß § 767 Abs. 2 ZPO nachträglich entstanden sei. Er habe deshalb die Variante gewählt, die Anfechtungseinrede bereits im Vollstreckbarerklärungsverfahren zuzulassen oder den Insolvenzverwalter darauf zu verweisen, zunächst auf den Schiedsspruch zu leisten und hiernach die Rückgewähransprüche aus § 143 InsO separat einzuklagen. Dem Anfechtungsgegner und Antragsteller im Vollstreckbarerklärungsverfahren sei damit aber eine Tatsacheninstanz entzogen worden.[309]

Nach anderer Ansicht lasse die Begründung des BGH keinen Schluss auf die Unanwendbarkeit des Rechtsbehelfs der Vollstreckungsgegenklage nach § 767 ZPO zu. Auch seien die angeführten Bedenken wegen des Verlustes einer Tatsacheninstanz unbegründet. Wäre ein Rückgriff auf § 767 ZPO einschlägig, könnte der Insolvenzverwalter neben dem Vollstreckbarerklärungsverfahren auch die Vollstreckungsabwehrklage erheben. Die Bedenken gegen den Verlust einer Tatsacheninstanz seien unbegründet. Zuständig für das Vollstreckbarerklärungsverfahren im ersten Rechtszug sei das Oberlandesgericht nach § 1062 Abs. 1 Nr. 4 ZPO. Gegen den Beschluss der Vollstreckbarerklärung sei dann gemäß § 1064 Abs. 1 ZPO i.V.m. § 133 GVG die Rechtsbeschwerde zum BGH zulässig. Dem Antragsgegner gehe damit keine Tatsacheninstanz verloren.[310]

Tatsächlich gibt es bei der Berücksichtigung des Anfechtungseinwands im Vollstreckbarerklärungsverfahren nur eine Tatsacheninstanz. Das Gleiche gilt jedoch auch für das Verfahren der Vollstreckungsabwehrklage. Das ergibt eine Gegenüberstellung beider Verfahren.

Durch das neue Schiedsverfahrensrecht hat sich die prozessuale Ausgangslage verändert und es sind nicht mehr die Amts- und Landgerichte für den Antrag auf Vollstreckbarerklärung zuständig, sondern gemäß § 1062 ZPO ausschließlich die Oberlandesgerichte. Eine mündliche Verhandlung ist nur geboten, wenn Aufhebungsgründe nach § 1059 Abs. 2 ZPO in Betracht kommen, vgl. § 1063 Abs. 2 ZPO.[311] Die Oberlandesgerichte entscheiden dabei nicht durch Urteil, sondern durch Beschluss gemäß § 1063 Abs. 1 ZPO. Eine weitere Tatsacheninstanz ist nicht gegeben, sondern nur die unter eingeschränkten Voraussetzungen statthafte, revisionsrechtlich ausgestaltete Rechtsbeschwerde zum BGH gemäß § 1065 Abs. 1 ZPO. Geprüft wird die Entscheidung dabei nur auf Rechtsverletzungen.

309 Heidbrink SchiedsVZ 2009, 258, 262.

310 Heuser, S. 48 f.

311 MünchKommZPO/Münch, Bd. 3, 4. A. 2013, § 1063 Rn. 8 ff.; Stein/Jonas/Schlosser, ZPO, Bd. 10, 23. A. 2014, § 1063 Rn. 3 ff.

Die Entscheidung ist einer tatrichterlichen Überprüfung nicht zugänglich.[312] Dadurch sind Gerichte, welche normalerweise nur über Rechtsmittel zu entscheiden haben, nun erstinstanzlich mit materiellen Einwendungen befasst.[313] Man könnte insofern an der Vollwertigkeit des Erkenntnisverfahrens zweifeln.

Das Argument des Verlusts einer Tatsacheninstanz ist jedoch nicht richtig, da beim alternativ vorgeschlagenen Rechtsbehelf der Vollstreckungsabwehrklage ebenfalls nur noch eine Tatsacheninstanz besteht.[314] Für die Vollstreckungsabwehrklage ist gemäß § 767 Abs. 1 ZPO nämlich das Prozessgericht des ersten Rechtszuges zuständig. Dabei handelt es sich um das Gericht, das den Vollstreckungstitel geschaffen hat.[315] Bei Schiedssprüchen ist es das Gericht, das den Schiedsspruch gemäß §§ 1060, 1062 Abs. 1 Nr. 4 ZPO für vollstreckbar erklärt hat. Der Beschluss, der den Schiedsspruch für vollstreckbar erklärt, stellt den Vollstreckungstitel dar.[316] Die Vollstreckungsabwehrklage ist daher ebenfalls an das Oberlandesgericht zu richten.[317] Auch bei diesem Verfahren gibt es keine zweite Tatsacheninstanz.

Den Parteien wird also keine Tatsacheninstanz genommen, wenn mit der Lösung des BGH die Einwendungen bereits im Vollstreckbarerklärungsverfahren berücksichtigt werden. Es ist vielmehr unvermeidlich, dass sich die als Rechtsmittelgerichte ausgerichteten und funktional eher ungeeigneten Oberlandesgerichte mit dem Anfechtungseinwand beschäftigen. Anders wäre dies allenfalls, wenn man mit der Mindermeinung eine Zuständigkeit der Amts- und Landgerichte für die Vollstreckungsabwehrklage annehmen würde.[318]

Dass die mündliche Verhandlung im Verfahren zur Vollstreckbarerklärung des Schiedsspruchs gemäß § 1063 Abs. 1 und Abs. 2 ZPO ins Ermessen des

---

312 BayObLG NJW-RR 2001, 1363, 1364; Stein/Jonas/Schlosser, ZPO, Bd. 10, 23. A. 2014, § 1065 Rn. 1; MünchKommZPO/Münch, Bd. 3, 4. A. 2013, § 1063 Rn. 10 ff.

313 BayObLG NJW-RR 2001, 1363, 1364.

314 BGH SchiedsVZ 2010, 330, 331; OLG Dresden SchiedsVZ 2005, 210, 213; OLG Hamm NJW-RR 2001, 1362 f. – a.A. BayObLG NJW-RR 2001, 1363; MünchKomm ZPO/Münch, Bd. 3, 4. A. 2013, § 1060 Rn. 38; Musielak/Voit/Voit, ZPO, 12. A. 2015, § 1060 Rn. 13; Borris/Schmidt SchiedsVZ 2004, 273, 278 f.

315 BGH NJW 1980, 188.

316 BGH Beschl. v. 28.10.1999, Az.: III ZB 43/99.

317 BGH SchiedsVZ 2010, 330, 331; 2008, 40, 43; NJW-RR 2008, 659, 662; NJW 1990, 3210; OLG Dresden SchiedsVZ 2005, 210 ff.; OLG Hamm NJW-RR 2001, 1362 f.; OLG München, Beschl. v. 12.11.2007, Az.: 34 Sch 10/07.

318 BayObLG NJW-RR 2001, 1363; MünchKommZPO/Münch, Bd. 3, 4. A. 2013, § 1060 Rn. 38; Musielak/Voit/Voit, ZPO, 12. A. 2015, § 1060 Rn. 13; Borris/Schmidt SchiedsVZ 2004, 273, 278 f.

Gerichts gestellt ist, benachteiligt den Schiedsbeklagten, in diesem Fall den Insolvenzverwalter, auch nicht. Wenn nämlich nicht nur über die formellen Voraussetzungen der Vollstreckbarerklärung zu entscheiden ist, sondern auch über materiell-rechtliche Einwendungen des Schiedsbeklagten, so ist das gerichtliche Ermessen dahingehend auszuüben, dass eine mündliche Verhandlung angeordnet wird.[319]

Das Vollstreckbarerklärungsverfahren ist daher ein geeigneter Rechtsbehelf zur Geltendmachung des Anfechtungseinwands durch den Insolvenzverwalter.

b) Vollstreckungsgegenklage gem. §§ 767, 795 ZPO

Als nächste Frage ist zu untersuchen, in welchem Verhältnis die Vollstreckungsgegenklage zum Vorbringen der Anfechtungseinrede im Verfahren auf Vollstreckbarerklärung steht.

Von der grundsätzlichen Zulässigkeit dieses Klageverfahrens neben dem Vollstreckbarerklärungsverfahren ist auszugehen.[320] So hat bereits das Reichsgericht entschieden, dass die Zulässigkeit der Vollstreckungsgegenklage neben dem Vollstreckbarerklärungsverfahren unter dem Gesichtspunkt des Rechtsschutzbedürfnisses nicht zu beanstanden sei.[321] Die Vollstreckungsgegenklage konnte bereits vor dem damals noch durchzuführenden Widerspruchsverfahren[322] und damit noch vor dem Vollstreckbarerklärungsverfahren erhoben werden.[323]

Gegenteilig wurde nach der Reform des Schiedsverfahrensrechts im Jahr 1998 vereinzelt in Rechtsprechung und Literatur vertreten, dass Einwendungen gegen den Anspruch nun einzig der Vollstreckungsgegenklage vorbehalten

319 OLG Hamm NJW-RR 2001, 1362.

320 BGH NJW 1990, 3210; BGHZ 34, 274; BGH SchiedsVZ 2008, 40; OLG Düsseldorf, SchiedsVZ 2005, 214; OLG Dresden SchiedsVZ 2005, 210; RGZ 148, 270, 273 ff.; Schwab/Walter, Schiedsgerichtsbarkeit, 7. A. 2005, Kap. 27 Rn. 13; Stein/Jonas/Schlosser, ZPO, Bd. 10, 23. A. 2014, § 1063 Rn. 18; Musielak/Voit/Voit, ZPO, 12. A. 2015, § 1060 Rn. 13; Wieczorek/Schütze/Schütze, ZPO, Bd. 11, 4. A. 2014, § 1060 Rn. 58; MünchKommZPO/K. Schmidt/Brinkmann, Bd. 2, 4. A. 2012, § 767 Rn. 10; Gaul/Schilken/Becker-Eberhard, ZVR, 12. A. 2010, § 40 Rn. 99; Schütze, IZPR in der ZPO, 2. A. 2011, § 1061 Rn. 122 ff.; Jestaedt, S. 81 f.; BayObLG Beschl. v. 12.04.2000 – 4Z Sch 2/00 mit Anm. Wagner JZ 2000, 1171, 1174; – a.A. BayObLG NJW-RR 2001, 1363.

321 RGZ 148, 270, 273 ff.

322 Mit der Neuregelung des Schiedsverfahrensrechts 1998 aufgehobenes Verfahren gegen den Beschluss der Vollstreckbarerklärung, vgl. Wieczorek/Schütze/Schütze, ZPO, Bd. 5, 3. A. 1995, § 1042 Rn. 10 ff., §1042c Rn. 9.

323 RGZ 148, 270, 275 f.

seien.[324] Dem haben sich der BGH[325] und mehrere Oberlandesgerichte[326] ausdrücklich nicht angeschlossen und führen die bisherige Rechtsprechung fort. Die mehrheitliche Literatur vertritt die gleiche Auffassung.[327] Es könne dem Schuldner nicht zugemutet werden, mit seinen Einwendungen bis zum Beginn des Vollstreckbarerklärungsverfahrens abzuwarten. Das Rechtschutzbedürfnis sei grundsätzlich zu bejahen.[328]

Die Vollstreckungsgegenklage ist damit neben und sogar vor dem Verfahren auf Vollstreckbarerklärung zur Geltendmachung von Einwänden gegen Schiedssprüche zulässig. Der Insolvenzverwalter hat die Wahl, wie er gegen einen für ihn negativen Schiedsspruch vorgehen will. Er kann sofort mit der Vollstreckungsgegenklage gemäß § 767 ZPO seine Einwände aus der Insolvenzanfechtung gegen den Schiedsspruch anbringen oder abwarten, bis der Anfechtungsgegner die Vollstreckbarerklärung nach § 1060 ZPO beantragt.

Im Rahmen der Konkurrenz der beiden Verfahren ist jedoch zu beachten, dass die Vollstreckungsgegenklage nicht mehr zulässig ist, wenn bereits ein Verfahren auf Vollstreckbarerklärung anhängig ist. In diesem Fall fehlt es am Rechtschutzinteresse, da der Insolvenzverwalter die Möglichkeit hat, die Anfechtungseinrede im Exequaturverfahren geltend zu machen.[329] Im umgekehrten Fall, wenn die Vollstreckungsgegenklage bereits erhoben ist und danach ein Vollstreckbarerklärungsverfahren eingeleitet wird, entfällt nachträglich deren

---

324 BayObLG NJW-RR 2001, 1363, 1364; OLG Stuttgart MDR 2001, 595 f.; OLGR München 2006, 906; KG Berlin Beschl. v. 16.03.2006, Az.: 20 SCH 18/04; Borris/Schmidt SchiedsVZ 2004, 273, 276 und SchiedsVZ 2005, 254 ff.

325 BGH SchiedsVZ 2010, 330, 331; 2008, 40, 43; NJW-RR 2008, 659, 662.

326 OLG Köln 11. 9. 2009 19 Sch 10/09; OLG Köln SchiedsVZ 2005, 163 ff.; OLG Düsseldorf SchiedsVZ 2005, 214 ff.; OLG Dresden SchiedsVZ 2005, 210 ff.; OLG Koblenz SchiedsVZ 2005, 260, 262; OLG Hamm NJW-RR 2001, 1362 f.

327 Schwab/Walter, Schiedsgerichtsbarkeit, 7. A. 2005, Kap. 27 Rn. 13; Stein/Jonas/Schlosser, ZPO, Bd. 10, 23. A. 2014, § 1063 Rn. 18; MünchKommZPO/K. Schmidt/Brinkmann, Bd. 2, 4. A. 2012, § 767 Rn. 10; Gaul/Schilken/Becker-Eberhard, ZVR, 12. A. 2010, § 40 Rn. 99; Schütze, IZPR in der ZPO, 2. A. 2011, § 1061 Rn. 122 ff.

328 Schwab/Walter, Schiedsgerichtsbarkeit, 7. A. 2005, Kap. 27 Rn. 13; Stein/Jonas/Schlosser, ZPO, Bd. 10, 23. A. 2014, § 1063 Rn. 18; Musielak/Voit/Voit, ZPO, 12. A. 2015, § 1060 Rn. 13; MünchKommZPO/K. Schmidt/Brinkmann, Bd. 2, 4. A. 2012, § 767 Rn. 10; Gaul/Schilken/Becker-Eberhard, ZVR, 12. A. 2010, § 40 Rn. 99; Schütze, IZPR in der ZPO, 2. A. 2011, § 1061 Rn. 122 ff.

329 Schwab/Walter, Schiedsgerichtsbarkeit, 7. A. 2005, Kap. 27 Rn. 13; Schütze, IZPR in der ZPO, 2. A. 2011, § 1061 Rn. 126.

Rechtsschutzinteresse.[330] Hat der Insolvenzverwalter also bereits Vollstreckungsgegenklage erhoben, muss er diese für erledigt erklären,[331] andernfalls würde die Klage als unzulässig abgewiesen. Die Anfechtungseinrede ist dann im Verfahren der Vollstreckbarerklärung geltend zu machen.

Der Anfechtungseinwand kann unter diesen Voraussetzungen mit der Vollstreckungsgegenklage geltend gemacht werden und ist nur nach § 767 Abs. 2 ZPO präkludiert, wenn er im vorangegangenen Verfahren hätte geltend gemacht werden können. Die Vollstreckungsgegenklage kann nur auf Einwendungen gestützt werden, welche im Schiedsverfahren nicht vorgebracht werden konnten. Es handelt sich dabei hauptsächlich um Einwendungen, welche zum Zeitpunkt des Schiedsverfahrens noch nicht entstanden waren.

Das Gleiche gilt aber auch für Einwendungen, welche zum Zeitpunkt des Erlasses des Schiedsspruchs bereits bestanden, aber im Schiedsverfahren nicht geltend gemacht werden konnten.[332] Da ein Schiedsgericht in den meisten Fällen nicht über die Insolvenzanfechtung entscheiden kann, kann diese und der daraus resultierende Rückgewähranspruch Grundlage der Vollstreckungsgegenklage sein.

Ist jedoch ein Aufhebungsverfahren nach § 1059 ZPO vorangegangen, ist der Anfechtungseinwand gemäß § 767 Abs. 2 ZPO präkludiert, wenn er hätte im Aufhebungsverfahren geltend gemacht werden können.[333] Präklusion tritt auch ein, wenn in einem vorausgehenden Vollstreckbarerklärungsverfahren notwendig mündlich verhandelt worden ist.[334] Bestand also bereits zu einem früheren Zeitpunkt die Möglichkeit eines Gerichts, über den Anfechtungseinwand zu entscheiden, ist der Insolvenzverwalter mit seinem Einwand im Rahmen der Vollstreckungsgegenklage ausgeschlossen. Er hat den Anfechtungseinwand vorzubringen, sobald er die Möglichkeit dazu hat.

c) Aufhebungsverfahren gem. § 1059 ZPO

Ein weiteres Verfahren zur Geltendmachung der Anfechtungseinrede könnte das Aufhebungsverfahren nach § 1059 ZPO darstellen. Dieses Verfahren eröffnet die Möglichkeit, dem Schiedsspruch bei Vorliegen von Aufhebungsgründen nach

330 BGHZ 38, 259; RGZ 165, 374.

331 Schütze, IZPR in der ZPO, 2. A. 2011, § 1061 Rn. 127.

332 Jestaedt, S. 81; Schütze, IZPR in der ZPO, 2. A. 2011, § 1061 Rn. 124.

333 Jestaedt, S. 81; Schütze, IZPR in der ZPO, 2. A. 2011, § 1061 Rn. 124; Stein/Jonas/Schlosser, ZPO, Bd. 10, 23. A. 2014, § 1063 Rn. 16; Musielak/Voit/Voit, ZPO, 12. A. 2015, § 1029 Rn. 24 f.

334 Schwab/Walter, Schiedsgerichtsbarkeit, 7. A. 2005, Kap. 27 Rn. 14.

§ 1059 Abs. 2 ZPO seine Wirksamkeit, insbesondere seine materielle Rechtskraft nach § 1055 ZPO, zu nehmen.[335] Als Grund für einen Aufhebungsantrag kommt innerhalb der genannten Aufhebungsgründe nur ein ordre public Verstoß nach § 1059 Abs. 2 Nr. 2 lit. b) ZPO in Betracht. Maßstab für die Unvereinbarkeit ist die öffentliche Ordnung der Bundesrepublik Deutschland, welche auch die deutschen Grundrechte mit umfasst.[336] Es ist nach herrschender Auffassung eine enge Auslegung geboten. Verstöße sind nur in extremen Ausnahmefällen anzunehmen. Das ist der Fall, wenn der Schiedsspruch mit Grundgedanken der deutschen gesetzlichen Regelungen und den diesen zu Grunde liegenden Wert- und Gerechtigkeitsvorstellungen in unvereinbarem Widerspruch steht.[337] Erforderlich ist, dass der Schiedsspruch in rechtsstaatlicher Hinsicht unverzichtbare Mindeststandards unterschreitet.[338] Das ist in der Regel der Fall, wenn Normen verletzt werden, die die Grundlagen des staatlichen oder wirtschaftlichen Lebens regeln oder der Schiedsspruch zu deutschen Gerechtigkeitsvorstellungen in einem untragbaren Widerspruch steht.[339]

Es muss daher mit wesentlichen Grundsätzen des deutschen Insolvenzrechts unvereinbar sein, dass die mit dem Leistungsschiedsspruch zugesprochene Forderung auf einer anfechtbaren Rechtshandlung beruht.

Der BayObLG entschied am 25. August 2004, dass es nicht dem ordre public widerspreche, wenn ein Schuldner zur Zahlung einer Forderung an einen Zessionar verurteilt wird und die zugrunde liegende Abtretung möglicherweise nach dem Insolvenzrecht anfechtbar ist.[340] Es widerspreche nicht elementaren Normen des staatlichen oder wirtschaftlichen Lebens oder fundamentalen Gerechtigkeitsvorstellungen, dass die zugrunde liegenden Rechtshandlungen möglicherweise nach dem Insolvenzrecht anfechtbar seien. Sofern tatsächlich die Voraussetzungen für eine Anfechtung vorliegen, könne der Insolvenzverwalter die Rückgewähr des zu Unrecht Erlangten verlangen. Eine nicht hinnehmbare

---

335 Stein/Jonas/Schlosser, ZPO, Bd. 10, 23. A. 2014, § 1059 Rn. 1.

336 BT-Drucks. 13/5274, S. 59.

337 BGH NJW 1963, 1200; 1968, 354; 1969, 369; 1975, 1600; 1978, 1114; 1980, 527; NJW-RR 1991, 757.

338 Saenger Hk-ZPO/Saenger, 6. A. 2015, § 1059 Rn. 30; Stein/Jonas/Schlosser, ZPO, Bd. 10, 23. A. 2014, Anh. § 1061 Rn. 326 ff.; Musielak/Voit/Voit, ZPO, 12. A. 2015, § 1059 Rn. 29; Schwab/Walter, Schiedsgerichtsbarkeit, 7. A. 2005, Kap. 24 Rn. 37.

339 BGH NJW 2009, 1215, 1216; Musielak/Voit/Voit, ZPO, 12. A. 2015, § 1059 Rn. 29; Saenger Hk-ZPO/Saenger, 6. A. 2015, § 1059 Rn. 30.

340 BayObLG SchiedsVZ 2004, 319, 320.

Beeinträchtigung der Rechtsposition des Schuldners oder eine Missachtung grundlegender Rechtsnormen sei nicht gegeben.[341]

Zu dieser Sichtweise scheint auch der BGH zu tendieren. Er entschied, dass allein das Bestehen eines Gegenanspruchs aus Insolvenzanfechtung keine Vorgreiflichkeit nach § 148 ZPO begründe.[342] Werde das Verfahren trotz der möglichen insolvenzrechtlichen Anfechtbarkeit nicht ausgesetzt, stelle dies kein gehörs- und ordre public-widriges Übergehen eines Verteidigungsmittels dar.[343]

In der Literatur wird es für einen ordre-public-Verstoß ebenfalls nicht als ausreichend angesehen, wenn die vom Schiedsgericht ausgeurteilte Forderung auf einer anfechtbaren Rechtshandlung beruht.[344]

Diese Betrachtung ist zutreffend, denn allein das Bestehen der Anfechtungseinrede kann keinen ordre-public-Verstoß nach § 1059 Abs. 2 Nr. 2 lit. b) ZPO begründen. Der Schiedsspruch hat zwischen den Parteien die Wirkung eines rechtskräftigen Urteils. Eine Inhaltskontrolle des Schiedsspruchs findet generell nicht statt, nicht einmal in Gestalt einer Billigkeitsprüfung oder Willkürkontrolle. Es gilt das Verbot der révision au fond. Dabei müssen Fehlentscheidungen grundsätzlich hingenommen werden.[345] Es widerspricht nicht elementaren Normen oder Gerechtigkeitsvorstellungen, wenn die Verurteilung zu einer Leistung erfolgt auch wenn die zu Grunde liegende Rechtshandlung möglicherweise anfechtbar ist.

Dem Insolvenzverwalter stehen mit dem Vollstreckbarerklärungsverfahren, mit der Vollstreckungsgegenklage und mit dem ordentlichen Klageverfahren ausreichend Möglichkeiten zur Verfügung, die Anfechtungseinrede anzubringen und sich gegen den Schiedsspruch zu verteidigen. Vor Abschluss des Vollstreckbarerklärungsverfahren kann auch keine Zwangsvollstreckung erfolgen.[346]

Ein Gläubiger kann damit möglicherweise trotz bestehender Anfechtungseinrede einen auf Leistung gerichteten Schiedsspruch erstreiten. Der Insolvenzverwalter kann aber im Verfahren auf Vollstreckbarklärung, welches der Gläubiger zur Befriedigung benötigt, seine Einwände anbringen. Mit der Vollstreckungsgegenklage kann er sogar gegen den Schiedsspruch vorgehen, bevor ein Antrag auf Vollstreckbarerklärung gestellt ist.

---

341 BayObLG SchiedsVZ 2004, 319, 320.

342 BGH NJW-RR 2008, 558, 559 f.

343 BGH NJW-RR 2008, 558, 560.

344 Musielak/Voit/Voit, ZPO, 12. A. 2015, § 1059 Rn. 31; Heidbrink SchiedsVZ 2009, 258, 262 f.

345 MünchKommZPO/Münch, Bd. 3, 4. A. 2013, § 1059 Rn. 7.

346 Schwab/Walter, Schiedsgerichtsbarkeit, 7. A. 2005, Kap. 26 Rn. 1 ff.

Eine mit Erlass des Schiedsspruchs einhergehende ungerechtfertigte Begünstigung gegenüber anderen Insolvenzgläubigern, die ihre Ansprüche vor den ordentlichen Gerichten verfolgen, tritt ebenfalls nicht ein. Zwar dient auch die Insolvenzanfechtung der gemeinsamen und gleichrangigen Befriedigung der Insolvenzgläubiger, indem der Bestand des Schuldnervermögens wiederhergestellt wird und Vermögensverschiebungen rückgängig gemacht werden.[347] Aufgrund der Handlungsmöglichkeiten des Insolvenzverwalters liegt in der Verurteilung durch einen Schiedsspruch aber trotz tatsächlichen Bestehens einer Anfechtungseinrede keine Fallgestaltung vor, welche § 87 InsO, der zum verfahrensmäßigen ordre-public gehört,[348] zuwider laufen würde. Es handelt sich folglich nicht um einen ordre public Verstoß nach § 1059 Abs. 2 Nr. 2 lit. b) ZPO. Somit scheidet das Aufhebungsverfahren zur Geltendmachung der Anfechtungseinrede aus. Die anderen Aufhebungsgründe nach § 1059 Abs. 2 ZPO kommen von vornherein nicht in Betracht.

d) Ordentliches Klageverfahren

Eine weitere Möglichkeit zur Geltendmachung der Anfechtbarkeit ist das ordentliche Klageverfahren. Als Klageart kommen dabei sowohl Leistungsklage als auch Feststellungsklage in Betracht.[349] Gegen diese Verfahren bestehen soweit ersichtlich keine Einwände aus der Literatur oder der Rechtsprechung. Der BGH hat das ordentliche Klageverfahren in seiner letzten Entscheidung, welche die Geltendmachung des Anfechtungsanspruchs betraf, ebenfalls in Betracht gezogen und sieht dieses als gleichwertige Alternative zum Vollstreckbarerklärungsverfahren an.[350]

Der Insolvenzverwalter hat daher die Wahl, ob er die Einrede der Anfechtbarkeit bereits im Vollstreckbarerklärungsverfahren oder mit der Vollstreckungsgegenklage geltend machen möchte. Ebenso er kann seinen Rückgewähranspruch in gegebenenfalls zwei Tatsacheninstanzen einklagen. Da es dem Insolvenzverwalter überlassen ist, wie er die Anfechtbarkeit geltend macht, geht ihm insgesamt keine Tatsacheninstanz verloren. Der Insolvenzverwalter könnte also zuerst

---

347 Uhlenbruck/Hirte/Ede, InsO, 14. A. 2015, Vor § 129 Rn. 1; MünchKommInsO/Kirchhoff, Bd. 2, 3. A. 2013, Vor 129 bis 147 Rn. 1 ff.

348 Jestaedt, S. 21 ff., 106 f.; Flöther DZWJR 2001, 89, 90 ff.

349 Jaeger/Henckel, InsO, Bd. 4, 1. A. 2008, § 143 Rn. 175 ff.; Nerlich/Römermann/Nerlich, InsO, § 143 Rn. 73 ff.; Uhlenbruck/Ede/Hirte, InsO, 14. A. 2015, § 143 Rn. 164, 168; Jestaedt, S. 78.

350 BGH NJW-RR 2008, 558, 560.

auf den Schiedsspruch leisten und dann die Rückgewähransprüche aus § 143 InsO einklagen.

4. *Geltendmachung der Anfechtungseinrede bei Feststellungsschiedssprüchen*

Schiedsgerichte können Insolvenzforderungen feststellen. Damit entfalten Feststellungsschiedssprüche die Wirkung gleich der eines rechtskräftigen gerichtlichen Urteils nach § 183 Abs. 1 InsO. Die Feststellungswirkung zur Insolvenztabelle hat der Schiedsspruch aus sich heraus und bedarf keiner Vollstreckung.[351] Der Vollstreckbarerklärung gemäß § 1060 ZPO bedarf es nur zur eigentlichen Zwangsvollstreckung und nicht zur Herbeiführung der realen Urteilswirkungen.[352]

Der Antrag auf Vollstreckbarerklärung ist jedoch nach der herrschenden Meinung auch bei feststellenden Schiedssprüchen zulässig.[353] Der Schiedskläger hat so die Möglichkeit, den Schiedsspruch gegen die Geltendmachung von Aufhebungsgründen zu sichern. In Betracht kommen insbesondere die von Amts wegen zu prüfenden Aufhebungsgründe nach § 1059 Abs. 2 Nr. 2 ZPO. Diese sind erst mit der rechtskräftigen Vollstreckbarerklärung erledigt.[354]

Meistens wird aber kein Antrag auf Vollstreckbarerklärung gestellt werden, da der Schiedsspruch ohnehin die feststellende Wirkung für die Insolvenztabelle hat. Die Geltendmachung der Anfechtungseinrede im Vollstreckbarerklärungsverfahren scheidet damit aus, wenn der Schiedskläger keinen Antrag auf Vollstreckbarerklärung stellt.

Gegen die Eintragung festgestellter Forderungen in die Tabelle kann der Insolvenzverwalter dann mit der Vollstreckungsgegenklage gemäß § 767 ZPO i.V.m. § 178 Abs. 3 InsO vorgehen.[355] Da die Vollstreckungsgegenklage nur auf Einwendungen gestützt werden kann, welche im Schiedsverfahren nicht vorgebracht werden konnten, kann die Insolvenzanfechtung mit der Vollstreckungsgegenklage geltend gemacht werden.

---

351 BGH NJW 2009, 1747, 1748; MünchKommInsO/Schumacher, Bd. 2, 3. A. 2013, § 183 Rn. 4.

352 Stein/Jonas/Schlosser, ZPO, Bd. 10, 23. A. 2014, § 1060 Rn. 6.

353 Stein/Jonas/Schlosser, ZPO, Bd. 10, 23. A. 2014, § 1060 Rn. 8 sowie MünchKomm ZPO/Münch, Bd. 3, 4. A. 2013, § 1060 Rn. 11.

354 BGH SchiedsVZ 2006, 278, 279.

355 MünchKommInsO/Schumacher, Bd. 2, 3. A. 2013, § 178 Rn. 77.

Wenn der Schiedskläger stattdessen die Vollstreckbarerklärung beantragt, kann der Insolvenzverwalter die Anfechtungseinrede im Vollstreckbarerklärungsverfahren erheben. Dieses Vorgehen führt aber nicht zur Aufhebung des Schiedsspruchs und hindert ebenso wenig die Feststellung der Forderung zur Tabelle. Eine Aufhebung des Schiedsspruchs kommt nicht in Betracht, da dies im Vollstreckbarerklärungsverfahren nur bei Vorliegen von Aufhebungsgründen gemäß § 1060 Abs. 2 Satz 1 i.V.m. § 1059 Abs. 2 ZPO möglich ist. Die Einrede der Insolvenzanfechtung stellt aber keinen ordre public-Verstoß nach § 1059 Abs. 2 Nr. 2 lit. b) ZPO dar. Als materieller Grund, welcher im Schiedsverfahren nicht geltend gemacht werden konnte, führt die Anfechtbarkeit lediglich zur Ablehnung der Vollstreckbarerklärung.

Dieses Ergebnis ist sachgerecht, da das Schiedsgericht die Anfechtungseinrede nicht berücksichtigen durfte und der Schiedsspruch zur Zeit seines Erlasses richtig war.[356]

Die Ablehnung der Vollstreckbarerklärung hat im Ergebnis keine Auswirkung auf die Feststellung zur Tabelle. Diese hängt an den realen Urteilswirkungen gemäß § 1055 ZPO und wird durch die Abweisung des Antrags auf Vollstreckbarerklärung nicht beseitigt.[357] Bei Feststellungsschiedssprüchen dient die Geltendmachung der Anfechtungseinrede im Verfahren auf Vollstreckbarerklärung also nicht der Verteidigung der Masse. Die feststellende Wirkung des Schiedsspruchs für die Insolvenztabelle kann daher nur mit der Vollstreckungsgegenklage gemäß § 767 ZPO i.V.m. § 178 Abs. 3 InsO beseitigt werden.

VII. Insolvenzspezifische Rechte

Wie die bisherige Untersuchung gezeigt hat, ist der Insolvenzverwalter einerseits an die Schiedsvereinbarung gebunden, andererseits sind hiervon Anfechtungsansprüche gemäß §§ 129 ff. InsO ausgenommen. Es ist zu untersuchen, ob auch andere Rechte des Insolvenzverwalters nicht von einer vorinsolvenzlichen Schiedsvereinbarung erfasst werden. Im Streitfall wäre dann das Schiedsgericht nicht zuständig und der Rechtsstreit vor den staatlichen Gerichten zu führen.

1. Wahlrecht gem. § 103 InsO

Der BGH hat mit seiner Entscheidung vom 30. Juni 2011[358] seine Rechtsprechung zu Anfechtungsansprüchen auch auf das Wahlrecht nach § 103 InsO übertragen.

---

356 Schwab/Walter, Schiedsgerichtsbarkeit, 7. A. 2005, Kap. 28 Rn. 2.

357 Stein/Jonas/Schlosser, ZPO, Bd. 10, 23. A. 2014, § 1060 Rn. 7.

358 BGH SchiedsVZ 2011, 281.

Der Insolvenzverwalter sei zwar grundsätzlich an eine vom Schuldner vor Eröffnung des Insolvenzverfahrens getroffene Schiedsabrede gebunden. Dies gelte aber nicht für den Fall, dass es sich um die Geltendmachung von Rechten handle, die sich nicht unmittelbar aus dem vom Schuldner abgeschlossenen Vertrag ergeben, sondern auf der InsO beruhen und daher insolvenzspezifisch sind. Der BGH verwies auf sein grundlegendes Urteil vom 17. Oktober 1956.[359] Es handle sich dabei um Rechte, über die der Gemeinschuldner nicht befugt ist, zu verfügen oder Einfluss darauf zu nehmen, wann, in welcher Weise und bei welcher Stelle sie geltend gemacht werden. Welche Rechte einer Schiedsvereinbarung unterliegen, bestimme sich maßgeblich danach, wem die Verfügungsbefugnis über die fraglichen Ansprüche zustehe. Der Insolvenzverwalter sei nicht an eine Schiedsvereinbarung gebunden, soweit streitgegenständlich ein selbstständiges, der Verfügungsgewalt des Schuldners entzogenes Recht des Insolvenzverwalters sei. Dieser Grundsatz gelte auch für das Wahlrecht des Insolvenzverwalters nach § 103 InsO. Das aus dieser Vorschrift resultierende Wahlrecht könne nur durch den Insolvenzverwalter ausgeübt werden. Das ergebe sich nicht zuletzt aus der Vorschrift des § 119 InsO, wonach Vereinbarungen unwirksam sind, die im Voraus die Anwendung des § 103 InsO ausschließen oder beschränken. Bei dem Recht aus § 103 InsO handle es sich um ein der Verfügungsgewalt des Schuldners entzogenes Recht, weshalb es nicht Gegenstand einer Schiedsabrede sein könne.[360] Daran ändere sich auch nichts durch die Novellierung des § 1030 Abs. 1 ZPO, welcher die Schiedsfähigkeit für vermögensrechtliche Ansprüche nunmehr grundsätzlich bejahe. Die Norm betreffe nur die objektive Schiedsfähigkeit und sage nichts dazu aus, ob und in welchem Umfang ein Dritter an die Schiedsabrede gebunden sei.

Der BGH erweitert seine Rechtsprechung zur Insolvenzanfechtung und dehnt diese auf sämtliche insolvenzspezifischen Rechte aus. Das Wahlrecht nach § 103 InsO ist ein solches Recht. Es entsteht erst mit Insolvenzeröffnung und kann auch nur vom Insolvenzverwalter ausgeübt werden.[361] Eine Schiedsvereinbarung kann daher das Wahlrecht nicht mit umfassen.

Für Streitigkeiten, die aus der Ausübung des Wahlrechts in Form der Ablehnung der Erfüllung resultieren, sind daher staatliche Gerichte zuständig. Wählt der Verwalter stattdessen die Erfüllung, akzeptiert er damit den vollständigen Vertrag inklusive aller Nebenanreden sowie der Schiedsvereinbarung.

---

359 BGH NJW 1956, 1920.

360 BGH SchiedsVZ 2011, 281, 284.

361 Uhlenbruck/Wegener, InsO, 14. A. 2015, § 103 Rn. 1 ff.; MünchKommInsO/Kreft, Bd. 2, 3. A. 2013, § 103 Rn. 1 ff.

In diesem Fall ist er bei allen Streitigkeiten aus dem Vertragsverhältnis an die Schiedsvereinbarung gebunden. Damit wären alle Prozesse vor dem Schiedsgericht zu führen.[362]

Die Entscheidung des BGH hat auch in der Literatur Zustimmung gefunden.[363] Teilweise wird ein Erst-Recht-Schluss aus der Rechtsprechung zur Insolvenzanfechtung gezogen. Danach sei das Wahlrecht ein stärkeres Recht als das Anfechtungsrecht und nicht an eine Vielzahl von Voraussetzungen wie die der §§ 129 ff. InsO geknüpft und könne weder durch den Insolvenzverwalter noch durch den Schuldner beschränkt werden.[364]

Das kann jedoch nicht als Argument für eine Ausdehnung der Behandlung des Anfechtungsrechts dienen. So ist es fraglich, ob das Recht aus § 103 InsO als *"stärker"* gegenüber den Anfechtungsrechten einzustufen ist. Die Insolvenzanfechtung ermöglicht es auch, länger in der Vergangenheit liegende Rechtshandlungen rückgängig zu machen und dient so der Erweiterung der Aktivmasse. Diese tiefgreifenden Befugnisse zum Eingriff in Rechtspositionen einzelner Gläubiger müssen notwendig an klar festgelegte Voraussetzungen geknüpft sein. Das Wahlrecht aus § 103 InsO für die Abwicklung von Verträgen, die bei Eröffnung des Insolvenzverfahrens noch von keiner Seite vollständig erfüllt sind, ist daher nicht zwangsläufig das stärkere Recht.[365] Der Insolvenzverwalter ist auch nicht gemäß § 119 InsO gehindert, nach Verfahrenseröffnung abweichende Individualvereinbarungen zu treffen. Denn der Wortlaut der Vorschrift bezieht sich lediglich auf im Voraus getroffene Vereinbarungen.[366] § 119 InsO bestätigt jedoch mit dem Verbot über die Beschränkung des § 103 InsO, dass dem Schuldner wie bei der Insolvenzanfechtung keine Verfügungsbefugnis zusteht.

2. *Schlussfolgerungen*

Aus der Rechtsprechung des BGH zum Anfechtungsrecht,[367] lassen sich die Voraussetzungen ableiten, die für eine Ausnahme insolvenzspezifischer Rechte von

362 Dahl NZI 2012, 534, 536.

363 Dahl NZI 2012, 534, 536; wohl auch Heydn SchiedsVZ 2010, 182 ff.; Kuhli SchiedsVZ 2012, 321, 323; HK-InsO/Marotzke, 7. A. 2014, § 103 Rn. 31; Prütting FS Görg, 371, 379.

364 Heydn SchiedsVZ 2010, 182, 186.

365 a.A. Heydn SchiedsVZ 2010, 182, 183, 186.

366 MünchKommInsO/Huber, Bd. 2, 3. A. 2013, § 119 Rn. 13; Uhlenbruck/Sinz, InsO, 14. A. 2015, § 119 Rn. 1 – a.A. Heydn SchiedsVZ 2010, 182, 183, 186.

367 BGH NJW 1956, 1920, 1921; NJW 1957, 791; ZInsO 2004, 88; NJW-RR 2008, 558, 560.

der Schiedsvereinbarung erfüllt sein müssen. Der BGH nimmt in seiner Entscheidung zum Wahlrecht nach § 103 InsO ausdrücklich auf sein erstes Urteil zur Konkursanfechtung[368] Bezug.[369] Es muss sich danach um Rechte handeln, welche nicht dazu bestimmt sind, den persönlichen Belangen des Gemeinschuldners zu dienen. Zweck dieser Rechte muss vielmehr eine Vermehrung der Insolvenzmasse im Interesse der Gläubiger sein.[370] Das Recht muss mit der Insolvenzeröffnung entstehen und mit Beendigung des Insolvenzverfahrens erlöschen, sodass es vom Gemeinschuldner selbst niemals ausgeübt werden kann.[371]

Voraussetzung ist also zum einen die Zweckgebundenheit des Rechts und zum anderen das Bestehen des Rechts ausschließlich während des Insolvenzverfahrens.[372]

Das Entstehen des jeweiligen Rechts mit Insolvenzeröffnung und das Erlöschen mit Beendigung des Insolvenzverfahrens bewirken, dass der Gemeinschuldner es zu keiner Zeit selbst ausüben kann. Wegen der Zweckgebundenheit des Rechts ist der Gemeinschuldner auch vor der Insolvenzeröffnung nicht befugt, in irgendeiner Weise darüber zu verfügen oder seine Geltendmachung zu beeinflussen. Meistens wird es sich bei den insolvenzspezifischen Rechten um Instrumente des Insolvenzverwalters handeln, die dazu bestimmt sind, die Wirkungen von schuldnerseits vorgenommenen Rechtshandlungen gegen dessen Willen rückgängig zu machen.

Bei der Bestimmung, welche Ansprüche von einer vorinsolvenzlichen Schiedsvereinbarung umfasst sind, ist entscheidend, ob dem Schuldner die Verfügungsbefugnis über diese Ansprüche zustand. Allein seine Verfügungsbefugnis bestimmt die Reichweite der Bindung des Insolvenzverwalters an die Schiedsvereinbarung.

Teilweise werden vom Anwendungsbereich vorinsolvenzlicher Schiedsvereinbarungen nicht nur insolvenzspezifische Rechte, sondern auch etwaige Meinungsverschiedenheiten über die Auslegung und die Anwendung der Gleichbehandlung von Gläubigern dienenden Regelungen der Insolvenzordnung sowie Fragen der insolvenzrechtlichen Qualifikation von Ansprüchen der nicht insolventen Vertragspartei ausgenommen.[373]

368 BGH NJW 1956, 1920, 1921.

369 BGH SchiedsVZ 2011, 281.

370 BGH NJW 1956, 1920, 1921.

371 BGH a.a.O.

372 Heydn SchiedsVZ 2010, 182, 186.

373 HK-InsO/Marotzke, 7. A. 2014, § 103 Rn. 31.

Legt man diese Sichtweise bei der Bestimmung der Reichweite einer Schiedsvereinbarung zu Grunde, lassen sich die Vorschriften, welche einer Schiedsvereinbarung nicht unterliegen können, nicht mehr eindeutig bestimmen. Die Verfügungsbefugnis des Schuldners über ihm zustehend Rechte würde stark eingeschränkt und auch Rechte umfassen, welche sich unmittelbar aus dem von ihm geschlossenen Vertrag ergeben und gerade nicht dem Insolvenzverwalter zustehen. So würden Absonderungsrechte aus dem Wirkungsbereich der Schiedsvereinbarung ausgenommen, da durch die abgesonderte Befriedigung alle Mitgläubiger berührt werden.[374] Das widerspricht der Befugnis des Schuldners, Streitigkeiten aus Rechten, welche im In-solvenzfall ein Absonderungsrecht gewähren, der Entscheidung durch ein Schiedsgericht zuzuweisen.[375] Die Ansicht, welche gleichbehandlungsrelevante Vorschriften von den Wirkungen vorinsolvenzlicher Schiedsvereinbarungen ausnehmen will, erkennt dies – im Widerspruch zu ihren eigenen Anforderungen – ebenfalls an.[376] Rechte, welche die Gleichbehandlung von Gläubigern betreffen, können daher von einer Schiedsvereinbarung umfasst sein.

Auch die geforderte Ausnahme von der Wirkung der Schiedsvereinbarung in Bezug auf die insolvenzrechtliche Qualifikation von Ansprüchen der nicht insolventen Vertragspartei ist abzulehnen.

Von einer vorinsolvenzlichen Schiedsvereinbarung ausgenommen sind lediglich auf der Insolvenzordnung beruhende, insolvenzspezifische Rechte. Bei der Frage nach der insolvenzrechtlichen Qualifikation von Ansprüchen muss es sich aber unmittelbar oder als entscheidungserhebliche Vorfrage um insolvenzspezifische Rechte handeln, um diese der Bindungswirkung der Schiedsvereinbarung zu entziehen.[377] Im Übrigen ist der Insolvenzverwalter an die Rechtslage gebunden, welche im Zeitpunkt der Verfahrenseröffnung besteht. Es ist danach zu fragen, auf welches Recht bzw. welchen Anspruch die insolvenzrechtliche Qualifikation abzielt. Anhand dessen ist zu ermitteln, ob es sich um ein auf der Insolvenzordnung beruhendes Recht handelt, über welches der Schuldner zu keinem Zeitpunkt verfügen konnte. Die Qualifikation eines Anspruchs als insolvenzrechtlich oder nicht wird jedoch selten eigenständige Bedeutung haben. Nur wenn ein Recht insolvenzspezifisch ist, sind auch entscheidungserhebliche Vorfragen den Schiedsgerichten entzogen.

374 Gottwald/Adolphsen, Insolvenzrechts-Handbuch, 5. A. 2015, § 39 Rn. 2 f.; MünchKommInsO/Ganter, Bd. 1, 2. A. 2007, § 47 Rn. 12.

375 Jestaedt, S. 75 f.

376 HK-InsO/Marotzke, 7. A. 2014, § 103 Rn. 31.

377 BGH SchiedsVZ 2011, 281, 284; KG Berlin SchiedsVZ 2012, 218, 220.

3. *Weitere insolvenzspezifische Rechte*

a) *Aussonderungs- und Absonderungsrechtsstreit*

Bereits das Reichsgericht hat entschieden, dass der Gemeinschuldner vor dem Konkurs einen Vergleich über Eigentum, Pfandrechte oder sonstige Rechte eines Dritten, aus dem sich im Konkursfall ein Aussonderungs- oder Absonderungsrecht ergeben würde, schließen kann.[378] Daher stünde der Rechtswirksamkeit einer vor Konkurs gemäß § 1025 Abs. 1 ZPO a.F. geschlossenen Schiedsvereinbarung über den Bestand eines Rechts jener Art nichts entgegen. Die Schiedsvereinbarung erstrecke sich daher auf den Insolvenzverwalter. Auch der BGH lässt hieran in seinen letzten Entscheidungen keinen Zweifel erkennen.[379]

Diese Lösung ergibt sich aus dem Umstand, dass der Verwalter als Partei kraft Amtes an die Rechtslage bei Eröffnung des Insolvenzverfahrens gebunden ist. Die Geschäfte des Gemeinschuldners sind insoweit haftungsrechtlich anerkannt und der Verwalter übernimmt dessen prozessuale Stellung.

Es handelt sich auch nicht um insolvenzspezifische Rechte, welche von Schiedsabreden ausgenommen sind. Aussonderungsansprüche gemäß § 47 InsO dienen dazu, Gegenstände aus der Masse auszuscheiden, welche Dritten zustehen, damit sie nicht zugunsten der Gläubiger verwertet werden.[380] § 47 InsO gibt dem Aussonderungsberechtigten keinen speziellen „Aussonderungsanspruch", sondern verweist lediglich darauf, dass die Nichtzugehörigkeit des Gegenstandes zum Schuldnervermögen gegenüber dem Insolvenzverwalter außerhalb des Insolvenzverfahrens geltend zu machen ist.[381]

Kennzeichnend für die Aussonderung ist, dass sich ein Dritter gegen die Inanspruchnahme eines Gegenstandes für die Insolvenzmasse wendet, weil dieser nicht dem Schuldner gehört.[382] Es handelt sich also nicht um ein Recht, welches der Vermehrung der Insolvenzmasse im Interesse der Gläubiger dient und nur für die Dauer des Insolvenzverfahrens besteht. Das Aussonderungsrecht gibt Dritten eine besondere Befugnis ihre Rechte an Gegenständen geltend zu machen, welche tatsächlich nicht zur Insolvenzmasse gehören. Das Aussonderungsrecht kann damit ausgehend von seinem Zweck nicht mit der Insolvenzanfechtung

---

378 RGZ 137, 109, 110 f.

379 BGH SchiedsVZ 2011, 281; NJW-RR 2008, 558.

380 Uhlenbruck/Brinkmann, InsO, 14. A. 2015, § 47 Rn. 2; MünchKommInsO/Ganter, Bd. 1, 3. A. 2013, § 47 Rn. 3.

381 Uhlenbruck/Brinkmann, InsO, 14. A. 2015, § 47 Rn. 3.

382 MünchKommInsO/Ganter, Bd. 1, 3. A. 2013, § 47 Rn. 9.

gleichgesetzt werden. § 47 Satz 2 InsO verweist zudem ausdrücklich auf die Gesetze außerhalb des Insolvenzverfahrens.

Die Absonderung nach §§ 49 ff. InsO als bevorzugte Befriedigung eines Gläubigers aus einem Massegegenstand[383] dient ebenfalls nicht der Massemehrung. Das Recht auf Absonderung stellt die insolvenzrechtliche Wirkung eines materiellen Rechts des Gläubigers dar.[384] Dieses muss bereits zum Zeitpunkt der Verfahrenseröffnung wirksam begründet worden sein.[385] Das Absonderungsrecht entsteht daher nicht wie die Anfechtungsrechte nach §§ 129 ff. InsO oder das Wahlrecht gemäß § 103 InsO erst mit Verfahrenseröffnung. Das zugrunde liegende materielle Recht des Gläubigers bestand schon vorher. Die §§ 49 ff. InsO gewähren lediglich eine vorzugsweise Befriedigung. Auch war es dem Gläubiger möglich, über das materielle Recht zu verfügen und er kann Einfluss darauf nehmen, wann, in welcher Weise es geltend gemacht wird. Es steht dem Gläubiger und nicht dem Insolvenzverwalter zu.

Aussonderungs- und Absonderungsrechte sind daher keine insolvenzspezifischen Rechte, die nur dem Insolvenzverwalter zustehen und über die der Schuldner nicht verfügen kann. Anders ist es nur, wenn sich der Streitgegenstand unmittelbar oder als entscheidungserhebliche Vorfrage auf ausschließlich dem Insolvenzverwalter zustehende Rechte bezieht. Eine Schiedsabrede könnte dann nicht geschlossen werden und ein Schiedsverfahren wäre unzulässig.[386] Die Beurteilung bestimmt sich anhand der gestellten Anträge im Verfahren. Für eine Zulässigkeit des Schiedsverfahrens bei Berührung mit insolvenzspezifischen Rechten wäre erforderlich, dass dem jeweiligen Antrag im Hinblick auf das Aussonderungs- oder Absonderungsrecht eine eigenständige Bedeutung zukommt.[387]

b) Masseverbindlichkeiten

Bei Masseschuldverfahren ist der Insolvenzverwalter ebenfalls an eine Schiedsabrede gebunden. Es handelt sich nicht um insolvenzspezifische Rechte des Verwalters, welche der Vermehrung der Masse dienen sollen. Masseverbindlichkeiten sind nach § 53 InsO vorweg, d.h. vor den quotal zu befriedigenden

---

383 MünchKommInsO/Ganter, Bd. 1, 3. A. 2013, Vorb. §§ 49 bis 52 Rn. 1 sowie § 47 Rn. 11 ff.

384 Uhlenbruck/Brinkmann, InsO, 14. A. 2015, § 49 Rn. 4.

385 MünchKommInsO/Ganter, Bd. 1, 3. A. 2013, Vorb. §§ 49 bis 52 Rn. 1 sowie § 47 Rn. 17 ff.; Uhlenbruck/Brinkmann, InsO, 14. A. 2015, § 49 Rn. 5, § 50 Rn. 2.

386 BGH SchiedsVZ 2011, 281, 284.

387 KG Berlin SchiedsVZ 2012, 218, 220.

Insolvenzgläubigern in voller Höhe aus der Masse zu begleichen.[388] Die Massegläubiger haben ihre Ansprüche unmittelbar gegenüber dem Insolvenzverwalter geltend zu machen und stehen „außerhalb" des Insolvenzverfahrens. Sie besitzen grundsätzlich alle Rechte eines Gläubigers, die diesem gegen einen sich nicht im Insolvenzverfahren befindenden Schuldner zustehen. Masseverbindlichkeiten bilden also den Gegensatz zu Insolvenzforderungen. Für ihre Geltendmachung, Durchsetzung und Befriedigung finden die Vorschriften über Insolvenzforderungen keine Anwendung.[389]

Masseschuldverfahren haben daher nicht den Zweck, eine Vermehrung der Insolvenzmasse im Interesse der Gläubiger herbeizuführen. Ziel ist die Vorwegbefriedigung der Massegläubiger. Die Grundsätze des BGH zum Wahlrecht nach § 103 InsO sind daher nicht auf Masseverbindlichkeiten anzuwenden.

Für die Bindung des Insolvenzverwalters gelten die oben genannten Grundsätze, soweit der Verwalter seine Rechte vom Gemeinschuldner ableitet. Bei Ansprüchen nach § 55 Abs. 1 Nr. 1 InsO wird eine Bindung an eine Schiedsvereinbarung meist nicht bestehen, da es sich um Verbindlichkeiten aus Handlungen des Insolvenzverwalters und nicht des Gemeinschuldners handelt. Anders ist dies, wenn der Verwalter selbst eine Schiedsvereinbarung abschließt.

Eine Bindung bei Masseschuldverfahren besteht hingegen in den Fällen des § 55 Abs. 1 Nr. 2 InsO, wenn der Verwalter Erfüllung von Gegenseitigkeitsschuldverhältnissen verlangt. Er übernimmt die Rechtsstellung des Gemeinschuldners und damit auch die Schiedsvereinbarung als Teil des zugrunde liegenden Vertrags.

B. Ausschluss der Bindungswirkung der Schiedsvereinbarung aufgrund von Vermögenslosigkeit

Obwohl der Verwalter grundsätzlich an eine vom Schuldner abgeschlossene Schiedsvereinbarung gebunden ist, wird er die Bindungswirkung der Schiedsvereinbarung prüfen und gegebenenfalls nach Möglichkeiten suchen, sich von ihr zu lösen. Im Einzelfall kann trotz bestehender Schiedsabrede die Möglichkeit bestehen, Rechtsschutz vor staatlichen Gerichten zu suchen. Den gleichen Ansatz wird eine Partei in Betracht ziehen, welche zwar nicht insolvent ist, die Kosten eines Schiedsverfahrens jedoch nicht aufbringen kann.

388 MünchKommInsO/Hefermehl, Bd. 1, 3. A. 2013, § 53 Rn. 12, § 55 Rn. 1.
389 MünchKommInsO/Hefermehl, Bd. 1, 3. A. 2013, § 53 Rn. 46.

Die Parteien der Schiedsvereinbarung können diese wie jedes andere Dauerschuldverhältnis bei Vorliegen eines wichtigen Grundes kündigen.[390] Eine Lösungsmöglichkeit besteht insbesondere, wenn das Schiedsverfahren wegen Vermögenslosigkeit einer Partei praktisch undurchführbar wird.[391] Das kann auch der Fall sein, wenn die insolvente Partei wegen mangelnder Masse die Kostenvorschüsse an die Schiedsrichter nicht zu leisten vermag und das Verfahren nicht aufgenommen werden kann.[392]

Nach den früheren Entscheidungen des BGH zum alten Schiedsverfahrensrecht konnten sich die Parteien mittels eines Kündigungsrechts von der Schiedsvereinbarung lösen.[393] Nach einer Entscheidung des BGH aus dem Jahr 2000 ist eine Kündigung nicht mehr notwendig, sondern vor dem Hintergrund des neu gefassten § 1032 Abs. 1 ZPO ist die Schiedsvereinbarung bei Undurchführbarkeit nach gerichtlicher Feststellung ipso iure unwirksam.[394]

Der Fortfall der Schiedsvereinbarung dient der Gewährung von Rechtschutz der verarmten Partei. Denn wäre es bei nicht ausreichender Masse zur Zahlung der Kostenvorschüsse an das Schiedsgericht nicht möglich, sich von der Schiedsvereinbarung zu lösen, würde das eine gänzliche Rechtsschutzverweigerung für die vermögenslose Partei bedeuten. Einerseits wird das Schiedsgericht wegen fehlender Zahlung der Vorschüsse seine Arbeit nicht aufnehmen und andererseits kann die andere, nicht vermögenslose Partei vor einem staatlichen Gericht

---

390 BGH NJW 1957, 589; 1986, 2765; Habscheid KTS 1980, 285, 286; Baumbach/Lauterbach/Albers/Hartmann, ZPO, 73. A. 2015, § 1029, Rn. 28; MünchKommZPO/Münch, Bd. 3, 4. A. 2013, § 1029 Rn. 128; Schwab/Walter, Schiedsgerichtsbarkeit, 7. A. 2005, Kap. 8 Rn. 11; Lachmann, Handbuch für die Schiedsgerichtsbarkeit, 3. A. 2008, Rn. 617 ff. – a.A. Storme FS Schlosser, S. 957, 959, 963.

391 BGH NJW 1964, 1129; 1969, 277; 1971, 888; 2000, 3720; NJW-RR 1994, 1214; KG SchiedsVZ 2003, 239; OLG Düsseldorf NZG 2004, 916, 920; BGH WM 1988, 478, 479; Habscheid KTS 1980, 285; Baumbach/Lauterbach/Albers/Hartmann, ZPO, 73. A. 2015, § 1029, Rn. 29; MünchKommZPO/Münch, Bd. 3, 4. A. 2013, § 1029 Rn. 131; Schwab/Walter, Schiedsgerichtsbarkeit, 7. A. 2005, Kap. 8 Rn. 11; Raeschke-Kessler NJW 1988, 3041, 3044 – a.A. Storme FS Schlosser, S. 957, 959, 963.

392 BGH NJW 1964, 1129; 1969, 277; 1971, 888; 2000, 3720; NJW-RR 1994, 1214; KG SchiedsVZ 2003, 239; OLG Düsseldorf NZG 2004, 916, 920; BGH WM 1988, 478, 479; Flöther DZWIR 2001, 89, S. 94f.; Flöther, 77ff.

393 BGH NJW 1964, 1129; 1969, 277; 1971, 888; 1980, 2136; 1988, 1215; NJW-RR 1994, 1214.

394 BGH NJW 2000, 3720; KG SchiedsVZ 2003, 239; OLG Düsseldorf NZG 2004, 916, 920.

die Einrede der Schiedsvereinbarung gemäß § 1032 Abs. 1 ZPO erheben und so die Abweisung der Klage als unzulässig herbeiführen.

Hintergrund für Überlegungen des Verwalters, sich von der Schiedsvereinbarung zu lösen, wird meist sein, dass die Durchführung des angestrebten Verfahrens vor einem Schiedsgericht mehr Kosten verursacht als vor einem staatlichen Gericht und die Masse zur Aufbringung der Vorschüsse an die Schiedsrichter nicht ausreichen könnte.

Im Gegensatz dazu kann dem Verwalter im gerichtlichen Verfahren ein Anspruch auf Prozesskostenhilfe gemäß § 116 Nr. 1 ZPO zustehen.[395] Wohingegen Prozesskostenhilfe für die Durchführung von Schiedsverfahren nicht gewährt wird.[396]

Bei der Aufnahme des Schiedsverfahrens können zudem weitere massebelastende Aufwendungen z.B. für die Reise zum Tagungsort des Schiedsgerichts hinzukommen,[397] welcher sich nicht im Heimatstaat einer der die Schiedsvereinbarung schließenden Parteien befinden muss. Auch könnte der Insolvenzverwalter geneigt sein, durch das Zufallbringen der Schiedsvereinbarung ein für ihn vorteilhaftes und bekanntes Rechtssystem zur Anwendung gelangen zu lassen.[398]

Es ist zu untersuchen, unter welchen Voraussetzungen sich eine vermögenslose Partei oder der Insolvenzverwalter von der Schiedsvereinbarung lösen können und welche Auswirkungen sich für die Parteien der Schiedsabrede hieraus ergeben.

I. Rechtsprechung zur Undurchführbarkeit einer Schiedsvereinbarung

1. Unzumutbarkeit des Festhaltens an der Schiedsvereinbarung

Erstmals hatte sich das Kammergericht am 18. April 1929 mit dem Problem einer aufgrund Vermögenslosigkeit undurchführbaren Schiedsvereinbarung befasst.[399] Dessen Begründung ist nahezu identisch mit der des BGH in seiner grundlegenden Entscheidung vom 30. Januar 1964,[400] auf welche im Folgenden Bezug genommen wird.

---

395 Pape/Uhlenbruck/Voigt-Salus, InsR, 2. A. 2010, Kap. 46 Rn. 11 ff.

396 Stein/Jonas/Schlosser, ZPO, Bd. 10, 23. A. 2014, § 1042 Rn. 73; Zöller/Geimer, ZPO, 30. A. 2014, § 1042 Rn. 39.

397 Lachmann, Handbuch für die Schiedsgerichtspraxis, 3. A 2008, Kap. 14, Rn. 1393 ff.

398 Lachmann SchiedsVZ 2003, 28, 31.

399 KG Berlin ZZP 55 (1930), 328.

400 BGH NJW 1964, 1129, 1130; angedeutet schon in BGH NJW 1957, 589.

Der BGH führte aus, dass ein Festhalten an der schiedsvertraglichen Bindung unzumutbar sei, wenn die eine Partei außerstande ist, die erforderlichen Mittel zur Durchführung des Schiedsverfahrens aufzubringen und die Gegenseite es abgelehnt hat, ihrerseits die notwendigen Kosten für das Verfahren zu übernehmen und das Schiedsgericht so seine Arbeit nicht aufnehmen wird. Sinn und Zweck der Schiedsvereinbarung sei es, den Rechtsschutz bestimmter Streitigkeiten von staatlichen Gerichten auf private Gerichte zu verlagern. Die Vereinbarung, Rechtsstreitigkeiten vor einem Schiedsgericht zu klären, könne aber nicht zu einer Verkürzung des Rechtsschutzes führen. Sofern sich daher eine Schiedsvereinbarung, egal aus welchem Grund, als praktisch undurchführbar herausstelle, stehe jeder Partei ein Kündigungsrecht aus wichtigem Grund zu. Niemandem dürfe die Durchführung seiner Ansprüche auf dem Rechtsweg unmöglich gemacht werden. Daher stehe einem vermögenslosen Kläger keine andere Möglichkeit mehr zur Verfügung, als seine Ansprüche vor einem ordentlichen Gericht durchzusetzen, wo ihm das Armenrecht bewilligt werden könne.[401]

Dem Insolvenzverwalter steht also die Möglichkeit offen, sich von einer Schiedsvereinbarung zu lösen, wenn die Insolvenzmasse nicht ausreicht, um die Kostenvorschüsse an die Schiedsrichter zu bezahlen, die Gegenseite es abgelehnt hat, die Verfahrenskosten allein zu schultern und der Verwalter so an der Erlangung von Rechtsschutz gehindert wäre.

2. *Grundrecht auf Rechtsschutz*

Tragender Erwägungsgrund dieser Entscheidung sowie auch der Folgeentscheidungen des BGH ist, die vermögenslose Partei nicht in ihren Rechtsschutzmöglichkeiten einzuschränken.[402] Im Mittelpunkt steht das Grundrecht auf Gewährung wirkungsvollen Rechtsschutzes, dass in zivilrechtlichen Streitigkeiten durch Art. 2 Abs. 1 GG in Verbindung mit dem Rechtsstaatsprinzip verbürgt wird.[403] Würde man der mittellosen Partei den Zugang zu staatlichen Gerichten gänzlich versagen, so seien ihre Grundrechte in nicht hinnehmbarer Weise verletzt. Das Rechtsstaatsprinzip und der Gleichheitssatz in Verbindung mit der Sozialpflicht des Staates verlangten zudem eine weitgehende Angleichung der

---

401 BGH NJW a.a.O.

402 BGH NJW 1964, 1129 f.; 1969, 277; 1980, 2136.

403 BVerfGE 88; 118, 123; 85, 337, 345; 80, 103, 107; 54, 277, 291; 35, 348, 355; 22, 83, 86; 9, 124, 131; BGH NJW 1989, 1477.

prozessualen Stellung von Bemittelten und Unbemittelten.[404] Auch könne es der soziale Rechtsstaat nicht hinnehmen, seine Bürger in einen rechtsfreien, von ihm überhaupt nicht kontrollierten Raum zu verstoßen.[405] Würde man der vermögenslosen Partei nicht die Möglichkeit geben, vor ein ordentliches Gericht zu treten, so wären wohl nicht nur die Grundpfeiler des allgemeinen Rechtsstaatsverständnisses, sondern auch Art. 6 EMRK verletzt.[406]

Auch von der herrschenden Meinung in der Literatur wird die Möglichkeit einer mittellosen Partei, sich von der Schiedsvereinbarung zu lösen, im Wesentlichen widerspruchslos anerkannt,[407] zumal im schiedsgerichtlichen Verfahren keine Prozesskostenhilfe gewährt wird.[408] Die einzig verbleibende Möglichkeit, effektiven Rechtsschutz zu erlangen, sei die Kündigung der Schiedsvereinbarung[409] bzw. nunmehr nach der neueren Rechtsprechung des BGH[410] die Feststellung der Undurchführbarkeit der Schiedsvereinbarung.

3. Voraussetzungen der Undurchführbarkeit der Schiedsvereinbarung

Die vom BGH entschiedenen Fälle messen der Gewährung von Rechtsschutz einen hohen Stellenwert bei und stellen strengste Anforderungen, um die verarmte Partei trotz Vermögenslosigkeit an die Schiedsvereinbarung zu binden. Diese Rechtsprechung hat der BGH in seiner letzten Entscheidung weiter fortgesetzt. Das Kündigungserfordernis ist entfallen und die Feststellung der Undurchführbarkeit erfolgt nun inzident durch das Gericht.[411]

---

404 BVerfGE 54, 277, 291; 35, 348, 355; 22, 83, 86; 9, 124, 131.

405 BGH NJW 1980, 2136, 2137.

406 MünchKommZPO/Münch, Bd. 3, 4. A. 2013, § 1029 Rn. 131.

407 Habscheid KTS 1980, 285, 286, 294; Baumbach/Lauterbach/Albers/Hartmann, ZPO, 73. A. 2015, § 1029 Rn. 28; MünchKommZPO/Münch, Bd. 3, 4. A. 2013, § 1029 Rn. 128; Zöller/Geimer, 30. A. 2014, § 1029 Rn. 98 f.; Schwab/Walter, Schiedsgerichtsbarkeit, 7. A. 2005, Kap. 8 Rn. 11; Lachmann, Handbuch für die Schiedsgerichtsbarkeit, 3. A. 2008, Rn. 617 ff.; Schütze, Schiedsgericht und Schiedsverfahren, 5. A. 2012, Rn. 147 f., 244 ff.; Ebbing, S. 215, Schütze FS Schlosser, S. 867, 868; Raeschke-Kessler NJW 1988, 3041, 3044; Hoepffner MDR 1957, 330, 332; Goldman ZZP 51 (1926), 442, 445.

408 Stein/Jonas/Schlosser, ZPO, Bd. 10, 23. A. 2014, § 1042 Rn. 73; Zöller/Geimer, ZPO, 30. A. 2014, § 1042 Rn. 39.

409 Habscheid KTS 1980, 285, 295.

410 BGH NJW 2000, 3720.

411 BGH NJW 2000, 3720; dem gleichlautend KG SchiedsVZ 2003, 239; OLG Düsseldorf NZG 2004, 916, 920.

Nach dem BGH ist es unerheblich, ob die Undurchführbarkeit des Schiedsverfahrens schon vor dessen Einleitung oder erst in dessen Verlauf eintritt.[412] In dem der Entscheidung zugrunde liegenden Fall dauerte das Schiedsverfahren bereits vier Jahre an, als die Undurchführbarkeit aufgrund Vermögenslosigkeit eintrat. Dieser Umstand führte jedoch nicht dazu, der verarmten Partei jeglichen Rechtsschutz vorzuenthalten.[413]

Ebenso unerheblich ist es, ob die Undurchführbarkeit von der Partei verursacht oder verschuldet worden ist, die sich von der Schiedsvereinbarung lösen möchte.[414] Eine Lösungsmöglichkeit bestehe auch, wenn die mittellose Partei schon bei Abschluss der Schiedsvereinbarung außer Stande war, die Verfahrenskosten aufzubringen, sie aber aus dem Hauptvertrag Einnahmen erzielen würde und nicht davon ausgehen musste, den Kostenvorschuss nicht leisten zu können.[415] Noch weiter geht der BGH in seiner letzten Entscheidung, als er auch ungewisse Aussichten im Zeitpunkt des Abschlusses der Schiedsvereinbarung die Kosten des Verfahrens im Streitfall decken zu können, für eine Lösung von der Schiedsabrede ausreichen ließ.[416]

Beide Parteien können sich nun ohne Berücksichtigung wirtschaftlicher Erwägungen im Falle der Undurchführbarkeit des Schiedsverfahrens von der Schiedsvereinbarung lösen. Es wird auch keine der Parteien bereits bei Abschluss eines Vertrags einen aus diesem Vertrag erwachsenden Rechtsstreit erwarten, es sei denn, es sind bereits zu dieser Zeit Anzeichen offensichtlich, denen sich eine vernünftige Partei nicht verschließen kann. Im Falle der Insolvenz führt diese Rechtsprechung zu erleichterten Möglichkeiten des Verwalters, sich von der Schiedsvereinbarung zu lösen. Der Verwalter hat diese Option auch, wenn der Schuldner die Schiedsvereinbarung abgeschlossen hat, als er bereits nicht mehr in der Lage war, die Verfahrenskosten zu decken und wenig Aussicht auf eine Verbesserung seiner wirtschaftlichen Situation bestand.

Unzumutbar ist ein Festhalten an der Schiedsvereinbarung auch, wenn zwar die solvente Partei die gesamten Kosten des Schiedsverfahrens übernimmt, es aber ablehnt, die Kosten eines Rechtsanwalts für die Vertretung der verarmten Partei vorzuschießen, sich hingegen selbst von einem Anwalt im Verfahren

412 BGH NJW 1964, 1129, 1130 f.

413 BGH a.a.O.

414 BGH NJW 1964, 1129, 1130; 1980, 2136; JZ 1988, S. 315; NJW-RR 1994, 1214.

415 BGH NJW-RR 1994, 1214; NJW 1980, 2136; 1988, 1215.

416 BGH NJW 2000, 3720, 3722.

vertreten lässt und der Sachverhalt nicht so einfach gelagert ist, dass der armen Partei ein Auskommen ohne Rechtsanwalt zuzumuten ist.[417]

Das bedeutet in der Konsequenz, dass auch die Kosten für die anwaltliche Vertretung bei der Bestimmung der Vermögenslosigkeit miteinzubeziehen sind. Diese sind den Kostenvorschüssen an die Schiedsrichter hinzuzurechnen. Anhand der sich hieraus ergebenden Summe ist nun zu bestimmen, ob die Partei die Kosten des Schiedsverfahrens zu tragen vermag. Andernfalls ist das Schiedsverfahren undurchführbar. Im Ergebnis wird hiermit ein Gleichlauf mit der vor staatlichen Gerichten gewährten Prozesskostenhilfe erzielt, welche ebenfalls die Beiordnung eines Rechtsanwalts vorsieht. Der Unterschied besteht jedoch darin, dass diese Form der Prozesskostenhilfe durch die gegnerische Partei zu gewähren ist und zumeist wenig Aussicht bestehen wird, den gezahlten Betrag je zurück zu erlangen. Bei Schiedsverfahren fehlen zudem die von § 114 ZPO statuierten Voraussetzungen zur Gewährung von Prozesskostenhilfe, der hinreichenden Aussicht auf Erfolg sowie der nicht mutwilligen Prozessführung.[418] Der BGH erkennt diese Lücke und die Gefahr eines vermögenslosen Klägers, der nicht auf eigene Kosten prozessiert und leicht der Versuchung unterliegen könnte, mutwillige oder aussichtslose Prozesse zu führen. Er machte jedoch keine Festlegungen, wie die Partei, die bereit ist, den Kostenvorschuss an das Schiedsgericht zu bezahlen, vor unabsehbaren Zahlungsverpflichtungen aufgrund der zusätzlichen Tragung der Rechtsanwaltskosten geschützt werden kann.

Im Ergebnis ist festzuhalten, dass eine mittelose oder insolvente Partei, deren Masse nicht für die Kosten des Schiedsverfahrens ausreicht, sich in nahezu jeder Fallgestaltung von der Schiedsvereinbarung lösen kann. Der BGH hat die Voraussetzungen stetig weiter gelockert. Mit seiner letzten Entscheidung wurde auch die Berücksichtigung wirtschaftlicher Erwägungen bei der Beurteilung, ob sich eine Partei von der Schiedsvereinbarung lösen kann, verneint. Besonders problematisch erscheint, dass bei Kostentragung durch die vermögende Partei diese auch die Rechtsanwaltskosten mit zu übernehmen hat. Da die Rechtsprechung hierzu keine konkreten Vorgaben gemacht hat, kann dies zu unabsehbaren Zahlungsfolgen für die Partei führen, die ein Interesse an der Durchführung der Schiedsvereinbarung hat. Auch könnten diese finanziellen Risiken die vermögende Partei davon abhalten, ein Verfahren aufzunehmen. Ein Festhalten an der Schiedsvereinbarung trotz Mittellosigkeit wird nur noch bei offensichtlich schikanösem, treuwidrigem oder sittenwidrigem Verhalten nach §§ 226, 242, 826

---

417 BGH NJW 2000, 3720, 3721; 1969, 277 f.; NJW-RR 1994, 1214, 1215.

418 BGH NJW 1971, 888, 890.

BGB begründet werden können.[419] In jedem anderen Fall wird sich die insolvente Partei nicht an der Schiedsvereinbarung festhalten lassen müssen.

4. Stellungnahme

Die Möglichkeit, sich von einer Schiedsvereinbarung zu lösen, wenn das Schiedsverfahren aufgrund der mangelnden Fähigkeit einer Partei, die Kostenvorschüsse an die Schiedsrichter zu bezahlen, nicht aufgenommen werden kann, ist im Grundsatz zu befürworten. Ebenso sind die gänzliche Verweigerung von Rechtsschutz und die damit einhergehenden Grundrechtsverletzungen nicht hinnehmbar.

Gleichwohl ist zu sehen, dass der Grundsatz "Pacta sunt servanda" bei der vorstehenden Betrachtungsweise des BGH keine Berücksichtigung gefunden hat. Ebenso fand der allgemeine zivilrechtliche Grundsatz, dass Geldmangel allein eine Partei nicht von ihren vertraglichen Verpflichtungen befreit,[420] keinen Niederschlag in der Rechtsprechung. Möglichkeiten, die Schiedsvereinbarung nicht an der Mittellosigkeit der Parteien scheitern zu lassen, wurden durch den BGH vollständig außer Acht gelassen. Dabei soll nach der Intention des UN-Übereinkommens sowie des UNCI-TRAL-Modellgesetzes, welche in das deutsche Schiedsverfahrensrecht übernommen wurden,[421] ein Fortfall von Schiedsvereinbarungen nur in offensichtlichen Fällen zulässig sein. Der Gesetzestext ist eng auszulegen, um der Schiedsvereinbarung möglichst zu ihrer Durchsetzung zu verhelfen.[422]

Zwar mag bei Vermögenslosigkeit einer der Parteien ein offensichtlicher Fall gegeben sein, welcher über die eigentlich wirksame Schiedsabrede hinweghelfen kann. Die Urteilsbegründungen des BGH zu den von ihm entschiedenen Fällen lassen jedoch nicht erkennen, dass versucht wurde, § 1032 Abs. 1 ZPO bzw. vormals § 1027a ZPO a.F. zumindest restriktiv auszulegen. Vielmehr wurden die Voraussetzungen zur Lösung von einer Schiedsabrede stetig gelockert.

Es erscheint daher fraglich, ob der BGH bei seiner Lösung alle relevanten Kriterien in die Abwägung bei der Entscheidungsfindung miteinbezogen hat. Es besteht das Risiko, den Parteien zu einfach die Möglichkeit zu geben, sich von der Schiedsvereinbarung zu lösen. Das könnte zur Folge haben, dass

---

419 BGH NJW 1964, 1129; 2000, 3720.

420 Palandt/Grüneberg, BGB, 72. A. 2012, § 245 Rn 14; MünchKommBGB/Grundmann, Bd. 2, 5. A. 2007, §§ 244, 245 Rn. 84; Staudinger/Huber, Eckpfeiler des Zivilrechts, 2014, Nr. D, Rn. 106.

421 BT-Drucks. 13/5274, S. 1.

422 van den Berg, The New York Arbitration Convention of 1958, S. 155.

Schiedsvereinbarungen im Wirtschaftsverkehr nicht als in jeder Hinsicht verbindlich angesehen werden. Auch ist aus den Entscheidungen des BGH nicht ersichtlich, dass die Interessen der Partei ausreichend berücksichtigt wurden, welche auf die Durchsetzung der Schiedsvereinbarung vertraute. Hierauf geht der BGH in seinen Entscheidungen allenfalls unzureichend ein. Es würde sicher zu einer Stärkung der Schiedsgerichtsbarkeit führen, wenn sich die Schiedsparteien nicht aufgrund von Vermögenslosigkeit von der Vereinbarung lösen könnten. Gerichte anderer Länder beurteilen seit jeher die Vermögenslosigkeit einer Schiedspartei anders und geben den Parteien nicht oder nur in engem Umfang die Möglichkeit, sich von der Schiedsvereinbarung zu lösen.[423]

II. Geltendmachung der Undurchführbarkeit im Wege der Kündigung

Bis zur Entscheidung des BGH vom 14. September 2000[424] stand den Parteien bei Undurchführbarkeit der Schiedsvereinbarung ein Kündigungsrecht zu.[425] Das Kündigungsrecht wurde unabhängig von der Einordnung des Schiedsvertrags[426] als rein prozessualer Vertrag,[427] als materiell-rechtlicher Vertrag über prozessuale

---

423 England: Court of Appeal Haendler & Natermann GmbH v. Janos Paczy in Yearbook Commercial Arbitration IX (1984), 445; USA: Brower v. Gateway 2000, Inc., 676 N.Y. S. 2d 569, 246 A. D. 2d 246, 253 seq. (N.Y.A.D. 1998); ähnlich Green Tree Financial Corp.-Alabama v. Randolph, 531 U.S. 79, 90 seq. (2000); Bradford v. Rockwell Semiconductor Systems, Inc., 238 F3d 549, 553 seq. (4th Cir. 2001); allgemein zur Durchsetzung von Schiedsklauseln Moses H. Cone Memorial Hospital v. Mercury Construction Corp., 460 U.S. 1, 24 (1983); Shearson/American Express, Inc. v. McMahon, 482 U.S. 220, 226 seq. (1987); Gilmer v. Interstate/Johnson Lane Corp., 500 U.S. 20, 25 seq. (1991).

424 BGH NJW 2000, 3720.

425 BGH NJW 1964, 1129; 1971, 888; 1980, 2136; 1988, 1215; 1988, 1215.

426 Habscheid KTS 1980, 285, 289, Rosenberg/Schwab/Gottwald, Zivilprozessrecht, 17. A. 2010, § 176 Rn. 45 f.; Baumbach/Lauterbach/Albers/Hartmann, ZPO, 73. A. 2015, § 1029 Rn. 28.

427 BGH NJW 1987, 651, 652; OLG Frankfurt OLGZ 1967, 435, 439; Rosenberg/Schwab/Gottwald, Zivilprozessrecht, 17. A. 2010, § 175 II Rn. 7; Schwab/Walter, Schiedsgerichtsbarkeit, Kap. 7 Rn. 37; G. Wagner, Prozessverträge, S. 578 ff.; Baumgärtel, Wesen und Begriff der Prozesshandlung einer Partei im Zivilprozess, 2. A. 1972, S. 230 f.; 247 f.; Goldschmidt, S. 458; Henckel, S. 37; Wunderer, S. 55; Loritz ZZP 105 (1992), 1, 8.

Beziehungen[428] oder als eigenständiger Vertragstypus mit materiell-rechtlichen als auch prozessrechtlichen Elementen[429] bejaht.

Dieses Recht zur Kündigung resultierte aus der Einordnung des Schiedsvertrags als Dauerschuldverhältnis[430] mit für beide Schiedsparteien dauerhaften Verfahrensförderungspflichten.[431] In der Folge wurde angenommen, dass die Vereinbarung aus wichtigem Grund gekündigt werden könne.[432] Das Kündigungsrecht entnahm der BGH dabei aus § 242 BGB.[433] In der Literatur wurde das Kündigungsrecht mit unterschiedlichen Ansätzen bejaht.[434] Denn vor dem Schuldrechtsmodernisierungsgesetz war das Recht zur Kündigung von Dauerschuldverhältnissen aus wichtigem Grund gesetzlich nicht geregelt, sondern wurde erst durch § 314 BGB ins BGB implementiert. Ziel der Regelung war es, die vormals durch die Rechtsprechung entwickelten Grundsätze zur Kündigung wegen ihrer praktischen Bedeutung ins Gesetz aufzunehmen.[435]

III. Übertragung der Undurchführbarkeit auf die Insolvenz

Ob die Grundsätze zur Vermögenslosigkeit auf Fälle übertragen werden können, in denen eine insolvente Partei aufgrund nicht ausreichender Insolvenzmasse nicht zur Leistung der Kostenvorschüsse an das Schiedsgericht in der Lage ist, wurde bisher noch nicht von der Rechtsprechung entschieden. In der Literatur

428 BGH NJW 1957, 589, 590; 1964, 591, 592; 1968, 1233; 1976, 109, 110; RGZ 144, RGZ 144, 96, 98; 156, 101, 104; Baumbach/Lauterbach/Albers/Hartmann, ZPO, 73. A. 2015, § 1029 Rn. 10; Schütze/Tscherning/Wais, Hdb. d. Schiedsverfahrens, 2. A. 1990, Rn. 559; Teubner/Künzel MDR 1988, 720, 722 f.; Lachmann, Handbuch für die Schiedsgerichtspraxis, 3. A. 2008, Rn. 266.

429 Kisch ZZP 51 (1926), 321 ff.; Habscheid KTS 1955, 33 ff. und KTS 1957, 129.

430 BGH NJW 1964, 1129, 1130; 1969; 277; OLG Hamburg MDR 1966, 850; MünchKommZPO/Münch, Bd. 3, 4. A. 2013, § 1029 Rn. 128; Lachmann, Handbuch für die Schiedsgerichtspraxis, § A. 2008, Rn. 617; Habscheid KTS 1980, 285, 286.

431 BGH NJW 1957, 589; 1969, 1129, 1130.

432 Habscheid KTS 1980, 285; Baumbach/Lauterbach/Albers/Hartmann, ZPO, 73. A. 2015, § 1029 Rn. 28; MünchKommZPO/Münch, Bd. 3, 4. A. 2013, § 1029 Rn. 128; Schwab/Walter, Schiedsgerichtsbarkeit, 7. A. 2005, Kap. 8 Rn. 11; Lachmann, Handbuch für die Schiedsgerichtsbarkeit, 3. A. 2008, Rn. 617; Raeschke-Kessler NJW 1988, 3041, 3044 – a.A. Storme FS Schlosser, S. 957, 959, 963.

433 BGH NJW 1964, 1129, 1130; 1969, 277; 1971, 888; 1980, 2136.

434 Zum Meinungsspektrum Habscheid KTS 1980, 285, 286.

435 BT-Drucks. 14/6040 S. 177.

wurde die Frage angesprochen[436] und teils ohne Begründung auf den Fall des Unvermögens zur Kostentragung aufgrund Masseunzulänglichkeit bei Insolvenz übertragen.[437] Es muss bei Übertragung der Lehre der Vermögenslosigkeit auf den Fall der Insolvenz zwischen dem bloßen Unvermögen zur Zahlung der Kostenvorschüsse einerseits und der Insolvenz andererseits differenziert werden. Denn eine Partei, die nicht in der Lage ist, die notwendigen Kosten des Schiedsgerichts zu tragen, muss nicht zwangsläufig insolvent sein. Aber selbst wenn eine Partei insolvent ist, muss dies nicht bedeuten, dass sie vermögenslos ist.

Die Rechtsprechung stuft eine Partei als vermögenslos ein, welche nicht in der Lage ist, die Kosten des Schiedsverfahrens zu bezahlen.[438] Das ist der Fall, wenn kein ausreichendes Aktivvermögen vorhanden ist, um die Kostenvorschüsse an das Schiedsgericht zu leisten. Auf bestehende Verbindlichkeiten kommt es in Abgrenzung zur Überschuldung nicht an. Denn auch wenn die Passiva die Aktiva deutlich übersteigen, kann durchaus noch ein beachtliches Vermögen vorhanden sein und die Vermögenslosigkeit ausschließen. Für die Bestimmung der Vermögenslosigkeit kommt es also allein darauf an, ob ausreichend Vermögen zur Deckung der Verfahrenskosten sowie der Rechtsanwaltskosten vorhanden ist. Mit den Insolvenzeröffnungsgründen hat dies im Grunde nichts zu tun. Häufig werden Vermögenslosigkeit und Insolvenz zwar zusammenfallen. Das muss aber nicht so sein. So kann eine Partei trotz Insolvenz genug Masse haben, um die Kosten des Schiedsverfahrens sowie die Rechtsanwaltskosten zu begleichen.

Von Bedeutung für die Frage, ob sich eine Partei von der Schiedsvereinbarung lösen kann, ist daher nur, ob die Kosten zur Durchführung des Schiedsverfahrens aufgebracht werden können. Unerheblich ist, ob ein Insolvenzgrund vorliegt oder bereits ein Insolvenzantrag gestellt wurde. Die zur Vermögenslosigkeit bei Schiedsverfahren ergangene Rechtsprechung knüpft ausschließlich an die Fähigkeit an, die Kostenvorschüsse und die zusätzlich anfallenden Rechtsanwaltskosten bezahlen zu können.[439] Entsprechend entschied das OLG Hamburg,[440] dass die Durchführbarkeit einer Schiedsvereinbarung ausreichend gesichert ist, wenn

436 G. Wagner SchiedsVZ 2003, 206, 207 und KTS 2010, 39, 42 f.; Wagner GWR 2010, 129; Heidbrink/v.d. Groeben ZIP 2006, 265, 266; Kremer/Weimann MDR 2004, 181, 184.

437 Flöther, S. 77 ff.; Risse BB-Beilage 6, 2001, 11.

438 BGH NJW 1964, 1129; 1969, 277; 1971, 888; 2000, 3720; NJW-RR 1994, 1214; KG Berlin SchiedsVZ 2003, 239; OLG Düsseldorf NZG 2004, 916, 920.

439 BGH NJW 1964, 1129; 1969, 277; 1971, 888; 2000, 3720; NJW-RR 1994, 1214; KG SchiedsVZ 2003, 239; OLG Düsseldorf NZG 2004, 916, 920.

440 OLG Hamburg ZIP 1995, 1903, 1904.

der Vergleichsverwalter[441] erklärt, er werde die vom Schiedsbeklagten zu tragenden Kosten aus dessen – mit hinreichenden Mitteln ausgestatteten – Vermögen ausgleichen. Die Entscheidung lässt erkennen, dass das Gericht die Grundsätze zur Undurchführbarkeit einer Schiedsabrede auch im Konkursfall angewendet hätte. Da es nur darauf ankommt, ob die Kosten des Schiedsverfahrens bezahlt werden können, spricht nichts gegen eine Anwendung bei Insolvenz einer Partei. Die Rechtsprechung zur Undurchführbarkeit aufgrund Vermögenslosigkeit lässt sich ohne Weiteres auf die insolvente Partei übertragen. Die Undurchführbarkeit der Schiedsvereinbarung kann im Insolvenzfall jedoch nur aus einer unzureichenden Insolvenzmasse resultieren. Es kommt darauf an, ob noch genügend Vermögen bzw. eine ausreichende Insolvenzmasse zur Tragung der Verfahrenskosten vorhanden ist. Der Insolvenzverwalter kann sich daher von der Schiedsabrede lösen, wenn die Insolvenzmasse nicht ausreicht, um die Verfahrenskosten abzudecken und die gegnerische Partei nicht von ihrer Abwendungsbefugnis durch Tragung der gesamten Kosten Gebrauch macht.

IV. Undurchführbarkeit von Schiedsvereinbarungen

1. Begründung des BGH

Der BGH hatte sich mit seiner Entscheidung vom 14. September 2000[442] erstmals nach der Reform des Schiedsrechts zum 01. Januar 1998 mit der Frage der Verarmung einer Partei und deren Auswirkungen auf eine Schiedsvereinbarung zu befassen. Der BGH bestätigte zwar seine gefestigte Rechtsprechung aus der Zeit vor der Novellierung des Schiedsrechts, wonach sich eine mittellose Partei von der Schiedsvereinbarung lösen könne. Neu war jedoch der Wegfall des früher bestehenden Kündigungserfordernisses. Der BGH führte aus, dass nach § 1032 Abs. 1 ZPO, vormals § 1027a ZPO a.F., die Schiedsvereinbarung bei Verarmung einer Partei aufgrund gerichtlicher Feststellung der Undurchführbarkeit zu Fall gebracht werden könne.[443] Für das Kündigungserfordernis sei kein Raum mehr, da der Gesetzgeber bei der Reform des Schiedsverfahrensrechts dieses nicht übernommen habe und aus den Gesetzgebungsmaterialien nicht ersichtlich sei,

441 Zuständig vor Inkrafttreten der InsO im Vergleichsverfahren zur Konkursabwendung gemäß § 1 VerglO, vgl. Gottwald/Hass/Kahlert, Insolvenzrechts-Handbuch, 5. A. 2015, § 86 Rn. 7 f.

442 BGH NJW 2000, 3720.

443 BGH NJW 2000, 3720, 3721.

dass die Undurchführbarkeit im Wege der Kündigung geltend gemacht werden müsse.[444]

Mit § 1032 Abs. 1 ZPO habe der Gesetzgeber ausdrücklich festgelegt, dass sich die Parteien im Falle der Undurchführbarkeit des Schiedsverfahrens stets von der Schiedsvereinbarung lösen können, um nicht rechtlos zu stehen.[445]

Im Hinblick auf frühere zusätzliche Erwägungen insbesondere zur wirtschaftlichen Lage des Kündigenden verwies der BGH, wie bereits angesprochen, darauf, dass dies den damaligen Fallgestaltungen entsprochen habe und das Erfordernis eines effektiven Rechtsschutzes hierdurch nicht in Frage gestellt werden solle.[446]

2. Gesetzesbegründung zu § 1032 Abs. 1 ZPO

Die Entscheidung des BGH hat in Bezug auf den Wegfall des Kündigungsrechts zu heftigen Debatten in der Literatur geführt.[447] Es wurden auch negative Auswirkungen auf den Schiedsgerichtsstandort Deutschland befürchtet, da es nun zu einfach möglich sei, sich von einer Schiedsvereinbarung zu lösen.[448]

Die Begründung des Gerichts, der Gesetzgeber habe das Kündigungserfordernis nicht übernommen und die Undurchführbarkeit in § 1032 Abs. 1 ZPO ausdrücklich geregelt, ist nicht unproblematisch. In den Erläuterungen des Gesetzesentwurfs wurde mit keinem Wort zum Kündigungserfordernis nach dem alten Recht Stellung genommen.[449] Auch wurde die Situation der Vermögenslosigkeit

---

444 BGH a.a.O., dem folgend KG Berlin SchiedsVZ 2003, 239; OLG Düsseldorf NZG 2004, 916, 920 – weiter von der Kündigung ausgehend OLG Köln SpuRt 2004, 110.

445 BGH a.a.O.

446 BGH NJW 2000, 3720, 3722.

447 Zustimmend Rosenberg/Schwab/Gottwald, Zivilprozessrecht, 17. A. 2010, § 175 Rn. 37; MünchKommZPO/Münch, Bd. 3, 4. A. 2013, § 1029 Rn. 131 ff. und § 1032 Rn. 8; Baumbach/Lauterbach/Albers/Hartmann, ZPO, 73. A. 2015, § 1032 Rn. 6 sowie § 1029 Rn. 29; Saenger Hk-ZPO/Saenger, 6. A. 2015, § 1032 Rn. 6; Lionnet/Lionnet, Handbuch der internationalen und nationalen Schiedsgerichtsbarkeit, 3. A. 2005, S. 215; Kremer/Weimann MDR 2004, 181; Lachmann SchiedsVZ 2003, 28, 31 – a.A. Stein/Jonas/Schlosser, ZPO, Bd. 10, 23. A. 2014, § 1029 Rn. 98; Zöller/Geimer, ZPO, 30. A. 2014; § 1029 Rn. 98; Schwab/Walter, Schiedsgerichtsbarkeit, 7. A. 2005, Kap. 7 Rn. 9; Schütze, Schiedsgericht und Schiedsverfahren, 5. A. 2012, Rn. 248; BGH Urt. v. 14.09.2000 ZZP 114 (2001), 97, 102. mit Anm. Walter; G. Wagner SchiedsVZ 2003, 206; Risse BB-Beilage 6, 2001, 11.

448 G. Wagner SchiedsVZ 2003, 206, 207; Risse BB-Beilage 6, 2001, 11; DIS-Veranstaltung "Financial Capacity of Parties" am 29.11.2002, Berlin.

449 SchiedsVfG, BT-Drucks. 13/5274, S. 1, 37 f.

nicht in der Gesetzesbegründung erwähnt. Die Voraussetzung der Undurchführbarkeit und die von ihr erfassten Fälle werden in keiner Weise erläutert. Diese Umstände könnten den Schluss zulassen, der Gesetzgeber habe das bisher bestehende Kündigungserfordernis bei der Neufassung des Schiedsrechts gar nicht bedacht. Der Gesetzgeber könnte auch davon ausgegangen sein, das alte Schiedsverfahrensrecht entspreche insoweit schon den Bestimmungen des UNCITRAL-Modellgesetzes zur internationalen Handelsschiedsgerichtsbarkeit, welche mit der Neuregelung in das deutsche Recht aufgenommen werden sollten. Dies würde für eine Fortgeltung des Kündigungserfordernisses sprechen. In der Gesetzesbegründung heißt es:

> *„Nur wenn das Gericht zu der Feststellung gelangt, dass die Schiedsvereinbarung ungültig oder undurchführbar ist, setzt es den Rechtsstreit fort. Dies entspricht dem geltenden Recht (vgl. § 1027a ZPO).*“[450]

Der Wortlaut der Vorschrift “*undurchführbar ist*“ lässt jedoch keinen Raum für ein Festhalten am Kündigungserfordernis und würde eine Auslegung gegen dessen eindeutigen Sinngehalt darstellen. Nach dem Gesetzeswortlaut kommt es einzig darauf an, ob das Schiedsverfahren durchführbar ist oder nicht. Neben der Erhebung der Einrede der Undurchführbarkeit durch eine Partei sind keine weiteren Erklärungen erforderlich. Das tatsächliche Vorliegen der Undurchführbarkeit ist dann gerichtlich festzustellen. Auf eine Kündigung kommt es nicht an. Das Kriterium der Undurchführbarkeit steht zudem im Zusammenhang mit anderen Unwirksamkeitsgründen, welche ebenfalls keiner gesonderten Gestaltungserklärung bedürfen, sondern deren Rechtsfolge aus dem Gesetz erfolgt.[451]

Nach der Gesetzesbegründung entspricht dies dem alten Recht. Dieser Verweis bezieht sich jedoch lediglich auf die Rechtsfolge des Fortfalls der Schiedsvereinbarung und der Fortsetzung des Verfahrens vor einem staatlichen Gericht im Falle der Undurchführbarkeit. Vor der Neuregelung des Schiedsverfahrensrecht hatte die Undurchführbarkeit nichts anderes zur Folge.

Der Unterschied besteht einzig darin, dass die Undurchführbarkeit früher im Wege der Kündigung geltend zu machen war. Nach der Gesetzesbegründung reicht nun bereits die Feststellung der Undurchführbarkeit durch das Gericht aus. Lediglich eine Kündigung ist nicht mehr erforderlich.

Die Möglichkeit, die Undurchführbarkeit im Wege der Kündigung geltend zu machen, besteht aber weiter fort.[452] Denn nach dem BGH kann die

---

450 SchiedsVfG, BT-Drucks. 13/5274, S. 37 f.

451 Kremer/Weimann MDR 2004, 181, 182; Lachmann SchiedsVZ 2003, 28, 31.

452 Musielak/Voit/Voit, ZPO, 12. A. 2015, § 1029 Rn. 12.

Schiedsvereinbarung „*schon*“ dadurch zu Fall gebracht werden kann, dass das Gericht entsprechend dem Klägervortrag feststellt, die Schiedsvereinbarung sei undurchführbar. Die Geltendmachung der Undurchführbarkeit durch das stärkere Gestaltungsrecht der Kündigung wird nicht untersagt. Die Feststellung der Undurchführbarkeit durch das Gericht stellt eine zusätzliche, einfachere und sachgerechtere Alternative zur Kündigung dar. Man könnte sogar argumentieren, dass zumindest bei Vermögenslosigkeit in Gestalt des Klägers in der Erhebung der Klage vor einem staatlichen Gericht die weiterhin zulässige Kündigung der Schiedsabrede liegt.[453] Für ein Festhalten am Kündigungserfordernis bestehen daher nach § 1032 Abs. 1 ZPO und der Gesetzesbegründung keine Anhaltspunkte. Die Schlussfolgerungen des BGH sind daher zutreffend.

3. Kostenübernahme durch die vermögende Partei

Gegen die Lösung des BGH wird angeführt, dass nun nicht mehr sicher sei, ob die solvente Partei weiterhin die Möglichkeit habe, die Kosten des Verfahrens zu übernehmen, um so die Schiedsvereinbarung aufrechtzuerhalten.[454] Die Undurchführbarkeit trete ipso iure ohne weitere Zwischenschritte ein, wenn sich eine der Parteien auf die Verarmung berufen hat und diese gerichtlich festgestellt wurde. Einer zusätzlichen Ablehnung der solventen Partei, die Kosten des Schiedsverfahrens zu übernehmen, bedürfe es nicht mehr. Dies führe zu einem Ausschluss der Abwendungsbefugnis.[455]

Diesen Argumenten ist zu widersprechen. Der BGH stellte mit Verweis auf seine frühere Rechtsprechung zur Abwendungsbefugnis klar, auch weiterhin hieran festhalten zu wollen.[456] Dem steht auch nicht die von Rechts wegen eintretende Undurchführbarkeit entgegen. Die Kostendeckung durch die andere Partei wird als Vorfrage im Rahmen der Feststellung der Undurchführbarkeit geprüft.[457] Sind die Kosten des Schiedsverfahrens gedeckt, kann die Undurchführbarkeit nicht festgestellt werden. Es besteht daher weiter die Möglichkeit, die Kosten des Verfahrens zu übernehmen und das Schiedsverfahren durchzuführen.

---

453 BGH JZ 2001, 258, 260. mit Anm. Schlosser.

454 G. Wagner SchiedsVZ 2003, 206, 217; Risse BB-Beilage 6, 2001, 11.

455 Schütze, Schiedsgericht und Schiedsverfahren, 5. A. 2012, Rn. 248; Kremer/Weimann MDR 2004, 181, 183.

456 BGH NJW 2000, 3720, 3721.

457 BGH a.a.O.

4. Auslegung von § 1032 Abs. 1 ZPO

Die Formulierung des § 1032 Abs. 1 ZPO lehnt sich an Art. II Abs. 3 des UN-Übereinkommens von 1958[458] sowie an Art. 8 Abs. 1 des UNCITRAL-Modellgesetzes[459] an. Beide Regelungen sprechen fast wortgleich von:

„*...agreement is null and void, inoperative or incapable of beeing performed...*".

Im deutschen Vertragsrecht sind die Kategorien der Nichtigkeit, der Unwirksamkeit und der Undurchführbarkeit jedoch nicht gebräuchlich.[460] Aufgrund der Formulierung von § 1032 Abs. 1 ZPO wird daher teilweise von einem Gleichlauf der Auslegung von ZPO und UN-Übereinkommen ausgegangen.[461] Der Begriff der Nichtigkeit meint im Gegensatz zur Unwirksamkeit, dass der Schiedsvereinbarung von Anfang an keine Wirkungen zukomme.[462] In Betracht kommt zum Beispiel ein Verstoß gegen die Form der Schiedsvereinbarung, die fehlende Schiedsfähigkeit des Streitgegenstandes oder andere Unwirksamkeitsgründe wie Dissens, Irrtum, vollmachtlose Vertretung, Geschäftsunfähigkeit etc..[463] Unwirksamkeit bedeutet, dass die Schiedsvereinbarung nachträglich ihre Wirkungen verloren hat. Hierzu gehören Fälle der Befristung, der auflösenden Bedingung, der vertraglichen Aufhebung und der Kündigung.[464] Undurchführbarkeit liegt vor, wenn die Einleitung des Schiedsverfahrens von vornherein nicht möglich ist.[465] Hierzu gehören die Ablehnung des Amtes eines in der Schiedsvereinbarung bezeichneten Schiedsrichters, Fälle, in denen sich die Parteien nicht auf die Person des Schiedsrichters einigen können oder unklar gefasste Schiedsvereinbarungen.[466] Unter Heranziehung der internationalen Auslegung der Begriffe soll

458 Art. II Abs. 3 UNÜ: „that the agreement is null and void, inoperative or incapable of being performed".

459 Art. 8 Abs. 1 UNCITRAL-Modellgesetz: „that the said agreement is null and void, inoperative or incapable of being performed".

460 BGH ZZP 114 (2001), 97, 102. mit Anm. Walter.

461 Schwab/Walter, Schiedsgerichtsbarkeit, 7. A. 2005, Kap. 7 Rn. 5.

462 van den Berg, S. 156.

463 van den Berg, S. 156; Schwab/Walter, Schiedsgerichtsbarkeit, 7. A. 2005, Kap. 7 Rn 7.

464 van den Berg, S. 158; Schwab/Walter, Schiedsgerichtsbarkeit, 7. A. 2005, Kap. 7 Rn 8.

465 van den Berg, S. 159; Schwab/Walter, Schiedsgerichtsbarkeit, 7. A. 2005, Kap. 7 Rn 9.

466 Schwab/Walter, Schiedsgerichtsbarkeit, 7. A. 2005, Kap. 7 Rn. 9.

Vermögenslosigkeit aber nicht zur Undurchführbarkeit der Schiedsvereinbarung führen.[467] Die Schiedsvereinbarung sei in einem solchen Fall zu kündigen.[468]

Nach der Gegenansicht hat die Auslegung der Voraussetzungen des § 1032 Abs. 1 ZPO anhand des Rechts des Landes zu erfolgen, dessen Recht auf die Vereinbarung Anwendung findet.[469] Denn eine Ermittlung der international anerkannten Unwirksamkeitsgründe im Wege der Rechtsvergleichung durch die erkennenden Gerichte ist praktisch nicht umsetzbar. Auch verweist Art. V Abs. 1 lit a) UNÜ auf das für die Parteien persönlich geltende Recht, das Recht welchem die Schiedsabrede unterstellt ist oder aber auf das Recht des Landes, in welchem der Schiedsspruch ergangen ist. Die Regelung bringt ein bestimmtes Rechtssystem zur Anwendung. Eine internationale, autonome Auslegung ist deshalb abzulehnen.[470]

Bereits das oben genannte Begriffsverständnis bereitet Schwierigkeiten, da die Unwirksamkeitsgründe im deutschen Recht nicht gebräuchlich sind. Die geforderte Kündigung bei Vermögenslosigkeit ließe sich zudem nicht mehr mit der Rechtsprechung des BGH vereinbaren. Die Auslegung der deutschen Gerichte, welche auf das Kündigungserfordernis verzichtet und sich auch mit der Gesetzesbegründung deckt, ist daher vorzuziehen. Tiefere Einblicke in die Bedeutung des Begriffs der Undurchführbarkeit lässt auch die gesetzgeberische Hintergrund von Art. 8 Abs. 1 des UNCITRAL-Modellgesetzes nicht zu. Darüber hinaus hatten sich Gerichte bisher selten mit dieser Frage zu beschäftigen.[471] Im Ergebnis liefert diese Untersuchung keinen Anknüpfungspunkt dafür, das Erfordernis einer Kündigung beizubehalten.[472]

---

467 van den Berg, S. 159; Hußlein-Stich, S. 49.

468 Schwab/Walter, Schiedsgerichtsbarkeit, 7. A. 2005, Kap. 7 Rn. 9; BGH ZZP 114 (2001), 97 ff. mit Anm. Walter.

469 MünchKommZPO/Gottwald, Bd. 3, 2. A. 2001, UNÜ Art. II Rn. 24; van den Berg, S. 126 ff.; Bertheau, S. 38; Reithmann/Martiny/Hausmann, Internationales Vertragsrecht, 7. A. 2010, Rn. 6774 ff., 6780.

470 MünchKommZPO/Gottwald, Bd. 2, 2. A. 2001, UNÜ Art. II Rn. 24 – a.A. Stein/Jonas/Schlosser, ZPO, Bd. 10, 23. A. 2014, Anh. § 1061 Rn. 58; Schütze, Schiedsgericht und Schiedsverfahren, 5. A. 2012, Rn. 251 a.E.

471 Holzmann/Neuhaus, UNCITRAL Model Law, S. 305; van den Berg, S. 154 ff.

472 zustimmend G. Wagner SchiedsVZ 2003, 206, 217; BGH JZ 2001, 258 ff. mit Anm. Schlosser; BGH ZZP 114 (2001), 97 ff. mit Anm. Walter.

5. *Vergleich der Kündigungslösung mit der Feststellung der Undurchführbarkeit*

Die Lösung des BGH wird zudem mit dem Vergleich einer Verfahrenskonstellation kritisiert, welche bei Weitergeltung des Kündigungsrechts nicht eintreten könne. Es wird angeführt, dass eine Klage gegen einen vermögenslosen Beklagten vor einem ordentlichen Gericht nach wirksamer Erhebung der Schiedseinrede gemäß § 1032 Abs. 1 ZPO abzuweisen sei. Das hiernach einzuleitende Schiedsverfahren scheitere nun an der mangelnden finanziellen Leistungsfähigkeit des Schiedsbeklagten. Einer Rückkehr zu den ordentlichen Gerichten stehe nun aber die rechtskräftige Entscheidung des Erstverfahrens über die Unzuständigkeit entgegen. Auch die Vermögenslosigkeit hindere die Rechtskraft dieses Urteils nicht, da die Tatsache der Armut oder auch der Insolvenz bereits zum Urteilszeitpunkt vorgelegen habe und hätte berücksichtigt werden müssen.[473] Um nicht dem solventen Kläger jeglichen Rechtsschutz abzuschneiden, soll das Kündigungserfordernis aufrechterhalten werden. Die vermögenslose Partei müsse ihr Kündigungsrecht dann unverzüglich ausüben, um dieses nicht zu verlieren. Trotz Erhebung der Schiedseinrede im Erstverfahren könne die Schiedsvereinbarung dann im Laufe des Schiedsverfahrens gekündigt werden. Da die Kündigung erst nach Abschluss des Erstverfahrens erfolge, würde auch die Rechtskraft des bereits ergangenen, die Unzuständigkeit feststellenden Urteils nicht entgegenstehen.[474]

Dem ist zu widersprechen. Wenn der Kläger bei offensichtlicher Vermögenslosigkeit des Beklagten unmittelbar vor ein staatliches Gericht zieht, wird er der Schiedseinrede des Beklagten dessen Vermögenslosigkeit sofort entgegenhalten. Er kann auf diese Weise die Feststellung der Undurchführbarkeit der Schiedsvereinbarung und die Zurückweisung der Schiedseinrede herbeiführen. In dieser Fallkonstellation kann der Kläger auch ohne die Beibehaltung des Kündigungserfordernisses seinen Anspruch weiterverfolgen.

Ist dem Kläger in der gleichen Verfahrenssituation die bereits eingetretene Vermögenslosigkeit des Beklagten nicht bekannt, wird er ebenfalls nicht rechtlos gestellt. Denn zum einen besteht das Kündigungsrecht aufgrund Undurchführbarkeit der Schiedsvereinbarung weiter fort und kann neben der gerichtlichen Feststellung der Undurchführbarkeit geltend gemacht werden. Der Kläger hat

473 Risse BB-Beilage 6, 2001, 11, 12.

474 Risse a.a.O.

damit die Möglichkeit, sich von der Schiedsvereinbarung zu lösen.[475] Zum anderen ist durch eine rechtskräftige Abweisung der Klage vor dem angerufenen staatlichen Gericht die Wirksamkeit des Schiedsvertrags nicht bindend festgestellt.[476] Denn es handelt sich lediglich um eine Vorfrage über die Zulässigkeit des schiedsrichterlichen Verfahrens und die Wirksamkeit des Schiedsvertrags.[477] Damit kommt einer durch Prozessurteil abgewiesenen Klage aufgrund der Einrede des Schiedsvertrags keine Bindungswirkung für ein nachfolgendes Schiedsverfahren zu. Rechtskräftig fest steht nur die Unzulässigkeit der Klage wegen Unzuständigkeit des staatlichen Gerichts. In einer neueren Entscheidung des BGH[478] war diese Frage zwar nicht entscheidungserheblich, dennoch ging der BGH nicht davon aus, dass die Reichweite der Rechtskraftwirkung in einem solchen Fall abschließend geklärt sei. Es bleibt daher abzuwarten, ob der BGH die Rechtsprechung des Reichsgerichts,[479] nach der ein rechtskräftiges Prozessurteil Bindungswirkung für ein künftiges Schiedsverfahren entfaltet, aufrechterhalten wird.

Im Ergebnis ist es unerheblich, ob es einer Kündigung bedarf oder nicht. Die vorgebrachten Argumente rechtfertigen keine Aufrechterhaltung der Lehre vom Kündigungserfordernis. Der Kläger steht nicht rechtlos und ist auch nicht zwangsläufig mit dem ordentlichen Rechtsweg ausgeschlossen.

6. *Stellungnahme*

Der BGH hat seine bisherige Rechtsprechung bestätigt und fortgeführt. Die Parteien können sich nach wie vor von einer Schiedsvereinbarung lösen, wenn eine Durchführung des Schiedsverfahrens aufgrund fehlender Mittel nicht mehr möglich ist. Auch stellt der BGH nicht mehr auf eine wirtschaftliche Betrachtung der Vermögensverhältnisse bei Abschluss der Schiedsvereinbarung und deren künftige Entwicklung ab. Ein Festhalten an der Schiedsvereinbarung trotz Vermögenslosigkeit ist daher nur noch in Ausnahmefällen bei treuwidrigem oder schikanösem Verhalten möglich.

---

475 zur nachträglichen Ausübung von Gestaltungsrechten MünchKommZPO/Gottwald, Bd. 1, 4. A. 2013, § 322 Rn. 161 ff.

476 MünchKommZPO/Gottwald, Bd. 1, 4. A. 2013, § 322 Rn. 170; skeptisch zur Reichweite der Rechtskraft BGH NJW-RR 2009, 1582 – a.A. RGZ 40, 402, 404; Stein/Jonas/Schlosser, ZPO, Bd. 4, 22. A. 2008, § 322 Rn. 133; Blomeyer, Zivilprozessrecht, 2. A. 1985, § 89 V. 3.

477 MünchKommZPO/Gottwald, Bd. 1, 4. A. 2013, § 322 Rn. 170.

478 BGH NJW-RR 2009, 1582.

479 RGZ 40, 402, 404.

Besondere Bedeutung ist dem Wegfall des Kündigungserfordernisses beizumessen. Der BGH hat jedoch noch keine konkreten Anforderungen zur Feststellung der Undurchführbarkeit aufgrund Vermögenslosigkeit vorgegeben. Es ist daher nicht auszuschließen, dass die Vermögenslosigkeit nur behauptet wird, um ein Schiedsverfahren zu verzögern und damit Druck auf die gegnerische Partei aufzubauen.

Die Gewährung von Rechtschutz hat weiter einen hohen Stellenwert. Zudem ist es möglich, die Schiedsvereinbarung mittels Kündigung zu beenden oder die Undurchführbarkeit durch Tragung der Verfahrenskosten abzuwenden. Den Parteien ist es nun jedoch insgesamt unter erleichterten Voraussetzungen möglich, sich von der Schiedsvereinbarung zu lösen.

Die Entscheidung des BGH entspricht der Intention des § 1032 Abs. 1 ZPO und der Gesetzesbegründung. Es besteht kein Erfordernis und keine Grundlage mehr für eine Geltendmachung der Undurchführbarkeit im Wege der Kündigung.

Der Insolvenzverwalter kann sich daher auf die Vermögenslosigkeit und die Undurchführbarkeit der Schiedsvereinbarung berufen, wenn die Masse nicht ausreicht, um die Kosten des Schiedsverfahrens zu decken. In diesem Fall kann er vor ein staatliches Gericht ziehen und gegebenenfalls Prozesskostenhilfe beantragen. Aber auch eine Partei, die noch nicht in Insolvenz gefallen ist, muss sich bei unzureichendem Vermögen nicht auf ein Schiedsverfahren einlassen. Häufig werden jedoch Insolvenz und Vermögenslosigkeit einhergehen.

V. Feststellung der Vermögenslosigkeit

Bei allen Entscheidungen des BGH zur Undurchführbarkeit von Schiedsvereinbarungen war die Armut der Parteien unstreitig. Es bestand daher keine Veranlassung, die Anforderungen für die Feststellung der Verarmung festzulegen.[480] Die Parteien waren teils offensichtlich verarmt und hatten bereits Prozesskostenhilfe erhalten oder die eidesstattliche Versicherung abgegeben. In einem weniger offensichtlichen Fall der Vermögenslosigkeit hatte der BGH das Unvermögen zur Leistung der Kostenvorschüsse mit dem Hinweis auf Verluste aus zwei vorangegangenen Geschäftsjahren und erwarteter Verluste für die zwei nachfolgenden Geschäftsjahre sowie nicht unerheblicher Verbindlichkeiten und der vollen Ausschöpfung von Kreditmöglichkeiten als ausreichend dargelegt angesehen.[481]

---

480 BGH NJW 1964, 1129; 1969, 277; 1971, 888; 1988, 1215; 2000, 3720; NJW-RR 1994, 1214.

481 BGH NJW-RR 1994, 1214, 1215.

Da es genügt, wenn das Gericht auf Vortrag einer Partei feststellt, die Schiedsvereinbarung sei undurchführbar, kann es nicht ausreichend sein, nur zu behaupten, verarmt zu sein und die Kosten des Schiedsverfahrens nicht tragen zu können, um die Schiedsvereinbarung zu Fall zu bringen. Es müssen einheitliche und konkrete Maßstäbe festgelegt werden, anhand derer die Vermögenslosigkeit festzustellen ist.

Das OLG Naumburg knüpfte eine Feststellung der Vermögenslosigkeit an eine substantiierte Darlegung des finanziellen Unvermögens "*nach allgemeinen Grundsätzen*". Die vermögenslose Partei trage die Beweislast für das Außerkrafttreten der Schiedsvereinbarung und habe folglich ihre Mittellosigkeit gemäß § 286 ZPO zur vollen Überzeugung des Gerichts darzulegen.[482] Es hätte also eine Beweisaufnahme nach allgemeinen Regeln zu erfolgen.

Ein Hamburger Schiedsgericht[483] und das OLG Bamberg[484] gehen einen anderen Weg. Sie beurteilten die Frage nach der fehlenden Kostendeckung durch eine Schiedspartei unter Heranziehung der im staatlichen Gerichtsverfahren für die Prozesskostenhilfe geltenden Maßstäbe. Die Anforderungen an die Substantiierung und Glaubhaftmachung entsprechen denen der §§ 117 und 118 ZPO.[485]

Der BGH nahm in einer Entscheidung bereits Bezug auf den Antrag und die Gewährung von Prozesskostenhilfe sowie die Darlegung, nicht einmal die Kosten der Rechtsverteidigung vor einem ordentlichen Gericht begleichen zu können und begründete hiermit das Vorliegen von Vermögenslosigkeit.[486] Für die Anwendung der Maßstäbe im Rahmen von Prozesskostenhilfe spricht, dass der BGH mit diesen die Undurchführbarkeit aufgrund Vermögenslosigkeit bereits als ausreichend dargelegt angesehen hat. Dagegen ließe sich einwenden, dass es sich hierbei um Vorschriften außerhalb der schiedsgerichtlichen Normen handelt, welche bei Schiedsverfahren grundsätzlich nicht zur Anwendung kommen können. Die Vorschriften zur Prozesskostenhilfe sollen jedoch nicht insgesamt entsprechend angewendet werden. Es geht nur um die Frage, anhand welcher Maßstäbe geprüft werden kann, ob die Mittel zur Prozessführung aus der Insolvenzmasse aufgebracht werden können oder nicht. Insofern ist die Situation der Vermögenslosigkeit vergleichbar mit den Voraussetzungen für die Bewilligung von Prozesskostenhilfe für den Insolvenzverwalter.

---

482 OLG Naumburg Beschl. v. 20.01.2005, Az.: 10 SchH 2/04.

483 SchiedsG Hamburg SchiedsVZ 2010, 173, 175.

484 OLG Bamberg Urt. v. 19.05.2004, Az.: 3 U 37/03.

485 SchiedsG Hamburg SchiedsVZ 2010, 173, 175.

486 BGH NJW 1988, 1215.

Ein Anspruch auf Prozesskostenhilfe besteht gemäß § 116 Abs. 1 Nr. 1 ZPO nur bei Leistungsunfähigkeit der Insolvenzmasse.[487] Das ist der Fall, wenn die zur Führung des Rechtstreits erforderlichen Mittel aus der verwalteten Vermögensmasse nicht aufgebracht werden können. Diese Frage richtet sich primär nach dem vorhandenen Barbestand sowie nach den in Kürze zu erwartenden Bareingängen. Von dem so ermittelten Vermögen sind dann die Massekosten nach § 54 InsO sowie die sonstigen Masseverbindlichkeiten nach § 55 InsO abzuziehen. Nur der Bestand der Masse, der sich nach Abzug der Kosten ergibt, kann für die Ermittlung der Prozesskosten herangezogen werden.[488] Zusätzlich ist der Insolvenzverwalter dazu verpflichtet, kurzfristig liquidierbare Vermögensgegenstände zu verwerten. Zu einer unwirtschaftlichen Verwertung ist er aber nicht verpflichtet.[489]

Die Möglichkeit einer Finanzierung durch wirtschaftlich Beteiligte, deren Befriedigungschancen sich durch einen erfolgreichen Rechtsstreit verbessern, ist jedoch bei der Feststellung der Undurchführbarkeit einer Schiedsvereinbarung nicht zu berücksichtigen. Die Schiedsvereinbarung würde dann einem unzulässigen Vertrag zu Lasten Dritter gleich kommen. Eine Vorschusspflicht Dritter bei der Feststellung der Vermögenslosigkeit kommt daher nicht in Betracht. Die Grundsätze zur Prozesskostenhilfe, sollen nur insoweit zur Anwendung kommen, als es um die Feststellung der Leistungsunfähigkeit der Masse geht.

Bei Masseunzulänglichkeit ist ohne Weiteres davon auszugehen, dass die Kosten des Rechtsstreits nicht aus der Masse aufgebracht werden können.[490] Der Verwalter darf dann keine Neumasseverbindlichkeiten begründen. Dazu würden aber auch die Kosten eines Schiedsverfahrens zählen. Der Verwalter muss die Masseunzulänglichkeit dem Gericht gemäß § 208 Abs. 1 InsO anzeigen. Diese Entscheidung des Insolvenzverwalters unterliegt keiner Prüfung und ist unanfechtbar.[491] Die Anzeige der Masseunzulänglichkeit hat, übertragen auf die Feststellung der Vermögenslosigkeit, zur Folge, dass damit die Verarmung feststeht und die Schiedsvereinbarung undurchführbar wird.

Besteht keine Masseunzulänglichkeit kann die Schiedsvereinbarung ebenfalls wegen Vermögenslosigkeit undurchführbar sein, wenn man die Grundsätze zur Prozesskostenhilfe anwendet. Denn fehlende Masseunzulänglichkeit schließt die Bewilligung von Prozesskostenhilfe nicht aus, wenn der Masse die Mittel

---

487 Uhlenbruck/Mock, InsO, 14. A. 2015, § 80 Rn. 190.
488 Uhlenbruck/Mock, InsO, 14. A. 2015, § 80 Rn. 192 ff.
489 Uhlenbruck/Mock, InsO, 14. A. 2015, § 80 Rn. 197.
490 BGH ZInsO 2008, 378; 2007, 1225.
491 Uhlenbruck/Ries, InsO, 14. A. 2015, § 208 Rn. 16.

entzogen werden, die der Insolvenzverwalter zu einer ordnungsgemäßen Abwicklung des Verfahrens benötigt.[492]

Im Ergebnis sind beide Möglichkeiten für die Feststellung der Vermögenslosigkeit geeignet und werden sich wohl nur selten unterscheiden. Auch wenn man das finanzielle Unvermögen einer Partei nach allgemeinen Grundsätzen feststellt, wird man das vorhandene Vermögen und die bestehenden Verbindlichkeiten gegenüberstellen müssen.

Beide Varianten weisen auch ähnliche Risiken auf. Bei einem Beweis des finanziellen Unvermögens nach allgemeinen Grundsätzen kann nicht ausgeschlossen werden, dass nur unzureichende Belege zum Nachweis der Vermögensverhältnisse vorgebracht werden. Der Insolvenzverwalter könnte aber auch verfrüht die Massearmut anzeigen und damit die Schiedsvereinbarung zu Fall bringen.

Die entsprechende Anwendung der Maßstäbe für einen Anspruch des Insolvenzverwalters auf Prozesskostenhilfe ist jedoch der praktikablere Weg. Beim Zusammentreffen von Insolvenz und Vermögenslosigkeit werden zudem insolvenzrechtliche Vorschriften und Besonderheiten besser berücksichtigt.

Der Fürstliche Oberste Gerichtshof Liechtenstein sowie das Tribunal Constitucional Portugal, das Portugiesische Verfassungsgericht, haben bei der Bestimmung der Undurchführbarkeit aufgrund Vermögenslosigkeit bereits die Maßstäbe der Prozesskostenhilfe herangezogen.[493]

VI. Aufrechterhaltung der Schiedsvereinbarung trotz Undurchführbarkeit

1. Instrumente zur Aufrechterhaltung der Schiedsvereinbarung

Um trotz Vermögenslosigkeit bzw. nicht ausreichender Insolvenzmasse weiter an der Schiedsvereinbarung festzuhalten, sind verschiedene Möglichkeiten denkbar. Eine Variante wäre die Gewährung einer spezifischen Form von Prozesskostenhilfe im Rahmen der Schiedsgerichtsbarkeit für den Fall, dass die Parteien ein institutionelles Schiedsgericht gewählt haben. Durch die einzelnen Schiedsgerichtsinstitutionen könnte im Weg der Anpassung der Gebührentabellen ein Fond aufgebaut werden, an den sich Parteien wenden können, die unter keinen Umständen die Kosten des Verfahrens tragen können. Die Einrichtung von

492 Jaeger/Windel, InsO, Bd. 2, 1. A. 2007, § 80 Rn. 170.

493 Fürstlicher Oberster Gerichtshof Liechtenstein SchiedsVZ 2008, 306; Tribunal Constitucional Portugal v. 30. 5. 2008, Acordao 311/08.

Fonds für notleidende Parteien durch die Schiedsgerichtsinstitutionen erfordert jedoch die Akzeptanz der Parteien in Bezug auf erhöhte Gebühren.

Auch könnte man Schiedsrichter, welche sich in diesen Fällen bereit erklären, ohne Honorar zu arbeiten, ein Vorrecht auf wichtigere, lukrative Schiedsverfahren gewähren.[494] Eine mögliche Arbeit ohne Honorar auf Seiten der Schiedsrichter würde aber ein Entgegenkommen der Schiedsrichter erfordern.

Eine andere Möglichkeit wäre die Gewährung von finanzieller Unterstützung durch den Staat. Er hat den Parteien schließlich die Möglichkeit privater Gerichte eröffnet. Er müsse dafür Sorge tragen, dass von dieser Möglichkeit des Rechtsschutzes auch Gebrauch gemacht werden kann.[495]

Denkbar wäre auch der Abschluss einer Versicherung oder der Einsatz einer Bankgarantie,[496] welche die Zahlung der Kosten des Schiedsverfahrens garantiert.[497] Dabei wäre erforderlich, dass hiervon auch die Rechtsanwaltskosten mit abgedeckt werden.

Die Einführung von Prozesskostenhilfe in Schiedsverfahren sowie die Einführung eines Fonds durch die Schiedsgerichtsbarkeit sind in naher Zukunft jedoch nicht zu erwarten. Ebenso werden die Parteien bei Abschluss eines Vertrags nicht an daraus resultierende Rechtsstreitigkeiten denken und die Kosten einer Versicherung für den Fall der Vermögenlosigkeit scheuen. Andererseits wird, wenn die Partei bereits vermögenslos ist, keine Versicherung bereit sein, einen Prozess zu finanzieren. Ähnlich verhält es sich bei Bankgarantien. Aber selbst wenn zu einem früheren Zeitpunkt in Erwägung gezogen wurde, die Schiedsvereinbarung abzusichern, werden die Kosten der Instrumente deren Einsatz meist entgegenstehen.[498]

Auch künftig werden sich deshalb Schiedsgerichte wie staatliche Gerichte mit undurchführbaren Schiedsvereinbarungen auseinanderzusetzen haben. Es sollte daher versucht werden, der Schiedsvereinbarung wenn möglich zu ihrer Durchsetzung zu verhelfen.

2. Vertragliche Gestaltung zur Sicherung der Schiedsvereinbarung

Um die Schiedsvereinbarung für den Fall der Vermögenslosigkeit abzusichern wird vorgeschlagen, die Schiedsklauseln so auszugestalten, dass es der

494 Storme FS Schlosser, S. 957, 962.
495 Storme FS Schlosser, S. 957, 965.
496 Kröll Financial Capacity of Parties, S. 151, 158 f.
497 G. Wagner Financial Capacity of Parties, S. 9, 31.
498 Kröll Financial Capacity of Parties, S. 151, 164.

vermögenslosen Partei nicht oder nur unter erschwerten Voraussetzungen möglich ist, sich von ihr zu lösen und sich auf die Gewährung von Rechtsschutz durch staatliche Gerichte zu berufen.[499] Für eine derart weitreichende Bindung müssen bestimmte Voraussetzungen festgelegt werden, die eine Versagung von Rechtsschutz und ein Festhalten der Partei an der Schiedsvereinbarung rechtfertigen.

Erste Voraussetzung soll sein, dass sich die Parteien hinsichtlich der Kosten eines aus dem Vertrag erwachsenden Schiedsverfahrens im Klaren sind. Das soll durch die Wahl eines institutionellen Schiedsgerichts unter Einbeziehung der jeweiligen Schiedsgerichtsordnung sowie den dazugehörigen Gebührentabellen erreicht werden. Die Parteien sollen sich dadurch uneingeschränkt und transparent über die Kosten eines künftigen Rechtsstreits informieren können.[500]

Die Schiedsrichterhonorare und die Verwaltungskosten werden aber nicht nach jeder Schiedsgerichtsordnung anhand eines festen Prozentsatzes des Streitwerts berechnet. Teilweise bestimmen sich die Schiedsgerichtskosten auch nach dem Zeitaufwand des Verfahrens zu festgelegten Stunden- und Tagessätzen. In diesen Fällen ist die Einschätzung des Prozesskostenrisikos so gut wie ausgeschlossen. In den Kostentabellen sind zudem die Auslagen der Schiedsrichter, die Kosten von Sachverständigen, die Auslagen von Zeugen sowie die Kosten der Parteien und ihrer Vertreter nicht aufgeführt.[501]

Eine vollständige Information der Parteien über die Kosten des Verfahrens ist daher nur bei dem erstgenannten Kostenmodell und bei der zusätzlichen Berücksichtigung der Kosten der eigenen Rechtsverteidigung möglich. Auch hier kann aber durch eine kostenintensive Beweisaufnahme das finanzielle Risiko eines Prozesses nicht bereits bei Abschluss der Schiedsvereinbarung vollständig kalkuliert werden.

Als zweite Voraussetzung wird gefordert, dass die Parteien wissen müssen, dass der Abschluss einer Schiedsvereinbarung die Anrufung ordentlicher Gerichte unmöglich macht.[502] Nur so könne unwiderruflich der Weg zu den Schiedsgerichten beschlossen und auf das Klagerecht vor staatlichen Gerichten verzichtet werden.

Hierin ist zwar nicht per se ein Widerspruch zu Art. 6 Abs. 1 EMRK zu sehen, insbesondere nicht, wenn die Parteien darum wissen, Rechtsschutz nicht mehr vor ordentlichen Gerichten suchen zu können. Der Europäische Gerichtshof für

---

499 Storme FS Schlosser, S. 957, 963.

500 Storme FS Schlosser, a.a.O.

501 Lionnet/Lionnet, Handbuch der internationalen und nationalen Schiedsgerichtsbarkeit, 3. A. 2005, S. 540 ff.

502 Storme FS Schlosser, S. 957, 963.

Menschenrecht hat anerkannt, dass ein Verzicht auf die Gewährung von Rechtsschutz, insbesondere in Form der Vereinbarung von Schiedsklauseln möglich ist und sowohl den Beteiligten als auch der Rechtspflege Vorteile bringt sowie im Einklang mit der Konvention steht. Der Gerichtshof weist aber auch darauf hin, dass das "Recht auf Gericht" nicht durch die bloße Unterzeichnung einer Vereinbarung verloren geht.[503]

Die vermögenslose Partei wäre mit dem endgültigen Ausschluss des ordentlichen Rechtswegs an der Durchsetzung ihrer Rechte gehindert und stünde gerade wie vom BGH befürchtet in einem rechtsfreien von ihr nicht kontrollierten Raum.[504]

Dagegen wird angeführt, die Parteien wüssten um ihr Recht, ihre Ansprüche vor staatlichen Gerichten geltend machen zu können und dennoch beschließen sie im Wissen um die Kosten von Schiedsverfahren und die Nichtgewährung von Prozesskostenhilfe den Weg zu privaten Gerichten zu beschreiten. Es sei ihnen daher zuzumuten, auch bei Verarmung an der Schiedsvereinbarung festgehalten zu werden.[505]

Befürwortet man ein Festhalten der armen Partei unter den oben genannten Voraussetzungen, wäre es ihr verwehrt, sich einseitig von der Schiedsvereinbarung, gleich aus welchem Grund, zu lösen. Eine Befassung von staatlichen Gerichten mit dem Streitstoff wäre dann nur möglich, wenn sich beide Parteien einvernehmlich hierauf einigen[506] oder der Prozessgegner die Schiedseinrede nicht erhebt. Es sei auch kein Grund ersichtlich, warum die Parteien nicht die Möglichkeit haben sollten, für den Fall der Vermögenslosigkeit die Durchführung eines Verfahrens vor einem ordentlichen Gericht durch eine einzelvertragliche Vereinbarung auszuschließen.[507]

Es ist fraglich, ob die Parteien bereits bei Abschluss der Schiedsvereinbarung eine derart weitreichende Entscheidung treffen wollen und zu diesem Zeitpunkt die volle Tragweite ihrer Entscheidung erkennen können. Gerade bei Streitigkeiten aus Dauerschuldverhältnissen oder länger zurückliegenden Verträgen können die Parteien nur äußerst schwer einschätzen, welche Streitigkeiten sich aus dem geschlossenen Vertrag ergeben können und welche Folgen der vollständige Ausschluss des ordentlichen Rechtswegs haben kann.

---

503 Deweer/Belgien Urt. v. 27.02.1980, EuGRZ 1980 667, 672; IntKommEMRK/Miehsler/Vogler, Art. 6 Rn. 280.

504 BGH NJW 1980, 2136, 2137.

505 Storme FS Schlosser, S. 957, 963.

506 Storme FS Schlosser, S. 957, 964.

507 MünchKommZPO/Rauscher, Bd. 1, 4. A. 2013, Einl. Rn. 414.

Bei einer Vereinbarung durch die Verwendung von Allgemeinen Geschäftsbedingungen könnte eine solche Regelung auch aufgrund unangemessener Benachteiligung des Vertragspartners des Verwenders gemäß § 307 Abs. 1, Abs. 2 BGB unwirksam sein.

Insgesamt ist es eher unwahrscheinlich, dass die Parteien eine derartige Vereinbarung unter den oben genannten Voraussetzungen wirksam abschließen können und diese auch aufgrund des hohen Stellenwerts der Gewährung von Rechtsschutz vor Gericht bestand haben wird.

VII. Stellungnahme

Bei Vermögenslosigkeit und zur Zahlung der Kosten des Schiedsverfahrens nicht ausreichender Insolvenzmasse besteht die Möglichkeit des Insolvenzverwalters, sich von der Schiedsvereinbarung zu lösen. In diesem Fall greift die grundsätzliche Bindungswirkung der Schiedsvereinbarung bei Insolvenz nicht.

Nach dem Wegfall des Kündigungserfordernisses ist es nun unter erleichterten Voraussetzungen durch den Vortrag der Undurchführbarkeit der Schiedsvereinbarung möglich, diese zu Fall zu bringen. Eine Bindung an die Schiedsvereinbarung und damit eine Rechtlosstellung der verarmten Partei kommt nur im Falle treuwidrigen und schikanösen Verhaltens in Betracht. Es ist aber noch nicht absehbar, wie der BGH in Grenzsituationen entscheiden wird, in welchen es bisher entscheidend auf das Kündigungsrecht ankam.

Es ist zu befürworten, keiner Partei, auch nicht bei selbst verschuldeter Vermögenslosigkeit, die Durchsetzung ihrer Rechte zu verweigern. Dennoch darf es nicht möglich sein, sich unter zu niedrigen Anforderungen von einer Schiedsvereinbarung zu lösen. Die Vermögenslosigkeit einer Partei sollte dazu anhand der Anforderungen an die Bestimmung der Leistungsunfähigkeit der Insolvenzmasse für die Bewilligung von Prozesskostenhilfe festgestellt werden. Die Schiedsabrede darf nicht ohne besonderen Grund wegfallen und ist nach Möglichkeit aufrechtzuerhalten.

C. Weitere Lösungsmöglichkeiten des Insolvenzverwalters

Die Möglichkeiten des Insolvenzverwalters, sich von der Schiedsvereinbarung zu lösen, sind eng begrenzt. Eine Schiedsvereinbarung stellt zum einen keinen gegenseitigen Vertrag dar, von dem sich der Verwalter nach § 103 InsO lösen kann. Zum anderen handelt es sich auch nicht um einen Auftrag, welcher gemäß § 115 Abs. 1 InsO mit Insolvenzeröffnung erlischt. Schiedsvereinbarungen sind keine Verträge, welche der Verwalter durch Inanspruchnahme von Rechten aus der Insolvenzordnung zu Fall bringen kann.

In Betracht kommt allerdings eine Anfechtung nach den §§ 129 ff. InsO. Voraussetzung der Insolvenzanfechtung wäre, dass die Schiedsvereinbarung abgeschlossen wurde, um die Insolvenzgläubiger zu benachteiligen.[508] Das wäre der Fall bei einer Verringerung der Haftungsmasse durch die Schiedsvereinbarung. Da die Schiedsvereinbarung lediglich die verfahrensrechtliche Geltendmachung von bestimmten Rechten regelt, ist eine daraus resultierende Gläubigerbenachteiligung eher unwahrscheinlich. Insbesondere sind der Gang eines Verfahrens und die damit verbundenen Kosten im Vorhinein von den Parteien schwer zu prognostizieren. Die Geltendmachung der Anfechtung wird zudem durch die zusätzlichen Voraussetzungen der einzelnen Anfechtungstatbestände wie die Kenntnis von der Zahlungsunfähigkeit des Schuldners gemäß § 132 Abs. 1 InsO oder die Kenntnis des Benachteiligungsvorsatzes des Schuldners nach § 133 Abs. 1 InsO eingeschränkt.

Rechtshandlungen sind nur anfechtbar, wenn sie den Zugriff der Gläubiger auf das Schuldnervermögen durch die Vermehrung der Verbindlichkeiten des Schuldners oder die Verringerung seines Aktivvermögens beeinträchtigen. Dabei kann die Benachteiligung schon in einer nicht unbedeutenden Erschwerung[509] oder Verzögerung[510] der Gläubigerbefriedigung liegen.[511]

Im Einzelfall kann hier eine Gläubigerbenachteiligung gegeben sein. Das kann z.B. der Fall sein, wenn in der Schiedsvereinbarung die Regelung getroffen wurde, dass die Kosten des Verfahrens unabhängig vom Ausgang von beiden Seiten zu gleichen Teilen zu tragen sind. Eine Benachteiligung kann auch vorliegen, wenn der zugrunde liegende Hauptvertrag lediglich eine Forderung begründet, die im Vergleich zu den zu erwartenden Kosten des Schiedsverfahrens eine Rechtsverfolgung wirtschaftlich sinnlos werden lässt.

Eine Schiedsvereinbarung wird aber nur in seltensten Fällen nach insolvenzrechtlichen Vorschriften anfechtbar sein.

---

508 BGH ZInsO 2004, 88; RGZ 137, 109, 111; Flöther, S. 73 f., 90 f.; Jestaedt, S. 70 ff.; Kück ZInsO 2006, 12, 13 f.

509 BGH NJW 1989, 1037; zum AnfG auch BGH WM 1959, 888, 890; NJW 1981, 522, 524; WM 1990, 1981, 1983, NJW 2006, 908, 910; OLG Düsseldorf ZIP 1991, 330, 333.

510 BGH NJW 1989, 1037; zum AnfG auch BGH WM 1964, 505, 506 f.; ZIP 1990, 1420, 1422.

511 MünchKommInsO/Kirchhof, Bd. 2, 3. A. 2013, § 129 Rn. 101; Uhlenbruck/Hirte/Ede, InsO, 14. A. 2015, § 129 Rn. 159 f.; Häsemeyer, Insolvenzrecht, 4. A. 2007, Rn. 21.21.

D. Unterbrechung von Schiedsverfahren aufgrund Insolvenzeröffnung

In den vorangegangenen Kapiteln wurde die Bindung des Insolvenzverwalters an Schiedsvereinbarungen und Fragen im Zusammenhang mit der Aufnahme neuer Schiedsverfahren nach bereits erfolgter Eröffnung des Insolvenzverfahrens untersucht.

Im folgenden Abschnitt sind die Auswirkungen der Insolvenzeröffnung auf bereits laufende Schiedsverfahren zu prüfen. Mit der Eröffnung des Insolvenzverfahrens geht gemäß § 80 Abs. 1 InsO das Recht des Schuldners, das zur Insolvenzmasse gehörende Vermögen zu verwalten und über dieses zu verfügen auf den Insolvenzverwalter über. Der Insolvenzverwalter erlangt die Prozessführungsbefugnis[512] hinsichtlich des schuldnerischen Vermögens. Gleichzeitig werden vor ordentlichen Gerichten laufende Prozesse gemäß § 240 ZPO unterbrochen. Es ist zu untersuchen, ob auch im schiedsgerichtlichen Verfahren eine Unterbrechung erfolgt und wie dem Insolvenzverwalter die Möglichkeit gegeben wird, in ein laufendes Schiedsverfahren einzutreten.

I. Ausgangslage

Im staatlichen Verfahren beginnt die Unterbrechung mit der Stunde der Eröffnung des Insolvenzverfahrens.[513] Die Unterbrechung endet, wenn das Verfahren nach den Vorschriften der Insolvenzordnung aufgenommen oder das Insolvenzverfahren beendet wird. Gibt der Insolvenzverwalter die streitbefangene Sache oder Forderung frei,[514] endet die Unterbrechung mit der Aufnahme des Rechtsstreits durch den Schuldner oder den Prozessgegner.[515]

Die Prozesssperre gemäß § 240 ZPO hat den Zweck, das Insolvenzverfahren prozessual zu sichern. Laufende Prozesse sollen nicht in das Insolvenzverfahren eingreifen. Die Rechte der Gläubiger, insbesondere die gleichmäßige und gemeinschaftliche Befriedigung, dürfen nicht beeinträchtigt werden. Der rechtliche Stillstand gibt den Verfahrensbeteiligten zudem Zeit und Gelegenheit, über die Fortführung des Verfahrens zu entscheiden und sich auf die durch die Insolvenz rechtlich und wirtschaftlich veränderte Situation einzustellen. Der Insolvenzverwalter erhält ausreichend Zeit, um sich mit dem Gegenstand des Rechtsstreits

512 Gottwald/Klopp/Kluth, Insolvenzrechts-Handbuch, 5. A. 2015, § 22 Rn. 1.
513 MünchKommZPO/Gehrlein, Bd. 1, 4. A. 2013, § 240 Rn. 21.
514 BGHZ NZI 2005, 387; NJW 1990, 1239.
515 BGH NJW 1990, 1239; NJW 1962, 589; OLG Stuttgart NJW 1973, 1756.

vertraut zu machen und zu entscheiden, ob es zweckmäßig ist, das Verfahren zu betreiben. Der Prozessgegner kann abwarten, ob sein Anspruch zur Tabelle festgestellt wird. Bestreitet der Insolvenzverwalter die Forderung, kann sich der Gläubiger überlegen, ob es im Hinblick auf die Insolvenz des Schuldners wirtschaftlich noch sinnvoll ist, den Rechtsstreit durch Aufnahme fortzusetzen.[516]

Die Regelung des § 240 ZPO für Verfahren vor den ordentlichen Gerichten gilt jedoch nach herrschender Auffassung in Rechtsprechung[517] und Literatur[518] nicht für Schiedsverfahren. Dies liege nicht daran, dass das Schiedsverfahren für die Anwendung der Vorschrift über die Unterbrechung und die Aufnahme des Rechtsstreits ungeeignet wäre.[519] Die Unanwendbarkeit von § 240 ZPO liege an dem Umstand, dass das Schiedsgericht seine Verfahrensregeln nach freiem Ermessen bestimmt, soweit eine Vereinbarung der Parteien nicht vorliegt und das 10. Buch der Zivilprozessordnung keine Regelungen enthält.[520] § 240 ZPO stehe jedoch im ersten Buch der ZPO über allgemeine Vorschriften vor staatlichen Gerichten. Die Vorschrift passe nicht zum schiedsgerichtlichen Verfahren, welches nicht an die allgemeinen prozessrechtlichen Vorschriften gebunden sei.[521] Im Schiedsverfahren gebe es zudem keine Fristen und Prozesshandlungen, welche durch eine Unterbrechung beeinflusst werden könnten.[522] § 240 ZPO gehöre auch nicht zum ordre public, weshalb auch unter diesem Gesichtspunkt eine zwingende Beachtung ausscheide.[523]

Das Schiedsverfahren dürfe dennoch nicht in einer Weise fortgeführt werden, die den Anspruch des nun eintretenden Verwalters auf rechtliches Gehör

516 MünchKommZPO/Gehrlein, Bd. 1, 4. A. 2013, § 240 Rn. 1.

517 RGZ 62, 24 f.; BGH KTS 1966, 246; BGH SchiedsVZ 2009, 176; OLG Hamm IPRax 1985, 218, OLG Dresden SchiedsVZ 2005, 159, 160; OLG Köln SchiedsVZ 2008, 152, 154.

518 MünchKommZPO/Gehrlein, Bd. 1, 4. A. 2013, Vor §§ 239 Rn. 10; Musielak/Voit/Voit, ZPO, 12. A. 2015, § 1042 Rn. 25; Jaeger/Windel, InsO, Bd. 2, 1. A. 2007, § 85 Rn. 68; MünchKommInsO/Schumacher, Bd. 2, 3. A. 2013, Vor §§ 85 bis 87 Rn. 53; Uhlenbruck/Mock, InsO, 14. A. 2015, § 85 Rn. 72; Schwab/Walter, Schiedsgerichtsbarkeit, 7. A. 2005, Kap. 16 Rn. 49; Nacimiento/Bähr NJW 2010, 414; Jestaedt, S. 21 ff., 44 f.; Flöther, S. 12 ff.; Heidbrink/v. d. Groeben ZIP 2006, 265, 269; Ehricke ZIP 2006, 1847, 1850; – a.A. G. Wagner KTS 2010, 39, 55, Lenzen NZBau 2003, 428, 430.

519 Jaeger/Windel, InsO, Bd. 2, 1. A. 2007, § 85 Rn. 68.

520 MünchKommInsO/Schumacher, Bd. 2, 3. A. 2013, Vor §§ 85 bis 87 Rn. 53.

521 RGZ 62, 24, 25.

522 RGZ a.a.O.

523 BGH NZI 2009, 309, 311; OLG Köln SchiedsVZ 2008, 152, 154.

verletzt.[524] Auch wenn das Schiedsverfahren nicht von Gesetzes wegen unterbrochen wird, dürfe es nicht fortgeführt werden, bis Gelegenheit bestand, die Forderung anzumelden und das insolvenzrechtliche Prüfungsverfahren durchzuführen.[525] Die Interessen der Parteien sind also in dem Maße zu schützen, in dem dies nach allgemeinen schiedsrechtlichen Grundsätzen möglich ist. § 240 ZPO sei zur Wahrung der Interessen zwar gut geeignet, aber nicht unabdingbar.[526]

II. Analoge Anwendung von § 240 ZPO

Nach der Gegenansicht dürfe allein die Stellung außerhalb der schiedsgerichtlichen Vorschriften in der ZPO nicht dazu führen, § 240 ZPO nicht anzuwenden. Auch im Schiedsverfahren sei dem Insolvenzverwalter und den Gläubigern eine Prüfungs- und Überlegungsfrist einzuräumen. Dies ändere nichts daran, ob der Rechtsstreit vor einem staatlichen Gericht oder vor einem Schiedsgericht geführt werde.[527] Zudem gebe es in der heutigen Praxis der Schiedsgerichtsbarkeit sehr wohl Fristen, deren Versäumung auch sanktioniert werden könne. Teils seien diese Verspätungsvorschriften in den institutionalisierten Schiedsordnungen verankert.[528] Aufgrund der stark formalisierten und verrechtlichten Schiedsgerichtsbarkeit bedürfe der Insolvenzverwalter ebenso der Schutzwirkung von § 240 ZPO wie vor staatlichen Gerichten. Der sicherste Weg sei daher die analoge Anwendung von § 240 ZPO.[529]

Die vom Reichsgericht etablierte Meinung, eine Unterbrechung des Schiedsverfahrens analog § 240 ZPO sei mangels Fristen und Formalien nicht notwendig, ist heute nicht mehr haltbar. Die Vertreter der Ansicht, welche die Anwendung der Vorschrift ablehnen, versuchen die Wirkung des § 240 ZPO über das schiedsrichterliche Ermessen und den Anspruch auf rechtliches Gehör herbeizuführen.[530] Was die Rechte des Insolvenzverwalters und der beteiligten Gläubiger betrifft, macht es keinen Unterschied, ob der Rechtsstreit vor einem Schiedsgericht oder vor einem ordentlichen Gericht geführt wird. Auch das Risiko einer späteren Aufhebung des Schiedsspruchs wegen mangelnder Beteiligung des Insolvenzverwalters im Stadium der Überleitung des Verfahrens auf ihn

524 Jaeger/Windel, InsO, Bd. 2, 1. A. 2007, § 85 Rn. 68; MünchKommInsO/Schumacher, Bd. 2, 3. A. 2013, Vor §§ 85 bis 87 Rn. 53.
525 BGH NZI 2009, 309, 311.
526 Jaeger/Windel, InsO, Bd. 2, 1. A. 2007, § 85 Rn. 68.
527 G. Wagner KTS 2010, 39, 56.
528 G. Wagner KTS 2010, 39, 57; Lenzen NZBau 2003, 428, 430.
529 G. Wagner KTS 2010, 39, 57.
530 Flöther, S. 12 ff.

kann mit der analogen Anwendung von § 240 ZPO ausgeschlossen werden. Das Argument fehlender Fristen und Rechtshandlungen im Schiedsrecht entspricht zudem nicht mehr der heutigen Rechtslage. § 1046 Abs. 1 ZPO sieht die Bestimmung von Fristen durch das Schiedsgericht vor. Abs. 2 der Vorschrift gibt dem Schiedsgericht die Möglichkeit, nicht rechtzeitiges Vorbringen zurückzuweisen. Ein prozessualer Stillstand mit Eröffnung des Insolvenzverfahrens ist daher zu befürworten.

Die Aufnahme der Rechtsstreitigkeiten hätte dann entsprechend §§ 85 ff. InsO zu erfolgen. Die gleichmäßige und gemeinsame Gläubigerbefriedigung wird mit festen Regelungen zur Behandlung laufender Verfahren ebenfalls gesichert.

E. Schiedsrichterverträge und Schiedsrichterhonorare

Ein Insolvenzverfahren kann sich auch auf Schiedsrichterverträge und bereits bezahlte Schiedsrichterhonorare auswirken. Von Bedeutung sind Fragen nach der Bindung des Insolvenzverwalters an abgeschlossene Schiedsrichterverträge und danach, ob der Verwalter die Möglichkeit hat, sich von diesen zu lösen. Schiedsrichterverträge könnten bei eigenständiger Würdigung anhand der Vorschriften über nicht vollständig erfüllte Verträge zu beurteilen sein. Der Insolvenzverwalter kann daran ein Interesse haben, wenn er eine Entscheidung durch die vom Vertrauen des Gemeinschuldners getragenen Schiedsrichter nicht wünscht oder die Insolvenzmasse womöglich nicht zur Deckung der Schiedsrichterhonorare ausreichen wird. Unter diesen Umständen könnten auch die Schiedsrichter ein Interesse daran haben, sich von dem geschlossenen Schiedsrichtervertrag zu lösen. Würden Schiedsrichterverträge mit Insolvenzeröffnung erlöschen, könnte der Insolvenzverwalter zudem bereits bezahlte Vorschüsse auf die Schiedsrichterhonorare zurückfordern.

I. Rechtsnatur des Schiedsrichtervertrags

Die Schiedsvereinbarung verleiht einem Schiedsgericht die prozessuale Macht, an Stelle des staatlichen Richters einen bestimmten Rechtsstreit zu entscheiden. Das Schiedsgericht selbst handelt durch seine Schiedsrichter.[531] Der zugrunde liegende Schiedsrichtervertrag ist ein Vertrag zwischen dem Schiedsrichter und den beiden Schiedsparteien in ihrer Gesamtheit.[532] Durch den Schiedsrichtervertrag wird der Schiedsrichter verpflichtet, als Richter im schiedsrichterlichen

531 MünchKommZPO/Münch, Bd. 3, 4. A. 2013, Vor §§ 1034 ff. Rn. 3.

532 RGZ 94, 210; Schwab/Walter, Schiedsgerichtsbarkeit, 7. A. 2005, Kap. 11 Rn. 1.

Verfahren mitzuwirken. Der Schiedsrichter ist von den Parteien unabhängig und hat unparteiisch wie ein Richter eines Staatsgerichtes bei der Rechtsfindung mitzuwirken.[533]

Nach herrschender Meinung handelt es sich bei diesem Vertragsverhältnis um einen materiell-rechtlichen Vertrag.[534] Nach anderer Ansicht um einen Prozessvertrag, da der Schiedsrichtervertrag erst das prozessuale Amt des Schiedsrichters begründe und damit eine prozessuale Wirkung erzeuge. Der Schiedsrichtervertrag habe daher eine Doppelnatur und unterstehe so zum einen den Vorschriften des bürgerlichen Rechts und sei zum anderen ein Prozessvertrag.[535] Die praktischen Unterschiede sind jedoch gering, da nach beiden Ansichten die Vorschriften des BGB anwendbar sind.[536]

Was den Vertragstypus angeht, wird mehrheitlich davon ausgegangen, dass es sich beim Schiedsrichtervertrag um einen Vertrag eigener Art handelt.[537] Die Gegenansicht stuft den Schiedsrichtervertrag als Dienstvertrag bzw. Geschäftsbesorgungsvertrag ein, wenn das Schiedsrichteramt gegen Entgelt ausgeübt werden soll, andernfalls als Auftrag.[538] Dieser Streit muss für die hier zu untersuchenden Fragen nicht entschieden werden, da sich insoweit keine Abweichungen ergeben. Denn auch bei der Qualifizierung als Vertrag eigener Art sind die wesentlichen Vorschriften des Dienstvertrags- und Auftragsrechts anwendbar.[539]

533 Steinert/Theede/Knop, Zivilprozess, Bd. 1a, 9. A. 2011, Kap. 12 Rn. 42.

534 RGZ 94, 210, 211 ff.; BGH NJW 1986, 3077; 1965, 298; 1953, 303; OGH ZfRV 1998, 259, 260; MünchKommZPO/Münch, Bd. 3, 4. A. 2013, Vor §§ 1034 ff. Rn. 4; Stein/Jonas/Schlosser, ZPO, Bd. 10, 23. A. 2014, Vor § 1025 Rn. 15.

535 Schwab/Walter, Schiedsgerichtsbarkeit, 7. A. 2005, Kap. 11 Rn. 9.

536 Baumbach/Lauterbach/Albers/Hartmann, ZPO, 73. A. 2015, Anh. § 1035 Rn. 1; MünchKommZPO/Münch, Bd. 3, 4. A. 2013, Vor §§ 1034 ff. Rn. 5.

537 RGZ 41, 251, 255; 59, 247; 74, 321, 323; 94, 210, 213; daran anknüpfend BGH NJW 1953, 303; OLG Hamburg MDR 1950, 480; MünchKommZPO/Münch, Bd. 3, 4. A. 2013, Vor §§ 1034 ff. Rn. 5.

538 Stein/Jonas/Schlosser, ZPO, Bd. 10, 23. A. 2014, Vor § 1025 Rn. 15; Baumbach/Lauterbach/Albers/Hartmann, ZPO, 73. A. 2015, Anh. § 1035 Rn. 1; Schwab/Walter, Schiedsgerichtsbarkeit, 7. A. 2005, Kap. 11 Rn. 8.

539 MünchKommZPO/Münch, Bd. 3, 4. A. 2013, Vor §§ 1034 ff. Rn. 5.

II. Bindung des Insolvenzverwalters

Nach Insolvenzeröffnung ist ausschließlich der Insolvenzverwalter berechtigt, Schiedsrichterverträge abzuschließen. Das dürfte im Hinblick auf die §§ 80 Abs. 1, 160 Abs. 2 Nr. 3 InsO außer Frage stehen.[540]

An bereits vor Insolvenzeröffnung geschlossene Schiedsrichterverträge ist der Insolvenzverwalter aufgrund der allgemeinen haftungsrechtlichen Anerkennung der Geschäfte des Gemeinschuldners wie auch bei der Schiedsvereinbarung selbst gebunden.[541] Der Schiedsrichtervertrag ist zwar eng mit der Schiedsvereinbarung verbunden und diese ist Grundlage des Schiedsrichtervertrags. Trotzdem ist der Schiedsrichtervertrag vom rechtlichen Bestand der Schiedsvereinbarung grundsätzlich unabhängig.[542] Er bleibt von der Gültigkeit oder späteren Unwirksamkeit des Schiedsvertrages völlig unberührt.[543] Damit kann sich der Verwalter nur von einem Schiedsrichtervertrag lösen, soweit ihm dies die durch die InsO verliehenen Rechte oder die Vorschriften des BGB gestatten. Eine Lösung von den Schiedsrichterverträgen wegen Undurchführbarkeit der Schiedsvereinbarung aufgrund Massearmut ist dem Insolvenzverwalter damit verwehrt.

III. Anwendbarkeit der §§ 115, 116 InsO

Da Schiedsrichterverträge bei Entgeltlichkeit als Dienstverträge oder andernfalls als Aufträge einzustufen sind, könnten die Vorschriften der §§ 115, 116 InsO Anwendung finden und mit Insolvenzeröffnung zum Erlöschen des Schiedsrichtervertrags führen. Die herrschende Meinung in der Literatur lehnt jedoch eine Anwendung der §§ 115, 116 InsO auf den Schiedsrichtervertrag ab.[544]

---

540 G. Wagner KTS 2010, 39, 64.

541 Siehe ausführlich Teil I. A.; MünchKommZPO/Münch, Bd. 3, 4. A. 2013, Vor §§ 1034 ff. Rn. 47; Baumbach/Lauterbach/Albers/Hartmann, ZPO, 73. A. 2015, Anh. § 1035 Rn. 14; Jestaedt, S. 67 ff.

542 Baumbach/Lauterbach/Albers/Hartmann, ZPO, 73. A. 2015, Anh. § 1035 Rn. 2; Musielak/Voit/Voit, ZPO, 12. A. 2015, § 1035 Rn. 20; MünchKommZPO/Münch, Bd. 3, 4. A. 2013, Vor §§ 1034 ff. Rn. 6; OLG München Beschl. v. 21.12.2006, Az.: 34 SchH 12/06OGH.

543 BGH NJW 1953, 303; RG JW 1927, 2459; HRR 1929, 1399; KG JW 1929, 878; ZfRV 1998, 259, 260; Breetzke NJW 1968, 1113, 1115.

544 MünchKommZPO/Münch, Bd. 3, 4. A. 2013, Vor §§ 1034 ff. Rn. 47; Baumbach/Lauterbach/Albers/Hartmann, ZPO, 73. A. 2015, Anh. § 1035 Rn. 14; Schwab/Walter, Schiedsgerichtsbarkeit, 7. A. 2005, Kap. 16 Rn. 49; Jestaedt, S. 67 ff.; Flöther, S. 125; Real, S. 186 – a.A. Heuser, S. 98 ff.

Die rechtliche Einordnung des Schiedsrichtervertrags spricht eigentlich für eine Anwendung der §§ 115, 116 InsO. Diese Vorschriften sollen sicherstellen, dass die Verwaltung der Insolvenzmasse vom Zeitpunkt der Verfahrenseröffnung allein in den Händen des Insolvenzverwalters liegt. Massebezogene Verwaltungshandlungen Dritter sind damit ausgeschlossen. Damit wird die Verwaltungs- und Verfügungsbefugnis des Insolvenzverwalters gewährleistet.[545]

Der Anwendungsbereich der §§ 115, 116 InsO wird aber aufgrund des entgegenstehenden Schutzzwecks dieser Vorschriften als nicht eröffnet angesehen.[546] Denn anders als bei sonstigen Aufträgen oder Dienstverträgen müsse die Masse bei vorinsolvenzlich abgeschlossenen Schiedsrichterverträgen nicht vor Eingriffen Dritter geschützt werden. Der Insolvenzverwalter werde weder durch das Fortbestehen des Schiedsrichtervertrags und die Bindung an diesen, noch durch die Tätigkeit der Schiedsrichter als Spruchkörper bei der Verwaltung der Masse behindert. Da der Rechtsstreit aufgrund der unterschiedlichen Ansichten des Insolvenzverwalters und der anderen Partei ohnehin einer Entscheidung bedürfe, müsse die Masse nicht vor einem Vermögensverlust geschützt werden. Die Stellung des Insolvenzverwalters in Betreff seiner Verwaltungs- und Verfügungsbefugnis bestimme sich unabhängig vom Bestehen oder Nichtbestehen des Schiedsrichtervertrags.[547]

Hiergegen wird nun vorgebracht, diese Ansicht sei zur Zeit der Konkursordnung begründet worden. Nach der alten Rechtslage hätte bei Anwendung des § 23 KO, der Vorgängervorschrift der §§ 115, 116 InsO, mit Insolvenzeröffnung der Schiedsrichtervertrag und mit ihm auch die Schiedsvereinbarung nach § 1033 Abs. 1 ZPO a.F. erlöschen müssen. § 23 KO wurde daher in Bezug auf den Schiedsrichtervertrag teleologisch reduziert, um die Schiedsvereinbarung aufrecht zu erhalten, damit diese nicht durch Wegfall des Schiedsrichtervertrags unwirksam wird. Mit dem Wegfall von § 1033 Abs. 1 ZPO a.F. und der Einführung von § 1039 ZPO sei die Schiedsvereinbarung nun jedoch unabhängig vom Schiedsrichtervertrag und damit auch eine teleologische Reduktion der §§ 115, 116 InsO nicht mehr notwendig. Im Ergebnis sei deren Anwendungsbereich nun eröffnet.[548] Zumindest entgeltliche Schiedsrichterverträge müssten nach

545 MünchKommInsO/Ott/Vuia, Bd. 2, 3. A. 2013, § 115 Rn. 1, § 116 Rn. 1; Uhlenbruck/Sinz, InsO, 14. A. 2015, §§ 115, 116 Rn. 1; Braun/Kroth, InsO, 6. A. 2014, § 115 Rn. 1 f.; Nerlich/Römermann/Kießner, InsO, § 115 Rn. 2, § 116 Rn. 2 f.; BT-Drucks. 12/2443, S. 151.

546 MünchKommZPO/Münch, Bd. 3, 4. A. 2013, Vor §§ 1034 ff. Rn. 47.

547 Flöther, S. 125.

548 Heuser, S. 99.

§§ 115, 116 InsO erlöschen, da die Masse hierdurch gemindert werde und der mit dem Schiedsrichtervertrag entstehende Vergütungsanspruch auf den Schuldner zurückzuführen sei. Vergleichsweise wird insofern der mit einem Rechtsanwalt geschlossene Geschäftsbesorgungsvertrag herangezogen, der mit Insolvenzeröffnung erlischt.[549] Anders sei dies nur bei unentgeltlichen Schiedsrichterverträgen, da hierin kein Eingriff in die Verwaltungs- und Verfügungsbefugnis des Insolvenzverwalters liege und sich die Masse mangels entgeltlicher Tätigkeit der Schiedsrichter nicht vermindere.[550]

Diese Ansicht ist abzulehnen. Denn bereits unter Geltung der Konkursordnung war in der Rechtsprechung und der Literatur anerkannt, dass der Schiedsrichtervertrag vom zukünftigen Bestand des Schiedsvertrages völlig unberührt bleibt.[551] In der früheren Vorschrift des § 1033 ZPO a.F. war zudem lediglich vorgeschrieben, dass die Schiedsvereinbarung vorbehaltlich abweichender Parteivereinbarungen ihr Ende findet, wenn ein in der Schiedsvereinbarung festgelegter Schiedsrichter, gleich aus welchem Grund wegfällt, die Amtsübernahme verweigert oder die Erfüllung seiner Pflichten ungebührlich verzögert.[552] Der Schiedsrichtervertrag und die Schiedsvereinbarung waren noch nie grundsätzlich in der Weise verknüpft, dass die Schiedsvereinbarung mit dem Schiedsrichtervertrag stehen und fallen sollte. Eine solche Verknüpfung war nach § 1033 ZPO a.F. nur für den Fall vorgesehen, dass bereits in der Schiedsvereinbarung die späteren Schiedsrichter festgelegt waren und diese wegen einer der in § 1033 ZPO a.F. aufgezählten Gründe undurchführbar war.[553] Mit § 1039 ZPO wurde nun sichergestellt, den Prozess trotz des Wegfalls eines Schiedsrichters „am Leben zu halten“ und damit auch die Schiedsvereinbarung aufrechtzuerhalten.[554] Die von der Gegenansicht angeführte Verknüpfung von Schiedsvereinbarung und Schiedsrichtervertrag gab es daher nicht.

Ebenso unzutreffend ist, dass entgeltliche Schiedsrichterverträge nach § 116 InsO entsprechend den Rechtsanwaltsverträgen erlöschen würden und durch die Zahlung der Schiedsrichterhonorare eine Minderung der Masse eintrete. Ein Vergleich mit dem Rechtsanwaltsvertrag ist nicht möglich, da der

---

549 Heuser, S. 100.

550 Heuser, S. 99.

551 BGH NJW 1953, 303; RG JW 1927, 2459; HRR 1929, 1399; KG JW 1929, 878; ZfRV 1998, 259, 260; Breetzke NJW 1968, 1113, 1115.

552 Wieczorek/Schütze/Schütze, ZPO, Bd. 5, 3. A. 1995, § 1033 Rn. 1 ff.; RGZ 97, 158; 108, 248; 114, 195; 138, 341.

553 Real, S. 185.

554 BT-Drucks. 13/5274, S. 43.

Schiedsrichtervertrag und die als Vorschuss bezahlten Schiedsrichterhonorare nicht mit dem Rechtsanwaltsvertrag und den aus diesem resultierenden Vergütungsansprüchen oder den in diesem Zusammenhang vor Insolvenzeröffnung bezahlten Vorschüssen verglichen werden können. Der Schiedsrichtervertrag und die darauf fußenden Schiedsrichterhonorare betreffen den Spruchköper des Rechtsstreits und sind nicht mit dem Rechtsanwaltsvertrag für die Wahrnehmung der Interessen des Mandanten im gerichtlichen oder im schiedsgerichtlichen Verfahren vergleichbar. Der Schiedsrichtervertrag stellt die Voraussetzung zur Durchführung des Schiedsverfahrens dar und dient nicht wie der Rechtsanwaltsvertrag der Interessenvertretung einer der streitenden Parteien.[555] Der Schiedsrichtervertrag untersteht daher ausgehend von seiner Zielrichtung nicht der Anwendung der §§ 115 ff. InsO. Zudem wird auch für den Anwaltsvertrag angeführt, dass dieser in den §§ 115 ff. InsO nicht speziell thematisiert werde. Er sei im Wege der teleologischen Interpretation aus dem Anwendungsbereich der §§ 116 und 117 InsO herauszunehmen. Er falle lediglich als eine Erscheinungsform aus einer Vielzahl von Verträgen unter die pauschale Regelung von Geschäftsbesorgungsverträgen.[556]

Dem Insolvenzverwalter steht hinsichtlich des Schiedsrichtervertrags auch nicht das Wahlrecht gemäß § 103 InsO zu. Denn zum einen wird § 103 InsO durch die spezielleren §§ 115, 116 InsO verdrängt.[557] Zum anderen ist ein Wahlrecht des Insolvenzverwalters beim entgeltlichen Schiedsrichtervertrag nicht vom Schutzzweck des § 103 InsO erfasst. Dieser will die unbillige Härte ausschließen, die darin besteht, dass der Vertragspartner des Schuldners bei beiderseits noch nicht erfüllten Verträgen die geschuldete Leistung voll zu erbringen hätte, seinerseits aber nur die Insolvenzquote erhalten würde. Bei Fortführung des Schiedsverfahrens nach Insolvenzeröffnung stellen die Schiedsrichterhonorare jedoch gemäß § 55 Abs. 1 Nr. 1 InsO Masseverbindlichkeiten dar. Ein Schutz der Schiedsrichter und deren Vergütung über §§ 103, 55 Abs. 1 Nr. 2 InsO ist daher entbehrlich.[558] Unentgeltliche Schiedsrichterverträge fallen als unvollkommen zweiseitige Verträge[559] ebenfalls aus dem Anwendungsbereich des § 103 InsO heraus.

Nimmt der Verwalter einen laufenden Rechtsstreit auf, ist er an die bisherige Prozessführung durch den Schuldner gebunden und auch dessen

555 Ähnlich Berger FS von Hoffmann, 903, 908.
556 Paulus NJW 2010, 1633.
557 BGH NZI 2006, 637, 638; Uhlenbruck/Sinz, InsO, 14. A. 2015, §§ 115, 116 Rn. 10.
558 Flöther, S.126.
559 MünchKommInsO/Huber, Bd. 2, 3. A. 2013, § 103 Rn. 92.

Prozesshandlungen bleiben wirksam.[560] Das gilt auch für die Schiedsrichterverträge. Bei Fortführung des Schiedsverfahrens wäre es widersprüchlich, sich gleichzeitig auf ein Erlöschen des Schiedsrichtervertrags nach § 116 InsO zu berufen und dem Spruchkörper, welchem die Entscheidung des bestehenden Rechtsstreits zwischen den Parteien zukommt, die rechtliche Grundlage entziehen zu wollen.[561]

Bei einer Freigabe des anhängigen Verfahrens bestimmen sich die Folgen gemäß §§ 85 Abs. 2, 86 InsO. Mit der Ablehnung der Aufnahme eines Aktivprozesses geht die Prozessführungsbefugnis wieder auf den Schuldner über. Das Schiedsverfahren ist dann von ihm fortzusetzen und die Schiedsrichterverträge von ihm zu erfüllen.[562]

Man könnte jedoch daran denken, Vergütungsansprüche der Schiedsrichter unterschiedlich danach zu qualifizieren, ob der Gebührentatbestand bereits vor Verfahrenseröffnung oder erst nach diesem Zeitpunkt entstanden war.[563] Wenn die Kosten nicht einheitlich, sondern nach ihrem jeweiligen Entstehungszeitpunkt aufgeteilt werden, könnte man z.B. bei bereits bezahlten und noch nicht vollständig verbrauchten Honorarvorschüssen an eine Rückforderung durch den Insolvenzverwalter denken.[564] Die vollständige Aufrechterhaltung des Schiedsrichtervertrags könnte dann tatsächlich einen Eingriff in die Masse darstellen. Soweit die betreffenden Gebühren vor dem Übergang der Verwaltungs- und Verfügungsbefugnis auf den Insolvenzverwalter angefallen sind, wären bezahlte aber noch nicht verbrauchte Vorschüsse auf die Schiedsrichterhonorare herauszugeben.[565] Angefallene aber noch nicht bezahlte Honorare wären einfache Insolvenzforderungen. Nur die danach entstandenen Kosten wären eine Masseverbindlichkeit gemäß § 55 Abs. 1 Nr. 1 und Abs. 2 InsO.[566]

Es wird angeführt, diese Differenzierung entspreche dem Rechtsgedanken des § 105 InsO und vermeide eine Privilegierung des Kostengläubigers sowie eine Benachteiligung der übrigen Insolvenzgläubiger. Dass die Kosten eine Gesamtheit von Prozesshandlungen abdecken, schließe nicht aus, für die Qualifikation

560 Uhlenbruck/Mock, InsO, 14. A. 2015, § 85 Rn. 152.

561 G. Wagner KTS 2010, 39, 65.

562 G. Wagner KTS 2010, 39, 65.

563 BFH ZIP 2002, 2225; OLG Rostock ZIP 2001, 2145; OLG Hamm ZIP 1994, 1547; Uhlenbruck/Mock, InsO, 14. A. 2015, § 85 Rn. 156; MünchKommInsO/Schumacher, Bd. 2, 3. A. 2013, § 85 Rn. 20.

564 Andres/Leithaus/Andres, InsO, 3. A. 2014, § 116 Rn. 3.

565 MünchKommInsO/Ott/Vuia, Bd. 2, 3. A. 2013, § 116 Rn. 49.

566 MünchKommInsO/Schumacher, Bd. 2, 3. A. 2013, § 85 Rn. 20.

der Kostenforderung danach zu differenzieren, wann die jeweilige Gebühr angefallen ist.[567]

Dagegen spricht aber, dass bei Schiedsverfahren keine Unterscheidung nach den Kosten für bereits abgeschlossene Instanzen, an denen der Insolvenzverwalter nicht mitgewirkt hat und in denen sich die Kostengrundentscheidung noch an den Gemeinschuldner richtete, möglich ist. Die Schiedsrichterhonorare sind daher einheitliche, als durch die Verwaltung, Verwertung und Verteilung der Insolvenzmasse begründete Masseverbindlichkeiten gemäß § 55 Abs. 1 Nr. 1 InsO anzusehen.

Der Insolvenzverwalter wird durch das Fortbestehen des Schiedsrichtervertrags und die Tätigkeit der Schiedsrichter als Spruchkörper bei der Verwaltung der Masse nicht behindert.[568] Für den schlussendlich ergehenden Schiedsspruch ist es auch unerheblich, ob und welche Prozesshandlungen vor oder nach Insolvenzeröffnung vorgenommen wurden. Da der Schiedsspruch auf dem gesamten Prozess beruht, ist es ausgeschlossen, die Gebühren unterschiedlich zu qualifizieren, je nachdem, wann gehandelt wurde.[569] Ebenso unerheblich ist es für den Schiedsspruch, zu welchem Zeitpunkt im Schiedsverfahren Prozesshandlungen durch das Schiedsgericht durchgeführt wurden.

Bei Prozessen, welche nicht vom Verwalter nach §§ 85, 86 InsO aufgenommen werden, verhält sich die Rechtslage bei Schiedsverfahren ebenfalls parallel zu der bei einer Entscheidung durch ein staatliches Gericht.[570] Lehnt der Insolvenzverwalter die Aufnahme des Rechtsstreits ab, beinhaltet dies die Freigabe des Streitgegenstandes aus der Masse.[571] Materiell-rechtlich bewirkt die Ablehnung, dass der Streitgegenstand zur Disposition des Schuldners freigegeben wird.[572] Der Schuldner hat die Möglichkeit, das Schiedsverfahren fortzuführen und ist in diesem Fall auch an die Schiedsrichterverträge gebunden.[573] Bei der Ablehnung der Aufnahme des Schiedsverfahrens durch den Insolvenzverwalter entstehen keine Kosten für die Schiedsrichter, welche der Masse zur Last fallen würden.

567 MünchKommInsO/Schumacher, Bd. 2, 3. A. 2013, § 85 Rn. 20.

568 Berger FS von Hoffmann, 903, 908; Flöther, S. 125.

569 Jaeger/Henckel, InsO, Bd. 1, 1. A .2004, § 55 Rn. 21.

570 G. Wagner KTS 2010, 39, 65.

571 BGH ZInsO 2007, 94, 96; NZI 2005, 387, 388; RGZ 70, 368, 370; 127, 197, 200; MünchKommInsO/Schumacher, Bd. 2, 3. A. 2013, § 85 Rn. 23; Uhlenbruck/Mock, InsO, 14. A. 2015, § 85 Rn. 166.

572 Uhlenbruck/Uhlenbruck, InsO, 14. A. 2015, § 85 Rn. 166.

573 Berger FS von Hoffmann, 903, 910; G. Wagner KTS 2010, 39, 65.

Aufgrund der Einheit der Kostenentscheidung wird der Schuldner mit allen mit dem Schiedsverfahren in Zusammenhang stehen Kosten belastet.

Der Regelungszusammenhang der §§ 85 ff. InsO für die Behandlung von Rechtsstreitigkeiten, welche bei Insolvenzeröffnung anhängig sind, ist auf das Schiedsverfahren und die Schiedsrichterverträge zu übertragen. Dieses Konzept darf durch eine Anwendung der §§ 115, 116 InsO nicht durchbrochen werden.[574]

574 G. Wagner KTS 2010, 39, 66.

Teil II. Grenzüberschreitende Insolvenz- und Schiedsverfahren

Insolvenz- und Schiedsverfahren treffen häufig in grenzüberschreitenden Fällen aufeinander. Bei einem Auseinanderfallen des Staates des Schiedsorts und des Staates der Insolvenzeröffnung kommt eine Vielzahl unterschiedlicher Konstellationen in Bezug auf das anwendbare Insolvenzrecht und das anwendbare Schiedsrecht in Betracht. Das Zusammenspiel dieser beiden Normenkomplexe bestimmt maßgeblich den Gang des Schiedsverfahrens. Das Thema der Untersuchung ist die Variante, bei der das Schiedsgericht seinen Sitz in Deutschland hat und das Insolvenzverfahren im europäischen und im außereuropäischen Ausland eröffnet wird.

A. Internationale Insolvenzverfahren

Zunächst ist zu untersuchen, was unter einem ausländischen Insolvenzverfahren zu verstehen ist. Unterschiedliche Rechtsordnungen stellen unterschiedliche Anforderungen, welche erfüllt sein müssen, um den Tatbestand der Insolvenz zu bejahen. Nur wenn es sich bei dem anzustrengenden Verfahren um ein Insolvenzverfahren handelt, kommen die folgenden Rechtsprobleme im Zusammenhang mit Schiedsverfahren zum Tragen.

Bei Auslandsinsolvenzen innerhalb Europas findet die EuInsVO und bei außereuropäischen Insolvenzen das deutsche internationale Insolvenzrecht Anwendung. Hieraus ergeben sich unterschiedliche Auswirkungen auf Schiedsverfahren mit deutschem Schiedsort.

I. Innereuropäische Insolvenzverfahren

Bei der grenzüberschreitenden Insolvenz eines Schuldners in einem EU-Mitgliedsstaat gilt mit Ausnahme von Dänemark das europäische Insolvenzrecht der EuInsVO. Diese Regelungen gelten unmittelbar und vorrangig gegenüber dem autonomen deutschen internationalen Insolvenzrecht und begrenzen dessen Anwendungsbereich.[575] Die EuInsVO stellt verschiedene Anforderungen, um ein Verfahren als Insolvenzverfahren in diesem Sinne anzusehen.

575 Uhlenbruck/Lüer, InsO, 14. A. 2015, Vorb. EuInsVO Rn. 1 ff.

Art. 1 Abs. 1 EuInsVO bestimmt, dass es sich bei dem Verfahren um ein Gesamtverfahren handeln muss, wobei die Insolvenz des Schuldners erforderlich ist. Hieraus muss die Folge der vollständige oder teilweise Vermögensbeschlag gegen den Schuldner sein und das Gesamtverfahren muss zur Bestellung eines Verwalters führen.[576]

Die EuInsVO versteht unter Gesamtverfahren ein Insolvenzverfahren, welches allen Gläubigern und nicht nur Einzelnen zur Befriedigung ihrer Forderungen dient und individuelle Rechtsverfolgungsmaßnahmen ausschließt.[577] Ursache des Verfahrens muss die Insolvenz des Schuldners sein. Der Begriff der Insolvenz selbst wird in der Verordnung nicht näher spezifiziert. Dem Übereinkommen liegt die Vorstellung zugrunde, dass es sich um eine Finanzkrise des Schuldners handeln muss. Was konkret unter der Insolvenz zu verstehen ist, bestimmt sich nach dem Recht des Staates der Verfahrenseröffnung.[578] Dieses bestimmt die Kriterien der Insolvenz, so wie die Insolvenzeröffnungsgründe nach deutschem Recht. Die Insolvenzeröffnung innerhalb eines Mitgliedsstaates genügt für die Anwendung der EuInsVO.[579]

Die Bestimmung, ob ein solches Verfahren gegeben ist, erfolgt anhand von Anhang A zu Art. 2 Nr. 4 EuInsVO. Hier sind sämtliche in Frage kommenden Verfahren enumerativ aufgezählt.[580] Die Vorschrift Art. 1 Abs. 1 EuInsVO hat insofern nur mittelbare Bedeutung. Sie stellt die Bedingungen auf, unter denen ein Verfahren in die Liste aufgenommen werden kann.

Für die im Anhang A aufgeführten Verfahren gilt die EuInsVO unmittelbar. Eine Überprüfung durch das eröffnende Gericht, ob im Einzelfall ein Gesamtverfahren im Sinne von Art. 1 Abs. 1 EuInsVO vorliegt, hat daher nicht zu erfolgen. Diese ist bereits durch die Aufnahme der Verfahren in die Liste erfolgt.[581]

Ist ein Verfahren der Anhänge aber kein spezifisches Insolvenzverfahren und kann auch außerhalb der Insolvenz stattfinden, fällt es nur in den

---

576 Duursma-Kepplinger/Duursma IPRax 2005, 505, 506 f.

577 Moss/Fletcher/Isaacs, The EC Regulation on Insolvency Proceedings, 2. A. 2009, Art. 1 Rn. 8.04.

578 Balz ZIP 1996, 948; Virgos/Schmit in Stoll, Vorschläge und Gutachten, Nr. 49.

579 Duursma-Kepplinger/Duursma/Chalupsky/Duursma-Kepplinger, EuInsVO, 1. A. 2002, Art. 1 Rn. 20.

580 Duursma-Kepplinger/Duursma/Chalupsky/Duursma-Kepplinger, EuInsVO, 1. A. 2002, Art. 1 Rn. 10 ff.; MünchKommBGB/Kindler, Bd. 11, 6. A. 2015, VO (EG) 1346/2000 Art. 1 Rn. 3.

581 Duursma-Kepplinger/Duursma/Chalupsky/Duursma-Kepplinger, EuInsVO, 1. A. 2002, Art. 1 Rn. 16.

Anwendungsbereich der Verordnung, wenn es auf der Insolvenz des Schuldners beruht.[582] Beispiele dafür sind die winding up-Verfahren des britischen und irischen Rechts. Diese fallen nur dann unter die EuInsVO, wenn sie wie Art. 1 Abs. 1 EuInsVO fordert, auf der Insolvenz des Schuldners beruhen.[583] Das Gericht hat dann vorab die Voraussetzungen der Insolvenz zu prüfen, da die EuInsVO andernfalls nicht anwendbar ist.[584] In der Eröffnungsentscheidung des Gerichts des Eröffnungsstaates ist der Grund anzugeben.[585] Denn die Insolvenz des Schuldners ist nicht zwangsläufig Voraussetzung derartiger Verfahren.[586] Damit kann die Anwendbarkeit der EuInsVO stets nachvollzogen werden.

Die Verfahren zur Verhinderung der Insolvenz wie das französische Réglement amiable-Verfahren oder das Verfahren nach dem Unternehmensreorganisationsgesetz (URG) in Österreich unterliegen nicht der Anwendbarkeit der EuInsVO.[587] Denn sie beruhen nicht auf der Insolvenz des Schuldners gemäß Art. 1 Abs. 1 EuInsVO, sondern sind ihr vorgelagert.[588] Ebenso ist das englische administrative receivership-Verfahren kein Insolvenzverfahren, da es nicht als Gesamtverfahren ausgestaltet ist.[589]

Die Anerkennung eines in einem Mitgliedsstaat eröffneten Insolvenzverfahrens durch ein staatliches Gericht erfolgt gemäß Art. 17 Abs. 1 EuInsVO automatisch, sobald die Entscheidung im Eröffnungsstaat wirksam geworden ist.[590] Rechtskräftig muss die Entscheidung hingegen nicht sein.[591] Insbesondere ist kein Anerkennungsverfahren, eine Veröffentlichung oder eine Vollstreckung erforderlich.[592]

---

582 Haß/Huber/Gruber/Heiderhoff, EuInsVO, 1. A. 2005, Art. 1 Rn. 4; Nerlich/Römermann/Nerlich, InsO, VO (EG) 1346/2000 Art. 1 Rn. 2.

583 Haß/Huber/Gruber/Heiderhoff, EuInsVO, 1. A. 2005, Art. 1 Rn. 4; Nerlich/Römermann/Nerlich, InsO, VO (EG) 1346/2000 Art. 1 Rn. 2.

584 Balz Am. Bankr. L. J. 70 (1996), 485, 502.

585 Duursma-Kepplinger/Duursma/Chalupsky/Duursma-Kepplinger, EuInsVO, 1. A. 2002, Art. 1 Rn. 23

586 Balz ZIP 1996, 948.

587 Buchegger, Insolvenzrecht, 1. A. 2010, S. 262.

588 Balz ZIP 1996, 948.

589 Moss/Fletcher/Isaacs, The EC Regulation on Insolvency Proceedings, 2. A. 2009, Art. 1 Rn. 3.03; Pannen, EuInsVO, 1. A. 2007, Art. 1 Rn. 13 ff.

590 Balz ZIP 1996, 948, 951; Leible/Staudinger KTS 2000, 533, 560 f.

591 Balz Am. Bankr. L. J. 70 (1996), 485, 514.

592 MünchKommBGB/Kindler, Bd. 11, 6. A. 2015, VO (EG) 1346/2000 Art. 16 Rn. 2.

Voraussetzung für die Anwendung der EuInsVO und der daraus resultierenden Problemstellungen bei laufenden oder neu anzustrengenden Schiedsverfahren ist daher die Insolvenz des Schuldners. Diese bestimmt sich im Einzelnen nach den im Eröffnungsstaat geltenden insolvenzrechtlichen Regelungen. Wird ein nach der EuInsVO anzuerkennendes Verfahren aus der Liste der Anhänge gegen den Schuldner eröffnet, ist dieses Verfahren in anderen Mitgliedsstaaten anzuerkennen, ohne dass es auf die Insolvenzfähigkeit des Schuldners oder die Beurteilung der Insolvenz nach den Bestimmungen der Anerkennungsstaaten ankommen würde.

II. Drittstaatliche Insolvenzverfahren

Das autonome deutsche internationale Insolvenzrecht regelt den Rechtsverkehr zu Drittstaaten, zu denen ein den EU-Mitgliedstaaten vergleichbares Vertrauen fehlt und es kein Abkommen ähnlich der EuInsVO gibt.[593] Aber auch für die Anwendung des deutschen internationalen Insolvenzrechts ist gemäß § 343 Abs. 1 Satz 1 InsO ein Insolvenzverfahren erforderliche Voraussetzung. Es muss sich um ein Verfahren handeln, welches funktional betrachtet dem deutschen Insolvenzverfahren entspricht und im Wesentlichen die gleichen Ziele verfolgt.[594] Als Orientierungshilfe können die Verfahren des Anhang A der EuInsVO herangezogen werden.[595] Insgesamt ist von einem weiten und flexiblen Verständnis auszugehen, das über das deutsche Insolvenzrecht hinausgeht.[596] Grundvoraussetzung für das geforderte Verfahren ist die Vermögensinsuffizienz im weiteren Sinne. Diese ist gegeben, wenn der Schuldner aller Wahrscheinlichkeit nach nicht in der Lage sein wird, alle seine Gläubiger befriedigen zu können.[597] Es kann sich um Zahlungsunfähigkeit, Überschuldung oder drohende Zahlungsunfähigkeit handeln. Die Eröffnungsgründe der §§ 16 ff. InsO sind jedoch nicht im rechtstechnischen Sinn zu verstehen.[598]

Die Durchführung dieses Verfahrens muss der Leitung einer Stelle unterliegen, die befugt ist, ein Insolvenzverfahren zu eröffnen oder im Laufe des

593 MünchKommBGB/Kindler, Bd. 11, 6. A. 2015, Vor §§ 335 ff. InsO Rn. 2.
594 BGH NJW 1985, 2897; 1997, 524.
595 BT-Drucks. 15/16, S. 21.
596 Kolmann, S.131.
597 Kolmann, S. 131.
598 MünchKommBGB/Kindler, Bd. 11, 6. A. 2015, § 343 InsO Rn. 7.

Verfahrens Entscheidungen zu treffen.[599] Es ist also nicht erforderlich, dass es sich um ein gerichtliches Verfahren handelt.[600]

Das Verfahren muss zudem ähnliche Ziele wie die deutsche InsO verfolgen. Ziel des inländischen Insolvenzverfahrens ist die bestmögliche gemeinschaftliche Befriedigung der Gläubiger des Schuldners. Dabei kann es sich sowohl um Liquidations- als auch um Sanierungsverfahren handeln.[601]

Die Anerkennung eines solchen Verfahrens erfolgt ipso iure gemäß § 343 InsO. Es handelt sich ebenfalls um eine automatische Anerkennung, ohne das Erfordernis eines besonderen Anerkennungsverfahrens.[602] Der Eröffnungsbeschluss muss, ähnlich bei Verfahren, die der EuInsVO unterfallen, im Eröffnungsstaat lediglich wirksam sein. Der Unanfechtbarkeit bedarf es nicht.[603]

Vergleichbar mit einem inländischen Insolvenzverfahren sind z.B. das schweizerische Insolvenzverfahren[604] oder der norwegische Zwangsvergleich.[605] Eines der wichtigsten ausländischen Verfahren in diesem Zusammenhang ist das Sanierungsverfahren nach Chapter 11 des U.S. Bankruptcy Code. Es war lange Zeit zweifelhaft, ob dieses Verfahren als Insolvenzverfahren eingestuft werden kann. Die Hauptargumente dagegen waren das Verfahrensziel der Reorganisation statt der Liquidation,[606] die Eigenverwaltung durch den Schuldner, sogenannter debtor in possession,[607] statt des Übergangs der Verfügungshoheit auf den Insolvenzverwalter und das fehlende Erfordernis von Insolvenzgründen wie Zahlungsunfähigkeit oder Überschuldung als Eröffnungsvoraussetzung[608] für das Chapter 11-Verfahren.[609]

Der BGH hat nun, trotz der starken Abweichungen im Vergleich zur deutschen Insolvenz, das Verfahren als ausländisches Insolvenzverfahren

599 BT-Drucks. 15/16, S. 21; BT-Drucks. 12/2443, S. 241.

600 Geimer, IZPR, 7. A. 2015, Rn. 3505.

601 KPB/Kemper, InsO, Bd. 4, § 343 Rn. 4.

602 Leonhardt/Smid/Zeuner, 2. A. 2012, § 343 InsO Rn. 2.

603 Lüke ZZP 111 (1998), 275, 288.

604 BGH ZIP 1993, 1094.

605 BGH ZIP 1997, 39, 42.

606 MünchKommInsO/Grauke/Youdelman, Bd. 3, 2. A. 2008, Anh. Länderberichte Vereinigte Staaten von Amerika Rn. 38 ff.

607 Gebler/Stracke NZI 2010, 14.

608 MünchKommInsO/Grauke/Youdelman, Bd. 3, 2. A. 2008, Anh. Länderberichte Vereinigte Staaten von Amerika Rn. 8; Madaus NZI 2008, 715, 716; Gebler/Stracke NZI 2010, 13 f.

609 OLG Hamburg IPRax 1992, 170.

anerkannt und die Anwendbarkeit der §§ 343 ff. InsO bejaht.[610] Denn auch Verfahren, die den Bestand eines Unternehmens erhalten sollen, dienen dem in § 1 InsO formulierten Ziel, sofern mit diesen Verfahren auch die Gläubigerbefriedigung bezweckt werde. Zudem sei das deutsche Insolvenzplanverfahren dem Chapter 11-Verfahren nachgebildet. Auch deshalb verbiete es sich, das Verfahren als Insolvenzverfahren abzulehnen. Die Abweichungen und Besonderheiten im Verfahrensablauf nach Chapter 11 B.C. gegenüber dem deutschen Insolvenzverfahren rechtfertigten es nicht, die Einordnung als Insolvenzverfahren zu verneinen.[611]

Aufgrund der Entscheidung des BGH kann davon ausgegangen werden, dass weitere Verfahren von Drittstaaten in Deutschland als Insolvenzverfahren anerkannt werden, auch wenn sie teils erheblich vom deutschen Insolvenzrecht abweichen. So entschied das LAG Hessen mit Verweis auf das Urteil des BGH, dass die brasilianischen Sanierungsverfahren Recuperaçao extrajudicial und Recuperaçao judicial als Insolvenzverfahren einzustufen seien.[612]

Die Entscheidung des BGH macht deutlich, wie weit die Einordnung als Insolvenzverfahren im internationalen Insolvenzrecht reicht. Der Sanierungsgedanke, das fehlende Erfordernis der Glaubhaftmachung von Insolvenzeröffnungsgründen sowie die ebenfalls nicht vorhandene Verpflichtung zur Einsetzung eines Insolvenzverwalters lassen denkbar viele Verfahren in den Anwendungsbereich des deutschen internationalen Insolvenzrechts fallen.

B. Anerkennung der Insolvenzeröffnung durch Schiedsgerichte

Da sich die Anerkennungsvorschriften der EuInsVO und des deutschen internationalen Insolvenzrechts an staatliche Gerichte richten, stellt sich die Frage, ob das Schiedsgericht das im Ausland eröffnete Insolvenzverfahren überhaupt zu beachten hat und welche Normen dafür heranzuziehen sind. Wäre die Insolvenzeröffnung für das Schiedsgericht unbeachtlich, könnte ein Gläubiger trotz eines laufenden Insolvenzverfahrens einen Titel gegen den Schuldner erhalten. Andererseits könnte der Schiedsspruch aufgrund der Nichtbeachtung der Insolvenz des Schuldners aufhebbar sein und ihm könnte die Vollstreckbarerklärung versagt bleiben. Es ist daher von erheblicher Bedeutung, ob Schiedsgerichte als Privatgerichte die ausländische Insolvenzeröffnung zu beachten haben.

610 BGH NZI 2009, 859.

611 BGH NZI 2009, 859, 860 f.

612 LAG Hessen ZInsO 2012, 1333.

I. Grundsätzliche Beachtung und Anerkennung der Insolvenzeröffnung

Nach der herrschenden Auffassung sind Schiedsgerichte bei Konstellationen ohne Auslandsbeteiligung verpflichtet, Gestaltungsentscheidungen eines staatlichen Gerichts zu beachten. Dazu zählen auch rechtsändernde Entscheidungen von Insolvenzgerichten. Andernfalls drohe ein Verstoß gegen den ordre public und damit die Gefahr der Aufhebung des Schiedsspruchs.[613] Der ordre public-Verstoß liegt bereits in der unterbliebenen Beteiligung des Verwalters und damit der Verletzung des Gebots des rechtlichen Gehörs sowie der meist bei Nichtbeachtung der Insolvenzeröffnung ebenfalls vorliegenden Verletzung der Gläubigergleichbehandlung. Ein deutsches Insolvenzverfahren sei bei einem Schiedsverfahren mit Sitz in Deutschland ohne Weiteres zu beachten.[614]

Dieser Ansicht ist zuzustimmen. Dabei muss aber berücksichtigt werden, dass für Schiedsgerichte keine gesetzliche Verpflichtung besteht, die Insolvenz einer Schiedspartei anzuerkennen. Schiedsgerichte sind grundsätzlich nur an den Parteiwillen gebunden und können im Übrigen gemäß § 1042 Abs. 4 ZPO den Verfahrensablauf nach freiem Ermessen bestimmen. Dieses Ermessen ist jedoch insofern begrenzt, als das Schiedsgericht eine Aufhebung des Schiedsspruchs oder eine Ablehnung der Vollstreckbarerklärung vermeiden muss.[615] Die Anerkennung der Insolvenz ist daher für die Durchsetzung des Schiedsspruchs notwendig. Sie ist aber nicht zwingend.

Bei einer Insolvenz im Ausland und einem Schiedsgericht mit Sitz in Deutschland, das deutsches Schiedsverfahrensrecht anwendet und auch von deutschem Kollisionsrecht ausgeht, unterscheidet sich die Anwendung grenzüberschreitenden Insolvenzrechts nicht wesentlich von der Rechtsanwendung staatlicher Gerichte.[616] Für das Schiedsgericht kommt es darauf an, ob die Insolvenzeröffnung im Inland nach den maßgeblichen gesetzlichen Vorschriften anerkannt werden kann bzw. anerkannt werden muss. Die Anerkennungsfähigkeit der Insolvenz ist eine Voraussetzung für ihre Berücksichtigung im inländischen Schiedsverfahren.[617]

---

613 Flöther, S. 36 f.; Schlosser, Das Recht der internationalen privaten Schiedsgerichtsbarkeit, 1989, Rn. 881; Smid DZWir 1993, 485, 586.

614 Flöther, S. 36 f.

615 Jestaedt, S. 21 ff; Flöther, S. 44.

616 Trunk, S. 127.

617 Trunk, S. 126 ff., 132 Fn. 200; ders. KTS 1987, 415, 420 f.; Wagner, S. 75; Poelzig ZZPInt 14 (2009), 393, 420 f.; MünchKommInsO/Reinhart, Bd. 3, 3. A. 2013, Vor §§ 335 ff. Rn. 27.

Das Schiedsgericht hat das Recht seines Sitzstaates und des Recht des Staates der Eröffnung des Insolvenzverfahrens soweit als möglich zu berücksichtigen. Wird die Entscheidung des Schiedsgerichts dem nicht gerecht, kann ihr wiederum die Anerkennung sowie die Vollstreckbarkeit versagt werden.[618] Die Nichtbeachtung der ausländischen Insolvenz wird meistens einen Verfahrensmangel wegen der Verletzung des rechtlichen Gehörs bzw. des Gleichbehandlungsgrundsatzes als auch einen Verstoß gegen den ordre public zur Folge haben.[619] Innerhalb Deutschlands hätte das die Aufhebbarkeit des Schiedsspruchs gemäß § 1059 Abs. 2 Nr. 1 lit. d) i.V.m. § 1042 Abs. 1 Satz 2 und gemäß § 1059 Abs. 2 Nr. 2 lit. b) ZPO zur Folge. Die Vollstreckbarerklärung könnte gemäß § 1060 ZPO abgelehnt werden. Ausländische Rechtsordnungen können ähnliche Regelungen beinhalten und dem Schiedsspruch aufgrund der Missachtung der ausländischen Insolvenz die Durchsetzung verweigern. In Staaten, welche das UN-Übereinkommen von 1958 ratifiziert haben, wäre dem Schiedsspruch gemäß Art. V Abs. 1 lit. c) und Abs. 2 lit b) UNÜ die Anerkennung und Vollstreckung zu versagen.

Die Grundsätze bei der Beachtung grenzüberschreitender Insolvenzverfahren sollten daher bei Schiedsgerichten gleich wie bei staatlichen Gerichten zur Anwendung kommen.

II. Anerkennung nach der EuInsVO

Wenn man nach dem oben Gesagten davon ausgeht, dass Schiedsgerichte grundsätzlich die Eröffnung eines Insolvenzverfahrens in einem Mitgliedsstaat beachten sollten, stellt sich die Frage, ob Schiedsgerichte dann auch die jeweiligen Regelungen zur Anerkennung von Insolvenzverfahren anzuwenden haben. Bei Eröffnung eines Insolvenzverfahrens in einem Mitgliedsstaat der EU und einem Schiedsgericht ebenfalls mit Sitz in einem Mitgliedsstaat wären dann die Bestimmungen der EuInsVO anzuwenden. Die EuInsVO richtet sich jedoch an die Mitgliedsstaaten selbst und nicht an private Schiedsgerichte. Zudem sind Schiedsgerichte vorbehaltlich der Vereinbarungen der Parteien nicht an staatliches Recht gebunden.

Eine direkte Anwendung der EuInsVO auf Schiedsverfahren wird zwar nur selten offen ausgesprochen, jedoch als selbstverständlich vorausgesetzt.[620] Dementsprechend werden Schiedsverfahren bereits vor Geltung des Art 18 EuInsVO

618 Trunk, S. 128.

619 Flöther, S. 30 ff.

620 Mankowski ZIP 2010, 2478, 2480 f., Eckardt FS von Hoffmann, 934, 942.

n. F. ab dem 26. Juni 2017 von der herrschenden Meinung als Rechtsverfolgungsmaßnahmen gemäß Art. 4 Abs. 2 lit. f) EuInsVO und als Rechtstreitigkeiten nach Art. 15 EuInsVO angesehen und genau wie Erkenntnisverfahren vor staatlichen Gerichten im Rahmen der EuInsVO behandelt.[621]

Mit dem Inkrafttreten der reformierten EuInsVO werden Schiedsverfahren in Art. 18 EuInsVO n. F. nun ausdrücklich genannt. Die Vorschrift trifft zwar lediglich eine Aussage über das bei anhängigen Schiedsverfahren anwendbare Recht. Da die EuInsVO nun ausdrücklich die Wirkungen eines Insolvenzverfahrens auf anhängige Schiedsverfahren regeln wird, spricht viel dafür, dass die EuInsVO insgesamt nicht nur für staatliche Gerichte, sondern gleichermaßen für Schiedsgerichte gelten soll. Bereits vor Inkrafttreten der neuen EuInsVO wird vertreten, dass Schiedsgerichte staatlichen Gerichten insofern gleichzustellen seien.[622] Dieses Ergebnis wird durch die der EuInsVO zugrunde liegenden Erwägungsgründe bestätigt. Danach beansprucht die EuInsVO nicht lediglich Geltung für die Mitgliedsstaaten selbst, sondern sie entfaltet unmittelbare Wirkung innerhalb der Mitgliedsstaaten.[623] Damit haben im räumlichen Anwendungsbereich der EuInsVO nicht nur staatliche Gerichte, sondern auch Schiedsgerichte die EuInsVO zu beachten.

Die unmittelbare und automatische Anerkennung von Entscheidungen über die Eröffnung eines Insolvenzverfahrens gehört zum Fundament der EuInsVO und stützt sich auf den Grundsatz des gegenseitigen Vertrauens.[624] Das spricht ebenfalls für eine Anwendung der Vorschriften im Rahmen der Schiedsgerichtsbarkeit.

Die unmittelbare Anerkennung korrespondiert zudem mit dem der EuInsVO zugrunde liegenden Universalitätsprinzip.[625] Die Universalität fordert eine Wirkungserstreckung des Insolvenzverfahrens vom Eröffnungsstaat in andere

---

621 Syska v. Vivendi Universal S.A. (2008) EWHC 2155 (Comm.) bestätigt 2009 EWCA Civ 677; Geimer/Schütze/Geimer, Europäisches Zivilverfahrensrecht, 3. A. 2010, Art. 15 EuInsVO Rn. 6, Moss/Fletcher/Isaacs, The EC Regulation on Insolvency Proceedings, 2. A. 2009, Art. 15 Rn. 8.242, 8.252 f.; MünchKommInsO/Reinhart, Bd. 3, 2. A. 2008, Art. 15 EuInsVO Rn. 4; Nacimiento/Bähr NJOZ 2009, 4752, 4760, G. Wagner KTS 2010, 39, 58 – a.A. Pannen, EuInsVO, 1. A. 2007, Art. 15 Rn. 8.

622 Virgos/ Garcimartín, The European Insolvency Regulation, 2004, Nr. 261.

623 Erwägungsgrund 8 EuInsVO.

624 Erwägungsgrund 22 EuInsVO.

625 Paulus, EuInsVO-Kommentar, 2. A. 2008, Einl. Rn. 23; MünchKommBGB/Kindler, Bd. 11, 6. A. 2015, Vor VO (EG) 1346/2000 Rn. 14.

Mitgliedstaaten.[626] Darüber hinaus soll mit der EuInsVO ein ordnungsgemäßes Funktionieren des Binnenmarktes[627] sowie die Gläubigergleichbehandlung[628] sichergestellt werden.

Dieses System der EuInsVO würde durchbrochen, wenn Schiedsgerichte deren Vorschriften nicht zwingend beachten müssten. Insolvenzverfahren könnten nicht wie von der EuInsVO gefordert, universelle Geltung beanspruchen. Vor dem Hintergrund der Ziele der EuInsVO sollte Art. 16 EuInsVO (Art. 19 EuIns-VO n.F.) zum mitgliedstaatlichen ordre public gezählt werden.[629] Der EuGH hat diese Frage aber noch nicht entschieden.

Wendet das Schiedsgericht die EuInsVO an, erfolgt die Anerkennung gemäß Art. 16 EuInsVO, sobald die Entscheidung im Staat der Verfahrenseröffnung wirksam ist.

Wird die EuInsVO nicht angewendet und das Schiedsverfahren trotz Insolvenzeröffnung ohne Beteiligung des Insolvenzverwalters fortgesetzt, führt das zur Aufhebbarkeit des Schiedsspruchs gemäß § 1059 Abs. 2 Nr. 1 lit. d) i.V.m. § 1042 Abs. 1 Satz 2 ZPO und gemäß § 1059 Abs. 2 Nr. 2 lit. b) ZPO sowie zur Ablehnung der Vollstreckbarerklärung gemäß § 1060 ZPO. Im Ausland kann dem Schiedsspruch gemäß Art. V Abs. 1 lit. d) und Abs. 2 lit. b) UNÜ die Anerkennung und Vollstreckung versagt werden.

Die Anwendung der Anerkennungsregeln der EuInsVO auf schiedsgerichtliche Verfahren ist daher zu befürworten und sichert die Durchsetzbarkeit des Schiedsspruchs.

III. Anerkennung nach deutschem internationalen Insolvenzrecht

Das deutsche internationale Insolvenzrecht beansprucht keine so weitreichenden Wirkungen wie die EuInsVO. Schiedsgerichte sind daher grundsätzlich frei in ihrer Entscheidung, ob sie dem Grundsatz der automatischen Anerkennung gemäß § 343 InsO folgen. Das Schiedsgericht sollte aber das Recht seines Sitzstaates und des Recht des Staates der Eröffnung des Insolvenzverfahrens soweit als möglich zu berücksichtigen, um die Anerkennung sowie die Vollstreckbarkeit

626 Erwägungsgrund 11 der EuInsVO; MünchKommBGB/Kindler, Bd. 11, 6. A. 2015, Vor VO (EG) 1346/2000 Rn. 14.

627 Erwägungsgrund 1, 2 und 3 EuInsVO.

628 Erwägungsgrund 21 EuInsVO.

629 Ausführlich Wagner, S. 116 ff., 119 f.

des Schiedsspruchs zu gewährleisten.[630] Das ist nur möglich, wenn das Schiedsgericht die Anerkennung der Eröffnungsentscheidung nach den gesetzlich normierten Grundsätzen vornimmt.

Bei Insolvenzeröffnung in einem Drittstaat hat ein Schiedsgericht die automatische Anerkennung nach deutschem internationalem Insolvenzrecht zu befolgen. Die Rechtslage ist parallel zu den Fällen der Insolvenzeröffnung in einem EU-Mitgliedsstaat. Das Schiedsgericht mit deutschem Sitz wird bei Anwendung deutschen Verfahrensrechts und deutschen Kollisionsrechts wie ein staatliches Gericht verfahren und die Auslandsinsolvenz automatisch anerkennen. Die Anerkennung richtet sich nach § 343 InsO.

C. Rechtswahlfreiheit im Insolvenzrecht

Die Parteien der Schiedsvereinbarung können das anzuwendende Verfahrensrecht und das in der Sache zum Tragen kommende materielle Recht in weiten Teilen selbst bestimmen. Bis auf wenige zwingende Regelungen des deutschen Schiedsverfahrensrechts sind sie in ihrer Rechtswahl nicht eingeschränkt. Es ist daher zu untersuchen, ob die Parteien, auch das Insolvenzstatut frei bestimmen können.

Im Interesse der kollisionsrechtlichen Gleichbehandlung aller Gläubiger und der Rechtssicherheit unterwerfen sowohl das europäische als auch das innerstaatliche internationale Insolvenzrecht die Wirkungen des Insolvenzverfahrens dem Recht des Eröffnungsstaates. Diese Wirkungen ergeben sich aus Art. 4 Abs. 1 EuInsVO und aus § 335 InsO. Die lex fori concursus ist damit das maßgebliche Regelwerk bei grenzüberschreitenden Insolvenzverfahren.[631] Ob das ausländische Verfahren allerdings tatsächlich Wirkungen im Inland entfalten kann, beurteilt sich nicht allein nach der ausländischen lex fori, sondern hängt daneben auch noch vom Vorliegen der Anerkennungsvoraussetzungen nach Art. 16 ff. EuInsVO oder nach §§ 343 ff. InsO ab.[632]

Nach der herrschenden Meinung gibt es de iure keine Möglichkeit zur Wahl des anwendbaren Insolvenzrechts.[633] Die Nichtwählbarkeit des Insolvenzrechts für die Parteien folge im Rahmen der EuInsVO aus dem Erwägungsgrund Nr. 4. Danach ist Ziel der EuInsVO, ein forum shopping im internationalen

630 Trunk, S. 128.
631 Kindler/Nachmann/Kindler, Hdb. Insolvenzrecht in Europa, 4. A. 2014, Teil 1 § 4 Rn. 1.
632 Kindler/Nachmann/Kindler, Hdb. Insolvenzrecht in Europa, 4. A. 2014, Teil 1 § 4 Rn. 1.
633 Eidenmüller ZGR 2006, 467, 468; ders. EBOR 6 (2005), 423, 441 f., 446 f.; Wagner, S. 140 f.

Insolvenzrecht zu vermeiden.[634] Mit Unterbindung von forum shopping soll verhindert werden, dass das Insolvenzverfahren zugunsten einer Partei ausgestaltet werden kann.

Ein solcher Widerstreit gegenseitiger Interessen bestehe jedoch nicht, wenn die Parteien sich einvernehmlich auf die Anwendung eines bestimmen Insolvenzrechts einigen. Denn beruhen Gestaltungsmöglichkeiten auf einem parteiautonomen Willensentschluss im Konsens, so ergebe sich der Interessenausgleich bereits über den Willensakt.[635] Eine Kontrolle des Interessengleichgewichts könne durch die Rechtsordnung dann nur anhand der die Grenzen des Willensaktes bedingenden Vorschriften erfolgen.[636] Im Grundsatz steht einer durch die Parteien bestimmten Wahl des anzuwendenden Insolvenzrechts nichts entgegen. Dieser Weg wird aus deutscher Sicht – und damit auch für Schiedsgerichte mit Sitz in Deutschland – für europäische Rechtsordnungen vorgeschlagen.[637]

Dagegen spricht jedoch, dass die EuInsVO nicht nur für staatliche Gerichte, sondern auch für Schiedsgerichte gelten soll und unmittelbare Wirkung innerhalb der Mitgliedsstaaten entfalten soll.[638] Zudem soll die EuInsVO ein forum shopping verhindern und ein ordnungsgemäßes Funktionieren des Binnenmarktes[639] sowie eine gemeinschaftsweite Gläubigergleichbehandlung[640] sichern.

Würde man den Parteien gestatten, das anwendbare Insolvenzrecht selbst zu wählen, könnte das zu einer Ungleichbehandlung einzelner Gläubiger führen. Hierin könnte dann ein Verstoß gegen § 87 InsO liegen, der zum ordre-public interne gehört und die gleichmäßige und gemeinschaftliche Befriedigung der Insolvenzgläubiger sicherstellen soll. Ein unter Nichtbeachtung des geltenden Insolvenzrechts ergangener Schiedsspruch könnte gemäß § 1059 Abs. 2 Nr. 2 lit. b) ZPO aufgehoben werden.[641] Eine Vollstreckbarerklärung in Deutschland kommt dann nicht mehr in Betracht. Auch kann der Schiedsspruch im Land der nachgesuchten Vollstreckung und Anerkennung gemäß Art. V Abs. 1 lit. e) und Abs. 2 lit. b) UNÜ möglicherweise keine Wirkung entfalten.

---

634 Eidenmüller RabelsZ 2006, 474, 476.
635 Reuss, S. 156 ff., 12.
636 Reuss, S. 156.
637 Reuss, S. 156 ff.
638 Erwägungsgrund 8 EuInsVO.
639 Erwägungsgrund 1, 2 und 3 EuInsVO.
640 Erwägungsgrund 21 EuInsVO.
641 BGH NJW 2009, 1747, 1748; OLG Köln SchiedsVZ 2008, 152; Musielak/Voit/Voit, 12. A. 2015, § 1059 Rn. 31; Jestaedt, S. 107 ff.; Flöther, S. 63; Ehricke, ZIP 2006, 1847, 1850; Nacimiento/Bähr, NJOZ 2009, 4752, 4756.

Obwohl die Schiedsparteien in weitem Umfang selbst das anwendbare Recht bestimmen können, sprechen die besseren Argumente gegen eine freie Wählbarkeit des Insolvenzstatuts. Außerhalb der europäischen Union gilt aufgrund ähnlicher Erwägungen das gleiche. So wird auch aus amerikanischer Sicht eine einvernehmliche Wahl des Insolvenzstatus abgelehnt.[642]

D. Anwendbares Recht nach EuInsVO und deutschem internationalem Insolvenzrecht

Bei der Konstellation eines Schiedsverfahrens mit Sitz innerhalb Deutschlands und der Insolvenzeröffnung im Ausland ist von besonderem Interesse, welches Recht anzuwenden ist. Nach dem anwendbaren Recht können sich die objektive und die subjektive Schiedsfähigkeit, die Bindungswirkung der Schiedsvereinbarung sowie die sonstigen Auswirkungen der Insolvenz auf das Schiedsverfahren bestimmen.

Zunächst ist zwischen einem Insolvenzverfahren in einem EU-Mitgliedsstaat und einem Insolvenzverfahren in einem Drittstaat zu unterscheiden. Danach bestimmt sich, ob die EuInsVO oder das deutsche internationale Insolvenzrecht zur Anwendung kommt. Darüber hinaus ist zu unterscheiden, ob es sich bei dem Schiedsverfahren um einen bereits anhängigen Rechtsstreit handelt oder ob das Schiedsverfahren erst nach Insolvenzeröffnung eingeleitet werden soll. In allen Konstellationen stellt sich die Frage, anhand welcher Rechtsordnung die Auswirkungen des Insolvenzverfahrens auf das Schiedsverfahren zu beurteilen sind. In Betracht kommen das Recht des Staates der Verfahrenseröffnung, die lex fori concursus, und das nationale Recht am Ort des Sitzes des Schiedsgerichts, die lex loci arbitri.

I. Innereuropäische Insolvenzverfahren

Bei Eröffnung eines Insolvenzverfahrens innerhalb der Europäischen Union und einem Schiedsverfahren mit Sitz in einem Mitgliedsstaat der EU bestimmt sich das anwendbare Recht nach der EuInsVO.[643] Dabei entfaltet die EuInsVO nicht nur Wirkungen für die Mitgliedsstaaten selbst, sondern gilt direkt im

642 LoPucki Michigan L.Rev. 98 (2000), 2216 ff.; LoPucki 109 Yale L.J. (1999), 317 ff.; Warren/Westbrook 118 Havard L.Rev. (2005), 1197 ff. – a.A. Schwartz 107 Yale L.J. (1998), 1807, 1822 f.; Rasmussen Bhandari/Weiss, Corporate Bankruptcy, 1996, S. 395 ff.; ders. VULS, Working Paper Series 2000, 99–15, 1, 26.

643 Uhlenbruck/Lüer, InsO, 14. A. 2015, Vorb. EuInsVO Rn. 1 ff.

Mitgliedsstaat, sodass auch Schiedsgerichte mit Sitz innerhalb der EU an die EuInsVO gebunden sind. Bei einem Schiedsgericht mit Sitz in Deutschland hat dieses wie ein staatliches Gericht die Bestimmungen der EuInsVO zu beachten.

Art. 4 Abs. 1 EuInsVO statuiert als grundlegende Kollisionsnorm, dass auf alle Fragen des Insolvenzverfahrens das Recht des Staates der Verfahrenseröffnung zur Anwendung kommt. Dies gilt sowohl für Haupt-, Sekundär- als auch für unabhängige Partikularverfahren.[644] Auch wenn dies im Text der Verordnung nicht ausdrücklich erwähnt ist, handelt es sich um eine Sachnormverweisung.[645] Eine Verweisung auf das internationale Privatrecht des Mitgliedsstaates ist gerade nicht enthalten.[646]

Das Insolvenzstatut des Mitgliedsstaates ist gemäß Art. 4 Abs. 2 lit. f) EuInsVO maßgebend für die Regelungen, wie sich die Eröffnung eines Insolvenzverfahrens auf die Rechtsverfolgungsmaßnahmen einzelner Gläubiger auswirkt. Davon ausgenommen sind die Wirkungen auf anhängige Rechtsstreitigkeiten. Die lex fori concursus bestimmt damit die Zulässigkeit neuer Erkenntnisverfahren.[647] Dazu ist notwendig, dass Schiedsverfahren als Rechtsverfolgungsmaßnahmen nach Art. 4 Abs. 2 lit. f) EuInsVO anzusehen sind. Art 18 EuInsVO n.F. stellt nun klar, dass für die Wirkungen des Insolvenzverfahrens auf ein anhängiges Schiedsverfahren ausschließlich das Recht des Mitgliedstaats gilt, in dem das Schiedsgericht belegen ist. Aber auch derzeit unter Geltung von Art. 15 EuInsVO sind Schiedsverfahren nach der herrschenden Auffassung als Rechtsverfolgungsmaßnahmen im Sinne von Art. 4 Abs. 2 lit. f) EuInsVO und bei anhängigen Verfahren im Sinne von Art. 15 EuInsVO anzusehen.[648]

Schiedsverfahren fallen daher in den Regelungsbereich der EuInsVO. Dies ist Ausfluss des Universalitätsgedankens, der sich auch in Art. 17 EuInsVO wiederfindet. Danach richten sich aufgrund der Anerkennung eines ausländischen Insolvenzverfahrens die Wirkungen dieses Verfahrens nach dem Recht des Staates

644 Virgos/Schmit in Stoll, Vorschläge und Gutachten, Nr. 87 ff.

645 MünchKommInsO/Reinhart, Bd. 3, 2. A. 2008, Art. 4 EuInsVO Rn. 1.

646 Duursma-Kepplinger/Duursma/Chalupsky/Duursma-Kepplinger, EuInsVO, 1. A. 2002, Art. 4 Rn. 1; Leible/Staudinger KTS 2000, 533, 549; Balz ZIP 1996, 949.

647 Virgos/Garcimartín, The European Insolvency Regulation, 2004, NR. 121 (g).

648 Syska v. Vivendi Universal S.A. (2008) EWHC 2155 (Comm.) bestätigt 2009 EWCA Civ 677; Geimer/Schütze/Geimer, Europäisches Zivilverfahrensrecht, 3. A. 2010, Art. 15 EuInsVO Rn. 6; Moss/Fletcher/Isaacs, The EC Regulation on Insolvency Proceedings, 2. A. 2009, Art. 15 Rn. 8.242, 8.252 f.; MünchKommInsO/Reinhart, Bd. 4, 2. A. 2014, Art. 15 EuInsVO Rn. 4; Nacimiento/Bähr NJOZ 2009, 4752, 4760, G. Wagner KTS 2010, 39, 58 – a.A. Pannen, EuInsVO, 1. A. 2007, Art. 15 Rn. 8.

der Verfahrenseröffnung.[649] Das in einem anderen Vertragsstaat eröffnete Verfahren wird also nicht einem inländischen Verfahren gleichgestellt, sondern wird in anderen Vertragsstaaten mit genau denselben Wirkungen anerkannt, die ihm das Recht des Staates der Verfahrenseröffnung beilegt.[650] Das gilt sowohl für prozessuale als auch für materielle Wirkungen.[651] Die lex fori concursus entscheidet damit darüber, ob und in welchem Umfang Einzelmaßnahmen von Gläubigern zur Durchsetzung ihrer Ansprüche, Vollstreckungsmaßnahmen und andere gerichtliche Entscheidungen ausgesetzt oder zulässig sind.[652]

Art. 4 Abs. 2 EuInsVO enthält eine nicht abschließende Aufzählung von Bereichen, welche nach dem Recht des Staates der Verfahrenseröffnung zu beurteilen sind. Die lex fori concursus ist insbesondere maßgeblich für die Bestimmung der Insolvenzfähigkeit, der Wirkung auf laufende Verträge, der Anmeldung, Prüfung und Feststellung von Forderungen sowie für die Frage nach der Anfechtbarkeit von Rechtshandlungen, vgl. Art. 4 Abs. 2 lit. a) bis m) EuInsVO.

Daneben normiert Art. 16 EuInsVO die automatische Anerkennung eines in einem Mitgliedsstaat stattfindenden Insolvenzverfahrens in allen anderen Mitgliedsstaaten und stellt so die Umsetzung des Universalitätsprinzips sicher.[653] Art. 16 EuInsVO regelt jedoch nur die Voraussetzungen der Anerkennung. Die Rechtsfolgen der Anerkennung der Verfahrenseröffnung sind in Art. 17 EuInsVO geregelt. Voraussetzung für die Anerkennung ist ein Insolvenzverfahren, dessen Eröffnungsbeschluss wirksam ist und durch ein zuständiges Gericht erlassen wurde.[654] Die Anerkennungswirkungen treten nach Art. 17 EuInsVO automatisch und ohne Förmlichkeiten ein. Darüber hinaus entfaltet die Eröffnung des Insolvenzverfahrens im Anerkennungsstaat die gleichen Wirkungen wie im Eröffnungsstaat.[655] Die Wirkungserstreckung nach dem Recht des Staates der Verfahrenseröffnung gilt für sämtliche Wirkungen des stattfindenden Verfahrens und beinhaltet prozessuale und materielle Wirkungen.[656]

---

649 Wagner, S. 138.

650 Virgos/Schmit in Stoll, Vorschläge und Gutachten, Nr. 153.

651 Virgos/Schmit in Stoll, Vorschläge und Gutachten, Nr. 90.

652 Virgos/Garcimartín, The European Insolvency Regulation, 2004, NR. 121 (g).

653 MünchKommInsO/Reinhart, Bd. 3, 2. A. 2008, VO (EG) 1346/2000 Art. 16 Rn. 1.

654 MünchKommInsO/Reinhart, Bd. 3, 2. A. 2008, VO (EG) 1346/2000 Art. 16 Rn. 5 ff.

655 Virgos/Schmit in Stoll, Vorschläge und Gutachten, Nr. 152; Lüke ZZP 111 (1998), 275, 285 f.; Leible/Staudinger KTS 2000, 531, 560.

656 EuGH Urt. v. 17.03.2005, Az.: C-294/02 Kommission der Europäischen Gemeinschaften ./. AMI Semiconductor Belgium BVBA Rn. 69; Duursma-Kepplinger/Duursma/Chalupsky/Duursma-Kepplinger/Chalupsky, EuInsVO, 1. A.

Aus der automatischen Anerkennung und Wirkungserstreckung folgt, dass der Gläubiger eines Schuldners, über dessen Vermögen in einem Vertragsstaat das Insolvenzverfahren eröffnet wurde, im Inland seine Forderungen nur nach der fori concursus verfolgen kann. Hierunter fallen nicht nur Verfahren vor staatlichen Gerichten, sondern auch Schiedsverfahren.[657] Da alle europäischen Rechtssysteme eine § 87 InsO entsprechende Vorschrift enthalten, können Schiedsverfahren nach der Insolvenzeröffnung nur eingeleitet werden, soweit das nach dem jeweils anwendbaren Insolvenzrecht zulässig ist.

II. Innereuropäische Insolvenzverfahren und laufende Schiedsverfahren

Als nächste Fallgestaltung ist zu untersuchen, welches Insolvenzrecht bei Eröffnung eines ausländischen Insolvenzverfahrens auf bereits anhängige Schiedsverfahren Anwendung findet und welche Folgen sich hieraus ergeben.

Das europäische Insolvenzrecht differenziert mit Art. 4 Abs. 2 lit. f) EuInsVO zwischen den Rechtsverfolgungsmaßnahmen einzelner Gläubiger und deren Wirkungen auf anhängige Rechtsstreitigkeiten. Wie bereits dargestellt, richten sich die Wirkungen auf noch nicht begonnene Verfahren nach dem Recht des Staates der Verfahrenseröffnung. Die Wirkungen eines im europäischen Ausland eröffneten Insolvenzverfahrens auf anhängige Rechtsstreitigkeiten über einen Gegenstand oder ein Recht der Masse bestimmen sich gemäß Art. 15 EuInsVO ausschließlich nach dem Recht des Staates, in dem der Rechtsstreit anhängig ist.[658]

Bei einem in Deutschland anhängigen Schiedsverfahren kommt automatisch die lex fori zur Anwendung. Deutsches Zivilprozessrecht ist in diesem Fall maßgeblich für die Beurteilung der Auswirkungen der im Ausland eröffneten Insolvenz auf das laufende Schiedsverfahren.[659]

Die Voraussetzung der Anhängigkeit im Sinne der EuInsVO bedeutet, dass es unabhängig vom national-verfahrensrechtlichen Begriffsverständnis darauf ankommt, ob von Seitens des Klägers insoweit alles Erforderliche für die Einleitung

---

2002, Art. 17 Rn. 7; Virgos/Schmit in Stoll, Vorschläge und Gutachten, Nr. 153 – a.A. MünchKommInsO/Reinhart, Bd. 3, 2. A. 2008, VO (EG) 1346/2000 Art. 17 Rn. 5 ff.

657 EuGH Urt. v. 17.03.2005, Az.: C-294/02 Kommission der Europäischen Gemeinschaften ./. AMI Semiconductor Belgium BVBA Rn. 69; Virgos/Garcimartín, The European Insolvency Regulation, 2004, Nr 121 (g).

658 Duursma-Kepplinger/Duursma/Chalupsky/Duursma-Kepplinger, EuInsVO, 1. A. 2002, Art. 4 Rn. 19, Art. 15 Rn. 1, 3.

659 Siehe dazu im Einzelnen Teil I.

des Verfahrens getan worden ist.[660] Da die Begriffe der Rechtshängigkeit und der Anhängigkeit in den Mitgliedsstaaten nicht deckungsgleich verwendet werden, ist die von Art 4 Abs. 2 lit. f) EuInsVO geforderte Anhängigkeit autonom auszulegen. Dabei soll es allein auf die prozessrechtliche Relevanz der Klage ankommen, die jedenfalls mit Eingang der Klage bei Gericht eintritt.[661] Davon abweichend bestimmt § 1044 Abs. 1 Satz 1 ZPO, dass das Schiedsverfahren mit dem Empfang bzw. dem Zugang des Antrags beim Beklagten, die Streitigkeit einem Schiedsgericht vorzulegen, beginnt.[662] Die Vorschrift dient der Rechtssicherheit und kommt zur Anwendung, wenn die Schiedsparteien keine Vereinbarung über den Beginn des Verfahrens getroffen haben und sich nicht auf eine bestimmte Schiedsordnung geeinigt haben.[663]

Der Konflikt zwischen der autonomen Auslegung des Begriffs der Anhängigkeit der EuInsVO und der Regelung der ZPO ist zugunsten von § 1044 ZPO zu lösen. Denn es müssen die Besonderheiten bei Schiedsverfahren berücksichtigt werden. Haben die Parteien einer Schiedsvereinbarung keine konkrete Schiedsgerichtsordnung bestimmt, welche den Verfahrensbeginn regelt und ist auch nicht vereinbart, dass es für den Beginn des Verfahrens auf den Eingang der Klage bei einer bestimmten Schiedsinstitution ankommen soll, ist für den Verfahrensbeginn gemäß § 1044 ZPO auf den Eingang des Antrags beim Beklagten abzustellen.

III. Drittstaatliche Insolvenzverfahren

Bei in Drittstaaten eröffneten Insolvenzverfahren ist die Rechtslage ähnlich der im europäischen Raum. § 343 Abs. 1 InsO regelt den auch im internationalen deutschen Insolvenzrecht geltenden Grundsatz der automatischen Anerkennung.[664] Gegenstand der Anerkennung ist wie bei Insolvenzverfahren innerhalb der europäischen Union nicht das Verfahren selbst, sondern der Eröffnungsbeschluss.[665] Die Anerkennung erfolgt automatisch und bedarf keines gesonderten Verfahrens. § 343 Abs. 1 InsO führt zudem zu einer Umkehr der Beweislast, so

660 Duursma-Kepplinger/Duursma/Chalupsky/Duursma-Kepplinger, EuInsVO, 1. A. 2002, Art. 15, Rn. 15.

661 Duursma-Kepplinger/Duursma/Chalupsky/Duursma-Kepplinger, EuInsVO, 1. A. 2002, Art. 15, Rn. 17.

662 Musielak/Voit/Voit, ZPO, 12. A. 2015, § 1044 Rn. 3.

663 MünchKommZPO/Münch, Bd. 3, 4. A. 2013, § 1044 Rn. 1.

664 BT-Drucks. 15/16, S. 21; ständige Rechtsprechung seit BGH NJW 1985, 2897; BGH NJW 1997, 524, 526; Gottwald/Gottwald/Kolmann, Insolvenzrechts-Handbuch, 5. A. 2015, § 134 Rn. 2; Trunk, S. 280 f.

665 BGH ZIP 1997, 39, 42; MünchKommInsO/Reinhart, Bd. 3, 2. A. 2008, § 343 Rn. 1.

dass die Anerkennung nur versagt werden kann, wenn die Gerichte des Eröffnungsstaates nicht zuständig sind oder wenn die Anerkennung der ausländischen Insolvenz gegen den deutschen ordre public verstößt.[666]

Voraussetzung der Anerkennung ist, dass es sich um ein Insolvenzverfahren nach § 343 InsO handelt.[667] Im Übrigen entsprechen die Anerkennungsvoraussetzungen im Wesentlichen denen der EuInsVO.[668]

Die Wirkungen der Eröffnung des ausländischen Insolvenzverfahrens treten im Inland gemäß § 343 Abs. 1 InsO nach dem Recht des Eröffnungsstaates ein.[669] Das deutsche Recht bestimmt zunächst über die prozessuale Anerkennung ausländischer Insolvenzverfahren.[670] In der Anerkennung ist zugleich die Anweisung an deutsche Gerichte und Behörden enthalten, die Wirkungen des Auslandsinsolvenzverfahrens zu berücksichtigen und ihnen bei ihrer Rechtsanwendung Geltung zu verschaffen, soweit solche Wirkungen als Haupt- oder Vorfrage in einem gerichtlichen Verfahren erheblich sind.[671] Neben die verfahrensrechtliche Anerkennung tritt auch die durch die Kollisionsnormen angeordnete Anwendung des ausländischen Insolvenzstatuts. Vorbehaltlich inländischer kollisionsrechtlicher Sonderanknüpfungen gilt somit das ausländische Insolvenzrecht auch im Inland.[672] Da Schiedsgerichte mit Sitz in Deutschland ebenfalls die Eröffnung einer Insolvenz im Ausland anerkennen sollten, sind auch diese gehalten, in allen Stadien des Verfahrens die Auslandsinsolvenz zu beachten. Dadurch wird mittelbar auch der Ablauf des Schiedsverfahrens beeinflusst.

§ 343 Abs. 2 InsO ordnet zudem an, dass Entscheidungen, die zur Durchführung oder Beendigung des Insolvenzverfahrens ergangen sind, anerkannt werden müssen. Es können die Art und Weise der Verfahrensbeteiligung des Insolvenzverwalters und der Gläubiger betroffen sein. Zu den Entscheidungen zur Durchführung des Insolvenzverfahrens gehören auch verfahrensleitende Anordnungen, wie vom Insolvenzgericht gesetzte Ausschlussfristen für die Forderungsanmeldung sowie sonstige formelle Entscheidungen bei der Anmeldung, der Prüfung und der Feststellung von Forderungen.[673] Das Schiedsgericht sollte

---

666 Gottwald/Gottwald/Kolmann, Insolvenzrechts-Handbuch, 5. A. 2015, § 132 Rn. 2.

667 Vgl. hierzu Teil II.A.II.

668 Gottwald/Gottwald/Kolmann, Insolvenzrechts-Handbuch, 5. A. 2015, § 132 Rn. 2; MünchKommInsO/Reinhart, Bd. 3, 2. A. 2008, § 343 Rn. 1 ff.

669 Gottwald/Gottwald/Kolmann, Insolvenzrechts-Handbuch, 5. A. 2015, § 134 Rn. 10.

670 Geimer, IZPR, 7. A. 2015, Rn. 3364 f., 3536.

671 Gottwald/Gottwald/Kolmann, Insolvenzrechts-Handbuch, 5. A. 2015, § 134 Rn. 10.

672 Gottwald/Gottwald/Kolmann, Insolvenzrechts-Handbuch, 5. A. 2015, § 134 Rn. 11.

673 MünchKommInsO/Reinhart, Bd. 3, 2. A. 2008, § 343 Rn. 48 ff.

diese Entscheidungen des zuständigen Insolvenzgerichts wie ein staatliches Gericht beachten. Auf diese Weise ist das Schiedsgericht über die verfahrensrechtliche Anerkennung auch mit den Modalitäten der Insolvenzabwicklung befasst.

Die lex fori concursus gilt auch für die materiell-rechtlichen Wirkungen des Insolvenzverfahrens.[674] Die kollisionsrechtliche Regelanknüpfung an das Recht des Verfahrensstaates gemäß § 335 InsO schafft insoweit ein einheitliches Insolvenzstatut, welches sowohl in prozess- als auch in materiell-rechtlicher Hinsicht gilt. Es handelt sich dabei um eine Gesamtverweisung.[675] Diese umfassende Wirkungserstreckung ist im Insolvenzrecht sinnvoll, da sich Verfahrensrecht und materielles Insolvenzrecht nur schwer trennen lassen.[676] Voraussetzung ist jedoch, dass es sich bei den jeweiligen zur Anwendung kommenden Vorschriften um insolvenzzweckorientierte Wirkungen des Insolvenzverfahrens handelt.[677] Das Schiedsgericht ist dann an die Bestimmungen der lex fori concursus gebunden. Das ausländische Insolvenzrecht erlangt auf diese Weise bei einem in Deutschland anzustrengenden Schiedsverfahren unmittelbare Geltung.

Insgesamt ergeben sich damit wenig Unterschiede zur Rechtslage bei einer Insolvenzeröffnung in einem EU-Mitgliedsstaat. Wenn die lex fori concursus auch eine dem § 87 InsO ähnliche Regelung aufweist, was zumeist der Fall sein wird, kann nach Insolvenzeröffnung ein neues Schiedsverfahren nur nach den Vorgaben des anzuwendenden Insolvenzrechts eingeleitet werden. Sieht das anwendbare Insolvenzrecht zum Beispiel eine Regelung vor, nach der Schiedsabreden mit Insolvenzeröffnung unwirksam werden, hätte die umfassende Wirkungserstreckung zur Folge, dass sämtliche Streitigkeiten, nun vor einem staatlichen Gericht zu führen wären.

IV. Drittstaatliche Insolvenzverfahren und laufende Schiedsverfahren

Bei im Inland laufenden Schiedsverfahren und einer ausländischen Insolvenzeröffnung kommt das deutsche internationale Insolvenzrecht der §§ 335 ff. InsO zur Anwendung. Die Regelungen der EuInsVO sind bei Drittstaatenfällen nicht

674 Geimer, IZPR, 7. A. 2015, Rn. 3501, 3536.; Reithmann/Martiny/Hausmann, Internationales Vertragsrecht, 7. A. 2010, Rn. 5710.

675 Geimer, IZPR, 7. A. 2015, Rn. 3375.

676 Geimer, IZPR, 7. A. 2015, Rn. 3501.

677 Reithmann/Martiny/Hausmann, Internationales Vertragsrecht, 7. A. 2010, Rn. 5710.

anwendbar.[678] Die Regelanknüpfung nach § 335 InsO für alle kollisionsrechtlichen Fragen führt bei bereits begonnenen Schiedsverfahren zur Anwendung des Rechts des Staates der Verfahrenseröffnung[679] und umfasst sowohl verfahrensrechtliche als auch kollisionsrechtliche Fragen.[680]

E. Schiedsverfahrensstatut

Bei einem Sitz des Schiedsgerichts in Deutschland ist zu untersuchen, an welchen verfahrensrechtlichen Normen sich die Schiedsrichter orientieren müssen. Das Verfahrensrecht bestimmt den gesamten Verfahrensablauf und die Organisation des Schiedsverfahrens. Durch die Bestimmung des Schiedsorts können die Schiedsparteien ein bestimmtes Verfahrens- und Kollisionsrecht zur Anwendung bringen. Die Wahl des Schiedsorts wirkt sich auf diese Weise auch im Falle einer Insolvenz aus. Der Anknüpfungspunkt für die lex loci arbitri ist der Schiedsort. Nach § 1025 Abs. 1 ZPO gilt zwingend deutsches Schiedsverfahrensrecht, wenn der Schiedsort innerhalb Deutschlands liegt. Es handelt sich um das Territorialitätsprinzip.[681] Die Festlegung des Schiedsorts ist die Lokalisierung des Schiedsverfahrens im rechtlichen Sinne.[682]

Der „fiktive" Schiedsort ist vom faktischen Gerichtsplatz zu trennen, an dem das Schiedsverfahren tatsächlich stattfindet.[683] Allein der Ort des Schiedsverfahrens bestimmt, ob es als aus- oder inländisches Verfahren zu qualifizieren ist. Das hat zur Folge, dass bei einem Schiedsgericht mit Sitz im Inland auch dann ein deutsches Schiedsverfahren vorliegt, wenn eine ausländische Rechtsordnung angewendet wird. Für das Schiedsgericht wird damit bereits durch die Wahl des Sitzes innerhalb Deutschlands ein erster Normenverbund zur Anwendung gebracht.

Das deutsche Schiedsverfahrensrecht enthält jedoch nur wenige zwingende Regelungen. Hervorzuheben ist das Recht auf Gleichbehandlung, der Anspruch auf rechtliches Gehör nach § 1042 Abs. 1 ZPO sowie das Recht gemäß § 1042 Abs. 2 ZPO durch einen Rechtsanwalt vertreten zu werden. § 1042 Abs. 3 ZPO

---

678 Virgos/Schmit Stoll, Vorschläge und Gutachten, Nr. 11; MünchKommBGB/Kindler, Bd. 11, 6. A. 2015, VO (EG) 1346/2000 Art. 1 Rn. 27.

679 MünchKommInsO/Reinhart, Bd. 3, 2. A. 2008, § 335 Rn. 1.

680 MünchKommInsO/Reinhart, Bd. 3, 2. A. 2008, § 335 Rn. 4.

681 MünchKommZPO/Münch, Bd. 3, 4. A. 2013, § 1043 Rn. 1.

682 MünchKommZPO/Münch, Bd. 3, 4. A. 2013, § 1043 Rn. 2.

683 Musielak/Voit/Voit, ZPO, 9. A. 2012, § 1043 Rn. 4; MünchKommZPO/Münch, Bd. 3, 4. A. 2013, § 1043 Rn. 2 f.

gibt den Parteien die Möglichkeit, einverständlich dispositives Recht zu verdrängen und ein ausländisches Verfahrensrecht für anwendbar zu erklären.[684] Sie können den Verfahrensablauf im Wesentlichen selbst bestimmen und haben die Wahl, sich für ein institutionelles oder ad hoc-Schiedsverfahren zu entscheiden.[685] Das deutsche Schiedsverfahrensrecht bietet den Parteien bei der Festlegung ihres Verfahrensstatuts einen großen Freiraum, um das Schiedsverfahren adäquat und interessengerecht zu gestalten.[686]

Haben die Parteien keinen Schiedsort bestimmt, ist das Schiedsgericht aufgefordert und verpflichtet einen geeigneten Schiedsort festzulegen. Kriterien dafür sind nicht nur die Parteiinteressen, sondern es sind sämtliche Umstände des Falls zu berücksichtigen. Dazu gehören auch die Geeignetheit der Normvorgaben und die Vermeidung von Anerkennungs- und Vollstreckungsproblemen.[687]

Die Parteien können durch eine Verlagerung des Schiedsorts ins Ausland auch ein gänzlich anderes Schiedsverfahrensrecht zur Anwendung bringen.[688] Sie können so das Verfahrensstatut selbst bestimmen und damit das Schiedsverfahren einer bestimmten Rechtsordnung zuweisen.[689]

Bei einem Schiedsverfahren mit deutschem Schiedsort kommt grundsätzlich deutsches Schiedsverfahrensrecht zur Anwendung. Im Übrigen können die Parteien das Schiedsverfahren selbst bestimmen.

F. Schiedsvereinbarungsstatut

I. Kollisionsrechtliche Anknüpfung an § 1059 Abs. 2 Nr. 1 lit. a) ZPO

Vom Verfahrensrecht und dem Statut des Streitgegenstands ist das Statut der Schiedsvereinbarung abzugrenzen.[690] Nach dem Schiedsvereinbarungsstatut werden das materielle Zustandekommen und die Wirksamkeit der Schiedsvereinbarung sowie ihre Auslegung, Wirkungen und ihr Erlöschen bestimmt.[691]

684 Geimer, IZPR, 7. A. 2015, Rn. 3832; Schwab/Walter, Schiedsgerichtsbarkeit, 7. A. 2005, Kap. 50 Rn 13; MünchKommZPO/Münch, Bd. 3, 4. A. 2013, § 1029 Rn. 31.

685 Lörcher/Lörcher SchiedsVZ 2005, 179, 180 ff.

686 Schäfer, S. 875.

687 MünchKommZPO/Münch, Bd. 3, 4. A. 2013, § 1043 Rn. 10.

688 Musielak/Voit/Voit, ZPO, 12. A. 2015, § 1025 Rn. 3 f.

689 Geimer, IZPR, 7. A. 2015, Rn. 3718.

690 Geimer, IZPR, 7. A. 2015, Rn. 3724.

691 Epping, S. 39; Zöller/Geimer, ZPO, 30. A. 2014, § 1029 Rn. 108; MünchKommZPO/Münch, Bd. 3, 4. A. 2013, § 1029 Rn. 27.

Das Schiedsvereinbarungsstatut wird grundsätzlich eigenständig internationalprivatrechtlich angeknüpft.[692] Es ist umstritten, welche kollisionsrechtlichen Normen zur Anwendung kommen.[693] Nach früher herrschender Ansicht bestimmte sich bei internationalen Schiedsverfahren mit Sitz in Deutschland das Schiedsvertragsstatut nach dem allgemeinen Kollisionsrecht.[694] Mit Inkrafttreten der Rom-I Verordnung sind jedoch die maßgeblichen Bestimmungen der Art. 27 und 28 EGBGB a.F. zur Ermittlung des anwendbaren Rechts entfallen. Zudem sind Schiedsvereinbarungen ausdrücklich vom Anwendungsbereich der Rom-I Verordnung ausgenommen.

Nun ist § 1059 Abs. 2 Nr. 1 lit. a) ZPO in analoger Anwendung als vorrangige Kollisionsregel anzuwenden.[695] Nach dieser Vorschrift ist das von den Parteien gewählte Recht maßgeblich für das Zustandekommen, die Wirksamkeit und die Reichweite der Schiedsvereinbarung. Subsidiär findet das Recht am Schiedsort Anwendung. § 1059 Abs. 2 Nr. 1 lit. a) ZPO soll in allen Verfahrensstadien als Kollisionsregel anzuwenden sein.[696] Haben die Parteien keine ausdrückliche Vereinbarung über den Schiedsort getroffen, ist zu prüfen, ob sie eine stillschweigende Vereinbarung getroffen haben. Eine konkludente Rechtswahl muss sich jedoch eindeutig aus der Schiedsvereinbarung oder den Umständen des Falles ergeben.[697]

Ist ein Schiedsverfahrensrecht ausdrücklich oder durch die Bestimmung des Schiedsorts gewählt, gilt dieses Recht im Zweifel auch für den Schiedsvertrag. Denn zwischen dem Schiedsvereinbarungs- und dem Schiedsverfahrensstatut besteht ein innerer Zusammenhang.[698]

---

692 BGH NJW 1964, 591; 1968, 1233; OLG Hamburg RIW/AWD 1979, 482, 483; OLG Düsseldorf RIW 1996, 239, 240; G. Wagner, Prozessverträge, S. 368 ff.

693 König SchiedsVZ 2012, 129 ff.; Schmidt-Ahrendts/Höttler SchiedsVZ 2011, 267, 272 ff.

694 BGH SchiedsVZ 2005, 307; BGHZ 40, 320, 322; OLG Düsseldorf, RIW 1996, 239.

695 Musielak/Voit/Voit, ZPO, 12. A. 2015, § 1029 Rn. 28; MünchKommZPO/Münch, Bd. 3, 4. A. 2013, § 1029 Rn. 31, 34; Reithmann/Martiny/Hausmann, Internationales Vertragsrecht, 7. A. 2010, Rn. 6620; Schmidt-Ahrendts/Höttler SchiedsVZ 2011, 267, 273; König SchiedsVZ 2012, 129, 132; Epping, S. 46.

696 Epping, S. 46; Reithmann/Martiny/Hausmann, Internationales Vertragsrecht, 7. A. 2010, Rn. 6620.

697 MünchKommZPO/Münch, Bd. 3, 4. A. 2013, § 1029 Rn. 35; Reithmann/Martiny/Hausmann, Internationales Vertragsrecht, 7. A. 2010, Rn. 6621.

698 Musielak/Voit/Voit, ZPO, 12. A. 2015, § 1029 Rn. 28; Lachmann, Handbuch für die Schiedsgerichtspraxis, 3. A. 2008, Rn. 269; Geimer, IZPR, 7. A. 2015, Rn. 3724 f.

Diese Sichtweise führt zu einheitlichen Entscheidungen innerhalb des Verfahrens und trägt im Hinblick auf die entsprechenden Regeln des UNÜ zur Förderung des internationalen Entscheidungseinklangs und zur Vermeidung von Kompetenzkonflikten bei.[699]

Im hier untersuchten Fall eines Schiedsverfahrens mit Sitz in Deutschland würde die Schiedsvereinbarung daher meist deutschem Recht unterliegen.

II. Innereuropäische Fälle

Mit der vorstehenden Untersuchung ist noch nicht geklärt, anhand welcher Normen das Schiedsgericht die Auswirkungen der Insolvenzeröffnung in einem anderen Staat auf die Schiedsvereinbarung beurteilen wird. Das Schiedsgericht könnte wegen der Auswirkungen der grenzüberschreitenden Insolvenz statt dem von den Parteien gewählten Recht oder dem Recht am Schiedsort die Kollisionsnormen der EuInsVO heranziehen, um das auf die Schiedsvereinbarung anwendbare Recht festzustellen. Damit würde den Verfahrenszielen der EuInsVO zur Durchsetzung verholfen und die Anerkennung und Durchsetzung des Schiedsspruchs würden gesichert.

Bei neu einzuleitenden Schiedsverfahren könnten die Art. 4 ff. EuInsVO und mit diesen die lex fori concursus zur Anwendung kommen. Deren Vorschriften wären dann maßgeblich für die Auswirkungen der Insolvenz auf die Schiedsvereinbarung. Bei einem bereits laufenden Schiedsverfahren würde gemäß Art. 15 EuInsVO deutsches Recht, das der lex fori processus, zur Anwendung kommen.

Voraussetzung für die Anwendung der lex fori concursus nach Art. 4 Abs. 1 EuInsVO ist, dass ein bestimmter Anspruch dem Insolvenzrecht zuzuordnen ist. Gehört ein Anspruch systematisch zu einem anderen Rechtsgebiet ist entsprechend eine andere Kollisionsnorm heranzuziehen.[700] Es ist daher notwendig, dass die Schiedsvereinbarung in funktionalem Zusammenhang mit der Insolvenzsituation und der Befriedigung der Gesamtheit der Gläubiger steht.[701] Das ist bei einer Schiedsvereinbarung grundsätzlich der Fall. Mit dieser wird die Anrufung der ordentlichen Gerichte ausgeschlossen und es werden sowohl die verfahrensrechtliche Geltendmachung von Ansprüchen des Gläubigers als auch des Schuldners im Insolvenzverfahren berührt. Eine Schiedsvereinbarung steht damit in engem Zusammenhang mit der inneren

---

699 Schmidt-Ahrendts/Höttler SchiedsVZ 2011, 267, 273.

700 Pannen, EuInsVO-Kommentar, 1. A. 2007, Art. 4 Rn. 14; MünchKommInsO/Reinhart, Bd. 3, 2. A. 2008, VO (EG) 1346/2000 Art. 4 Rn. 2.

701 MünchKommInsO/Reinhart, Bd. 3, 2. A. 2008, VO (EG) 1346/2000 Art. 4 Rn. 3.

Organisation des Insolvenzverfahrens. Damit ist die lex fori concursus gemäß Art. 4 Abs. 1 EuInsVO grundsätzlich anwendbar.

Ausgehend von der Beispielliste des Art. 4 Abs. 2 EuInsVO könnte eine Schiedsvereinbarung entweder als laufender Vertrag unter Art. 4 Abs. 2 Satz 2 lit. e) EuInsVO oder als Rechtsverfolgungsmaßnahme unter Art. 4 Abs. 2 Satz 2 lit. f) EuInsVO fallen. Es wird vertreten, dass Schiedsverträge wegen ihres überwiegend verfahrensrechtlichen Charakters nicht als laufender Vertrag, sondern als Rechtsverfolgungsmaßnahme einzustufen sind. Dafür spreche auch, dass bei einer Einordnung des Schiedsvertrags als Rechtsverfolgungsmaßnahme ein laufendes Schiedsverfahren nicht unter Rückgriff auf Art. 4 Abs. 2 Satz 2 lit. e) EuInsVO ausgehebelt werden könne.[702] Das könnte dann der Fall sein, wenn eine Rechtsordnung bestimmt, dass laufende Verträge mit Insolvenzeröffnung unwirksam werden.

Die Einordnung der Schiedsvereinbarung als Rechtsverfolgungsmaßnahme bereitet jedoch Schwierigkeiten. Es ist auch unklar, warum über die Einordnung des Schiedsvertrags als laufenden Vertrag oder als Rechtsverfolgungsmaßnahme ausschlaggebend sein soll, ob das jeweilige Verfahrensrecht das Schiedsverfahren dem allgemeinen Prozessrecht unterwirft oder nicht.

Die Auswirkung der Eröffnung des Insolvenzverfahrens auf die Schiedsvereinbarung sollte stattdessen danach bestimmt werden, ob bereits ein Schiedsverfahren anhängig ist oder ob es um ein zukünftiges Schiedsverfahren geht. Mit dieser Unterscheidung zwischen neu einzuleitenden und bereits laufenden Schiedsverfahren können sachgerechte Lösungen erzielt werden. Die Einordnung der Schiedsvereinbarung als laufenden Vertrag ist vor Einleitung eines Schiedsverfahrens treffender als die Einordnung als Rechtsverfolgungsmaßnahme. Bevor ein Schiedsverfahren anhängig ist, entfaltet die Schiedsabrede Wirkungen für beide Parteien und kann ohne Weiteres als laufender Vertrag angesehen werden. Die Schiedsvereinbarung bildet die Grundlage, auf der die Parteien künftige Rechtstreitigkeiten austragen und Rechtsverfolgungsmaßnahmen einleiten wollen. In diesem Stadium ist sie aber keine Rechtsverfolgungsmaßnahme im Sinne von Art. 4 Abs. 2 Satz 2 lit. f) EuInsVO.

Wenn nun die lex fori concursus die Unwirksamkeit der Schiedsabrede zur Folge hätte, wäre die Folge für die Parteien, dass sie einen Rechtsstreit vor einem staatlichen Gericht austragen müssen. Wurde bereits ein Schiedsverfahren eingeleitet, rückt der verfahrensrechtliche Charakter der Schiedsvereinbarung in den Vordergrund. Es geht dann um das Schiedsverfahren als anhängigen Rechtsstreit

702 Paulus, EuInsVO-Kommentar, 4. A. 2013, Art. 4 Rn 25.

und die Wirkungen des Insolvenzverfahrens bestimmen sich nach der lex fori processus. Ein laufendes Schiedsverfahren kann dann nach deutschem Recht nicht nachträglich unzulässig werden.

Diese Sichtweise kann auch auf Entscheidungen des englischen High Court of Justice aus dem Jahr 2008[703] und des Court of Appeal England aus dem Jahr 2009[704] gestützt werden. Die englischen Gerichte hatten entschieden, dass sich sämtliche Auswirkungen der Insolvenz bei einem laufenden Schiedsverfahren auf das Verfahren sowie die Schiedsvereinbarung gemäß Art. 4 Abs. 2 lit. f) und Art. 15 EuInsVO und damit nach der lex arbitri richten. Einem bereits begonnenen Schiedsverfahren dürfe nicht über die Einordnung der Schiedsvereinbarung als laufender Vertrag gemäß Art. 4 Abs. 2 lit. e) EuInsVO und der damit einhergehenden Anwendung einer Rechtsordnung, welche die Unwirksamkeit der Schiedsvereinbarung im Insolvenzfall nach sich zieht, nachträglich der Boden entzogen werden. Art. 4 Abs. 2 lit. f) und 15 EuInsVO seien bei laufenden Verfahren in Bezug auf die Schiedsvereinbarung als lex specialis gegenüber Art. 4 Abs. 2 lit. e) EuInsVO anzusehen. Die Auswirkungen der Eröffnung des Insolvenzverfahrens auf die Schiedsvereinbarung könnten nur nach demselben Recht beurteilt werden, das auch die Auswirkungen auf das anhängige Schiedsverfahren regle.[705]

III. Drittstaatenfälle

Aufgrund der Regelanknüpfung gemäß § 335 InsO für alle kollisionsrechtlichen Fragen, bestimmt die lex fori concursus sämtliche Auswirkungen der Insolvenz bei Eröffnung in einem Drittstaat. Diese Regelanknüpfung ist seit langem, allgemein anerkannt und gilt sowohl für die verfahrensrechtlichen Fragen, als auch für die kollisionsrechtlichen Fragen bei internationalen Insolvenzverfahren.[706]

Das Schiedsgericht könnte daher § 335 InsO heranziehen, um die Auswirkungen der Insolvenz auf die Schiedsvereinbarung zu bestimmen. Das Schiedsgericht ist aber frei in seiner Entscheidung, ob es § 335 InsO und damit das Recht des Staates der Verfahrenseröffnung heranzieht oder das von den Parteien gewählte Recht bzw. subsidiär das Recht am Schiedsort.

Das Schiedsgericht muss aber die Anerkennungs- und Vollstreckungsfähigkeit des Schiedsspruchs im Blick haben. Wenn es § 335 InsO nicht anwenden

703 High Court of Justice SchiedsVZ 2008, 316, 320.

704 Ct. of Appeal England ZIP 2010, 2529.

705 High Court of Justice a.a.O.

706 MünchKommInsO/Reinhart, Bd. 3, 2. A. 2008, § 335 Rn. 1, 9.

will, muss es die Rechtsvorschriften der Staaten prüfen, in denen der Schiedsspruch anerkannt und vollstreckt werden soll. Nur wenn die Insolvenzeröffnung in dem jeweiligen Staat keine Auswirkung auf die Schiedsvereinbarung hat oder die Auswirkungen für die Anerkennung und Vollstreckung nicht relevant sind, kann es auf die Anwendung von § 335 InsO verzichten.

Die von der deutschen Rechtsordnung allgemein anerkannte Wirkungserstreckung des Rechts des Verfahrensstaates wird damit auch für die Wirkungen auf den Schiedsvertrag maßgeblich sein.

G. Statut der objektiven Schiedsfähigkeit

I. Innereuropäische Fälle

Die objektive Schiedsfähigkeit ist in § 1030 ZPO geregelt. Bei einem Schiedsort im Inland gilt diese Vorschrift nach dem Territorialitätsprinzip gemäß § 1025 Abs. 1 ZPO stets zwingend.[707] Den Parteien ist nicht gestattet, selbst zu bestimmen, nach welchem Recht sich die objektive Schiedsfähigkeit richten soll. Ihnen fehlt es an der Dispositionsbefugnis.

Vermögensrechtliche Ansprüche sind gemäß § 1030 Abs. 1 ZPO grundsätzlich schiedsfähig, ebenso wie nichtvermögensrechtliche Ansprüche soweit sich die Parteien darüber vergleichen können. Die Frage der Schiedsfähigkeit betrifft aber auch wichtige öffentliche Belange. Insofern besteht für nichtschiedsfähige Streitgegenstände ein Interesse an einer ausschließlichen Zuständigkeit staatlicher Gerichte.[708] Dem entspricht es, dass § 1059 Abs. 2 Nr. 2 lit. a) ZPO die mangelnde Schiedsfähigkeit als Aufhebungsgrund für einen inländischen Schiedsspruch ausdrücklich anerkennt.[709]

Für die Anerkennung und Vollstreckung ausländischer Schiedssprüche gilt über § 1061 Abs. 1 ZPO das UNÜ. Art. V Abs. 2 lit. a) UNÜ bestimmt, dass die Anerkennung und Vollstreckung eines Schiedsspruchs versagt werden kann, wenn der Streitgegenstand nach dem Recht des Anerkennungsstaates nicht auf

707 Reithmann/ Martiny/Hausmann, Internationales Vertragsrecht, 7 A. 2010, Rn. 6758; Zöller/Geimer, ZPO, 30. A. 2014, § 1030 Rn. 24; MünchKommZPO/Münch, Bd. 3, 4. A. 2013, § 1030 Rn. 22 ff.

708 BT-Drucks. 13/5274 S. 59 re.Sp.; Reithmann/ Martiny/Hausmann, Internationales Vertragsrecht, 7 A. 2010, Rn. 6758.

709 Reithmann/ Martiny/Hausmann, Internationales Vertragsrecht, 7 A. 2010, Rn. 6758.

schiedsrichterlichem Weg geregelt werden kann.[710] Damit erlangt § 1030 ZPO auch bei ausländischen Schiedssprüchen im Inland Wirkung.

Geht man davon aus, dass die Regelungen der EuInsVO allgemein Geltung beanspruchen, ergeben sich jedoch Abweichungen. Bei neu einzuleitenden Schiedsverfahren würde sich die objektive Schiedsfähigkeit gemäß Art. 4 Abs. 1, Abs. 2 lit. e) EuInsVO nach der lex fori concursus richten. Diese Regelung bringt als Sachnormverweisung unmittelbar das Insolvenzrecht des Staates der Eröffnung des Insolvenzverfahrens zur Anwendung.[711] Falls die insolvenzrechtlichen Vorschriften dieses Staates eine Einschränkung der objektiven Schiedsfähigkeit vorsehen, müsste dies beachtet werden. Neue Schiedsverfahren könnten dann nicht mehr eingeleitet werden.

Bei bereits laufenden Schiedsverfahren würde die Verweisung nach Art. 4 Abs. 1, Abs. 2 lit. f) EuInsVO und die Sonderanknüpfung nach Art. 15 EuInsVO zu einer Beurteilung der objektiven Schiedsfähigkeit nach der lex fori processus und damit nach deutschem Recht gemäß § 1030 ZPO führen. Art. 15 EuInsVO gilt zwar auch für Schiedsverfahren, es ist jedoch umstritten, ob die Vorschrift auch Fragen nach der Schiedsfähigkeit des Streitgegenstandes umfasst und diese der lex fori processus zuweist. Es wird vertreten, Art. 15 EuInsVO regle nicht die Frage nach der objektiven Schiedsfähigkeit. Diese bestimme sich nach der lex fori concursus. Denn es handle sich nicht um die Wirkungen des Insolvenzverfahrens, sondern um sonstige prozessuale Fragen.[712] Bereits vor Inkrafttreten der EuInsVO wurde vertreten, es sei sachgerechter die objektive Schiedsfähigkeit dem auf die betreffende Streitigkeit anwendbaren Sachstatut zu unterstellen. Denn die objektive Schiedsfähigkeit einer Streitigkeit ergebe sich vielfach aus Regelungen außerhalb des Schiedsverfahrensrechts. Bei insolvenzbezogenen Streitigkeiten sollte sich die objektive Schiedsfähigkeit deshalb nach der lex fori concursus bestimmen.[713]

Dagegen wird vorgebracht, die Verweisung an die lex fori processus ende erst, wenn durch das inländische Prozessrecht in der Kernbereich des ausländischen Insolvenzrechts eingegriffen werde. Der Wertung des Art. 15 EuInsVO sei Rechnung zu tragen und das inländische Schiedsverfahren nicht mittelbar

---

710 Reithmann/ Martiny/Hausmann, Internationales Vertragsrecht, 7 A. 2010, Rn. 6742, 6757.

711 Duursma-Kepplinger/Duursma/Chalupsky/Duursma-Kepplinger, EuInsVO, 1. A. 2002, Art. 4 Rn. 2.

712 MünchKommInsO/Reinhart, Bd. 3, 2. A. 2008, VO (EG) 1346/2000 Art. 15 Rn. 4.

713 Trunk, S. 130, 290 f.

dem ausländischen Insolvenzrecht zu unterstellen.[714] Die Wirkung von Art. 15 EuInsVO würde ausgehebelt werden, wenn ein anhängiges Schiedsverfahren einem womöglich strengeren Insolvenzstatut unterstellt würde. Es müsse durch eine extensive Auslegung von Art. 15 EuInsVO sichergestellt werden, dass auch die Beurteilung der Schiedsabrede gegenüber der Insolvenzmasse der lex arbitri unterstellt werde.[715] Würde man stattdessen bei der Beurteilung der objektiven Schiedsfähigkeit nach der Eröffnung des Insolvenzverfahrens auf die lex fori concursus abstellen, könnte ein ursprünglich zulässiges Schiedsverfahren mit Insolvenzeröffnung nachträglich unzulässig werden.[716]

Dieser Ansicht ist zuzustimmen. Falls das Recht des jeweiligen Staates bei Insolvenzeröffnung den Wegfall der objektiven Schiedsfähigkeit gerade aufgrund der Insolvenzeröffnung vorsieht, würde die Anwendung der lex fori concursus zur nachträglichen Unzulässigkeit des Schiedsverfahrens führen. Art. 15 EuInsVO ist daher so auszulegen, dass nicht in laufende Schiedsverfahren und in das diesen Verfahren zugrunde liegende Prozessrecht eingegriffen werden kann. Das Recht des Staates der Verfahrenseröffnung kann daher die einmal gegebene objektive Schiedsfähigkeit bei einem laufenden Schiedsverfahren nicht beeinflussen. Eine solche Folge soll von Art. 15 EuInsVO vermieden werden und stattdessen die prozessrechtlichen Bedürfnisse nach Rechtsklarheit- und sicherheit geschützt werden. Die objektive Schiedsfähigkeit muss sich daher auch bei Anwendung der EuInsVO bei einem laufenden Schiedsverfahren allein aus § 1030 ZPO ergeben.

II. Drittstaatenfälle

Die objektive Schiedsfähigkeit bestimmt sich bei Insolvenzeröffnung in Drittstaaten nach § 1030 ZPO, wenn der Schiedsort im Inland liegt.[717]

Es wird jedoch vertreten, dass sich bei deutschem Schiedsort die objektive Schiedsfähigkeit stattdessen nach der ausländischen lex fori concursus beurteilen soll.[718] Zur Begründung wird lediglich angeführt, dass es sich bei § 335 InsO um eine Gesamtnormverweisung handle. Die Vorschrift berufe das „Recht"

---

714 G. Wagner in KTS 2010, 39, 59.

715 Eckardt FS von Hoffmann, 934, 945 f.

716 G. Wagner in KTS 2010, 39, 59.

717 Reithmann/ Martiny/Hausmann, Internationales Vertragsrecht, 7 A. 2010, Rn. 6758; Zöller/Geimer, ZPO, 30. A. 2014, § 1030 Rn. 24; MünchKommZPO/Münch, Bd. 3, 4. A. 2013, § 1030 Rn. 22 ff.

718 MünchKommInsO/Thole, Bd. 3, 3. A. 2014, § 352 Rn. 15; Wagner, S. 143 f.; Poelzig ZZPInt 14 (2009), 393, 434.

des Konkursstaates zur Anwendung, während davon abweichend Art. 4 Abs. 1 EuInsVO nur auf das Insolvenzrecht des Mitgliedsstaates und damit auf Sachnormen verweise.[719]

Wenn man dieser Ansicht folgt, besteht ein Widerspruch zwischen § 335 InsO und den §§ 1025 Abs. 1, 1030 ZPO. Gemäß § 335 InsO würde die objektive Schiedsfähigkeit der lex fori concursus unterstellt werden, während § 1025 Abs. 1 ZPO die Anwendung deutschen Schiedsverfahrensrechts und damit eine Beurteilung der objektiven Schiedsfähigkeit nach § 1030 ZPO anordnet. Es würden zudem die gleichen Probleme wie bei innereuropäischen Insolvenzen und Anwendung der EuInsVO entstehen. Unterstellt man die objektive Schiedsfähigkeit der lex fori concursus besteht bei einer Insolvenzeröffnung in Drittstaaten parallel wie in EU-Mitgliedsstaaten das Risiko, dass ein zulässig eingeleitetes Schiedsverfahren nachträglich unzulässig werden kann, wenn die lex fori concursus die objektive Schiedsfähigkeit einschränkt. Solche Folgen sollten vermieden werden. Bei drittstaatlichen Insolvenzverfahren ist daher die objektive Schiedsfähigkeit bei zum Zeitpunkt der Insolvenzeröffnung bereits laufenden Schiedsverfahren nach der lex fori processus zu beurteilen. § 335 InsO ist wie Art. 15 EuInsVO auszulegen. Das folgt auch daraus, dass die EuInsVO als Grundlage und Vorbild für das deutsche internationale Insolvenzrecht diente.[720]

Bei neu einzuleitenden Verfahren bestimmt sich die objektive Schiedsfähigkeit ebenfalls nach der § 1025 Abs. 1 und damit nach § 1030 ZPO. Die Schiedsunfähigkeit nach ausländischem Recht ist aus Sicht des deutschen Schiedsgerichts nicht relevant.[721]

H. Statut der subjektiven Schiedsfähigkeit

I. Innereuropäische Fälle

Die subjektive Schiedsfähigkeit bestimmt sich nach deutschem Schiedsrecht nach dem Personalstatut der Parteien.[722] Es kommt gemäß § 1059 Abs. 2 Nr. 1 lit. a) 1. Var. ZPO auf das Recht an, dass für die Parteien persönlich maßgebend war.[723] Bei natürlichen Personen ist gemäß Art. 7 Abs. 1 S. 1 EGBGB das Heimatrecht und damit die Staatsangehörigkeit maßgeblich. Die Anknüpfung bei

719 Wagner, S. 143 f.

720 Begr. RegE, BT-Drucks. 15/16, S. 11ff.

721 Zöller/Geimer, ZPO, 30. A. 2014, § 1030 Rn. 24.

722 Reithmann/ Martiny/Hausmann, Internationales Vertragsrecht, 7 A. 2010, Rn. 6761; Geimer, 7. A. 2015, Rn. 3815 ff.

723 MünchKommZPO/Münch, Bd. 3, 4. A. 2013, § 1029 Rn. 41.

juristischen Personen ist nach Art. 1 Abs. 2 lit. f) Rom I-VO nicht geregelt. Hier kommt es auf den tatsächlichen Sitz der Gesellschaft oder der juristischen Person an.[724] Bei Gesellschaften, die in der Europäischen Union gegründet wurden richtet sich die subjektive Schiedsfähigkeit nach dem Gründungsrecht.[725]

Wie bereits festgestellt, wird bei der Eröffnung eines Insolvenzverfahrens in einem Mitgliedsstaat der europäischen Union ein Schiedsgericht die Bestimmungen der EuInsVO berücksichtigen müssen.

Bei neu einzuleitenden Schiedsverfahren nach Insolvenzeröffnung richtet sich die subjektive Schiedsfähigkeit gemäß Art. 4 Abs. 1, Abs. 2 lit. e) EuInsVO nach der lex fori concursus. Sieht das Insolvenzstatut für den Insolvenzfall eine Einschränkung der subjektiven Schiedsfähigkeit vor, führt das zur Unzulässigkeit neu einzuleitender Schiedsverfahren. Es ist durchaus möglich, dass das Insolvenzstatut in Bezug auf die subjektive Schiedsfähigkeit bei neu einzuleitenden Verfahren Besonderheiten vorsieht. Nur das Insolvenzrecht des Staates der Verfahrenseröffnung kann bestimmen, inwiefern ein neuer Rechtsstreit gegen die Insolvenzmasse bzw. gegen den Insolvenzverwalter zulässig ist.

Bei einem anhängigen Schiedsverfahren würde abweichend gemäß Art. 15 EuInsVO die lex fori processus gelten. Die Reichweite der Verweisung von Art. 15 EuInsVO an die lex fori processus bestimmt aber, ob sich die subjektive Schiedsfähigkeit nach dem Recht des Staates richtet, im dem der Rechtsstreit anhängig ist oder doch der lex fori concursus unterliegt.[726] Die Anknüpfung der subjektiven Schiedsfähigkeit bei laufenden Schiedsverfahren ist seit den Entscheidungen des englischen High Court of Justice,[727] des Court of Appeal England[728] sowie der abweichenden Entscheidung des Schweizer BG[729] in den ähnlichen Rechtsstreitigkeiten Vivendi ./. Elektrim stark umstritten. In beiden Verfahren ging es um die Anwendung von Art. 142 des polnischen Konkurs- und Sanierungsgesetzes (KRG), nach dem mit Eröffnung des Insolvenzverfahrens jede Schiedsvereinbarung ihre Wirkung verliert und jedes anhängige Schiedsverfahren eingestellt werden muss.

Der High Court of Justice hatte erstinstanzlich entschieden, dass sich sämtliche Auswirkungen der Insolvenz bei einem laufenden Schiedsverfahren auf das Verfahren sowie die Schiedsvereinbarung gemäß Art. 4 Abs. 2 lit. f) und

724 MünchKommZPO/Münch, Bd. 3, 4. A. 2013, § 1029 Rn. 41 ff.
725 Stein/Jonas/Schlosser, ZPO, Bd. 10, 23. A. 2014, § 1030 Rn. 15.
726 Eckardt FS von Hoffmann, 934, 945.
727 High Court of Justice SchiedsVZ 2008, 316, 320.
728 Ct. Of Appeal England ZIP 2010, 2529.
729 Schweizer BG Urt. v. 31.03.2009 – Az. 4A_428/2008.

Art. 15 EuInsVO und damit nach der lex arbitri richten. Einem bereits begonnenen Schiedsverfahren dürfe nicht über die Einordnung der Schiedsvereinbarung als laufender Vertrag gemäß Art. 4 Abs. 2 lit. e) EuInsVO und der damit einhergehenden Anwendung einer Rechtsordnung, welche die Unwirksamkeit der Schiedsvereinbarung im Insolvenzfall nach sich zieht, nachträglich der Boden entzogen werden. Andernfalls würden Art. 4 Abs. 2 lit. f) und 15 EuInsVO bei Schiedsverfahren nie zur Anwendung kommen, was vom Gesetzgeber nicht gewollte sein könne. Art. 4 Abs. 2 lit. f) und 15 EuInsVO seien bei laufenden Verfahren in Bezug auf die Schiedsvereinbarung als lex specialis gegenüber Art. 4 Abs. 2 lit. e) EuInsVO anzusehen. Die Auswirkungen der Eröffnung des Insolvenzverfahrens auf die Schiedsvereinbarung könnten nur nach demselben Recht beurteilt werden, das auch die Auswirkungen auf das anhängige Schiedsverfahren regele.[730] Entscheidend ist also der Zeitpunkt, zu dem das Schiedsverfahren eingeleitet wurde. Für im Zeitpunkt der Insolvenzeröffnung anhängige Schiedsverfahren kommt damit die lex fori processus zur Anwendung. Für nach Eröffnung des Insolvenzverfahrens eingeleitete Schiedsverfahren ist die lex fori concursus maßgeblich. Der Court of Appeal bestätigte die Entscheidung.[731]

Das Schweizer Bundesgericht hatte einen im Wesentlichen gleichen Fall zu entscheiden, bei dem ebenfalls zum Zeitpunkt der Insolvenzeröffnung bereits ein Schiedsverfahren eingeleitet war.[732] Da der Schiedsort in Genf lag, kam jedoch die EuInsVO nicht zur Anwendung, sondern das Schweizer Bundesgesetz über das internationale Privatrecht (IPRG). Für nichtstaatliche Parteien enthält dieses Gesetz zur Schiedsfähigkeit jedoch keine Regelung, sodass die Parteifähigkeit von der Rechtsfähigkeit und damit vom Personal- oder Gesellschaftsstatut gemäß Art. 33 f. IPRG bzw. Art. 154, 155 lit. c) IPRG abhing. Da es sich um eine polnische Gesellschaft handelte, kam für die Beurteilung der Rechts- und Parteifähigkeit polnisches Recht zur Anwendung. In der Folge wendete das Schweizer BG Art. 142 KRG an, welcher das Entfallen der Schiedsfähigkeit der insolventen Gesellschaft im Schiedsverfahren anordnete. Mit dem Zeitpunkt von Insolvenzeröffnung und Einleitung des Schiedsverfahrens beschäftigte sich das Gericht nicht.

Beide Entscheidungen zeigen exemplarisch wie gegensätzlich die Lösungen bei der Anwendung unterschiedlicher Rechtsordnungen sein können.

Ist die EuInsVO einschlägig, kommt es für die Beurteilung der subjektiven Schiedsfähigkeit bei einem laufenden Schiedsverfahren darauf an, ob sie von

---

730 High Court of Justice a.a.O.

731 Ct. Of Appeal England ZIP 2010, 2529.

732 Schweizer BG Urt. v. 31.03.2009 – Az. 4A_428/2008.

Art. 15 EuInsVO erfasst wird oder nicht. Für eine Erstreckung von Art. 15 EuInsVO auch auf die subjektive Schiedsfähigkeit spreche, dass die von dieser Vorschrift beabsichtigte Wirkung nicht ausgehebelt werden und ein anhängiges Schiedsverfahren nicht nachträglich zu Fall gebracht werden dürfe.[733] Art. 15 EuInsVO habe den Zweck, die Wirkungen des Insolvenzverfahrens für einen anhängigen Rechtsstreit einheitlich durch die für das Verfahren maßgebliche Rechtsordnung entscheiden zu lassen. Das sei hier die lex arbitri. Diese Folge würde vereitelt werden, wenn man die subjektive Schiedsfähigkeit dem womöglich strengeren Insolvenzstatut unterstellen würde. Durch eine extensive Auslegung von Art. 15 EuInsVO sei sicherzustellen, dass die Beurteilung der Wirkung der Schiedsabrede gegenüber der Insolvenzmasse insoweit der lex arbitri unterstellt werde. Die subjektive Schiedsfähigkeit sei im Ergebnis genauso zu behandeln wie die unmittelbar von Art. 15 EuInsVO erfassten Wirkungen auf bereits anhängige Verfahren.[734] Es solle auch nicht von den Zufälligkeiten des lokalen Insolvenzrechts abhängen, ob die Insolvenz einer Partei zur Einstellung des Verfahrens gegen sie führt oder nicht. Die Anknüpfung der subjektiven Schiedsfähigkeit am Recht des Sitzstaates bringe Zufälligkeiten mit sich, welche nicht geeignet sind, die Rechtssicherheit zu fördern.[735]

Nach der Gegenansicht regelt Art. 15 EuInsVO nur die formalen und inhaltlichen Voraussetzungen und Konsequenzen einer Wiederaufnahme und Fortführung des Rechtsstreits und damit gerade nicht die Frage der subjektiven Schiedsfähigkeit. Die subjektive Schiedsfähigkeit bestimme sich stattdessen nach dem Personalstatut des Schuldners und damit nach dem Insolvenzstatut.[736] Gerade die Anknüpfung an das COMI der Partei fördere die Rechtssicherheit und gebe jeder Partei im Vorhinein die Möglichkeit, etwaige Risiken im Insolvenzfall zu prüfen, sofern diese von Interesse sein sollten. Wenn ein Insolvenzrecht die Entziehung der subjektiven Schiedsfähigkeit anordne und es dann an einer Voraussetzung für ein Schiedsverfahren fehle, müsse dies akzeptiert werden. Das Heimatrecht der Partien dürfe nicht außer Acht gelassen werden.[737]

Im Ergebnis ist die erstgenannte Ansicht vorzuziehen. Der Wertung von Art. 15 EuInsVO ist Rechnung zu tragen und die Vorschrift so auszulegen, dass laufende Verfahren nicht mittelbar dem Insolvenzstatut unterstellt werden.

---

733 G. Wagner in KTS 2010, 39, 59 f.

734 Eckardt FS von Hoffmann, 934, 946.

735 Naegeli, Jusletter 31.8.2009, 1, 7.

736 MünchKommInsO/Reinhart, Bd. 3, 2. A. 2008, VO (EG) 1346/2000 Art. 15 Rn. 4.; Mankowski ZIP 2010, 2478, 2484.

737 Mankowski ZIP 2010, 2478, 2483 ff.

Da sich nach deutschem Recht die subjektive Schiedsfähigkeit nach dem Gründungsrecht der Gesellschaft bzw. bei natürlichen Personen nach dem jeweiligen Heimatrecht bestimmt, könnte eine Regelung, nach der mit Eröffnung der Insolvenz die Fähigkeit, Partei eines Schiedsverfahrens zu sein, entfällt, doch wieder über § 1059 Abs. 2 Nr. 1 lit. a) ZPO zum Tragen kommen. Die Vorschrift erklärt Schiedssprüche für aufhebbar, wenn eine der Parteien, die eine Schiedsvereinbarung abgeschlossen haben, nach dem Recht, das für sie maßgebend ist, hierzu nicht fähig war. Legt man die befürwortete extensive Auslegung von Art. 15 EuInsVO zugrunde, müsste man eine Vorschrift, welche die subjektive Schiedsfähigkeit beeinträchtigt, unberücksichtigt lassen.[738] Dafür spricht, dass sich § 1059 Abs. 2 Nr. 1 lit. a) ZPO nach seinem Wortlaut auf den in der Vergangenheit liegenden Abschluss der Schiedsvereinbarung bezieht und nicht darauf, ob eine zunächst wirksam abgeschlossene Schiedsvereinbarung nachträglich unwirksam wird. Die Partei muss zum Zeitpunkt des Abschlusses der Schiedsvereinbarung subjektiv schiedsfähig gewesen sein. Es kann nach deutschen Schiedsrecht nicht passieren, dass Schiedsvereinbarungen die wirksam waren, plötzlich unwirksam werden.[739] Zusätzlich muss berücksichtigt werden, dass die subjektive Schiedsfähigkeit nach deutschem Recht durch die Eröffnung des Insolvenzverfahrens über das Vermögen des Gemeinschuldners nicht eingeschränkt wird.

II. Drittstaatenfälle

Die subjektive Schiedsfähigkeit richtet sich bei Insolvenzen außerhalb der Europäischen Union nach allgemeinen Regeln. Bei natürlichen Personen ist das Recht des Staates maßgeblich, dem die Person angehört. Bei einer juristischen Person ist das Sitzstatut maßgeblich.[740]

Im Hinblick darauf, dass § 352 Abs. 1 InsO schon für die Bedingungen der Verfahrensaufnahme auf das Insolvenzstatut verweise, wird vorgeschlagen, diese Vorschrift eng auszulegen, so dass sich die subjektive Schiedsfähigkeit nach der lex fori concursus richten solle.[741]

---

738 So auch Nacimiento/Bähr NJOZ 2009, 4752, 4760 f.

739 Stein/Jonas/Schlosser, ZPO, Bd. 10, 23. A. 2014, § 1059 Rn. 34.

740 Nacimiento/Bähr NJOZ 2009, 4752, 4761 f.; Poelzig ZZPInt 2009, 393, 434; Eckardt FS von Hoffmann, 934, 947; Schwab/Walter, Schiedsgerichtsbarkeit, 7. A. 2005, Kap. 44 Rn. 1; Musielak/Voit/Voit, ZPO, 12. A. 2015, § 1059 Rn. 6.

741 Eckardt FS von Hoffmann, 934, 947; Poelzig ZZPInt 2009, 393, 434.

Bei einem nach Insolvenzeröffnung einzuleitenden Schiedsverfahren ist dem zuzustimmen und die subjektive Schiedsfähigkeit der lex fori concursus zu unterstellen.

Ist im Zeitpunkt der Insolvenzeröffnung bereits ein Schiedsverfahren anhängig, besteht wieder das Problem, dass ein zulässig eingeleitetes Verfahren nachträglich unzulässig werden kann, weil die lex fori concursus die subjektive Schiedsfähigkeit einschränkt. Es ist daher sinnvoller, die §§ 335, 352 InsO so auszulegen, das sich bei einem im Zeitpunkt der Insolvenzeröffnung bereits eingeleiteten Schiedsverfahren die subjektive Schiedsfähigkeit nach der lex arbitri bestimmt. Dafür kann ebenfalls § 1059 Abs. 2 Nr. 1 lit. a) ZPO herangezogen werden, nach dem es darauf ankommt, ob die Schiedsvereinbarung wirksam abgeschlossen wurde und nicht, ob sie nachträglich unwirksam wird. Die §§ 335, 352 InsO sind damit wie Art. 15 EuInsVO auszulegen.[742]

I. Unterbrechung und Wideraufnahme von Schiedsverfahren

I. Innereuropäische Fälle

Die Frage nach der Unterbrechung von Schiedsverfahren in Folge der Insolvenzeröffnung kann sich nur stellen, wenn ein Schiedsverfahren bereits eingeleitet wurde. Bei Schiedsverfahren, welche erst nach Eröffnung des Insolvenzverfahrens eingeleitet werden, bestimmen sich die verfahrensrechtlichen Auswirkungen der Insolvenzeröffnung gemäß Art. 4 Abs. 1 und Abs. 2 lit. f) EuInsVO nach der lex fori concursus.

Da sich gemäß Art. 15 EuInsVO bei einem in Deutschland laufenden Schiedsverfahren die Wirkungen des Insolvenzverfahrens nach der lex fori processus richten, bestimmt sich die Verfahrensunterbrechung nach § 240 ZPO analog.[743] Voraussetzung ist jedoch, dass das ausländische Recht insoweit mit dem deutschen Recht vergleichbar ist und dass es ebenfalls die ausschließliche Prozessführungsbefugnis des Insolvenzverwalters vorsieht, die § 240 ZPO zugrunde liegt.[744] Die analoge Anwendung von § 240 ZPO sollte daher Anpassungen nicht ausschließen, wenn das ausländische Insolvenzverfahren etwa in Eigenverwaltung durchgeführt wird und keine Prozessführungsbefugnis des Insolvenzverwalters vorsieht.

---

742 Begr. RegE, BT-Drucks. 15/16, S. 11ff.

743 Siehe oben Teil I. D.

744 MünchKommZPO/Gehrlein, Bd. 1, 4. A. 2013, § 240 Rn. 11; BGH NJW 1997, 2525.

Es ist jedoch nicht gesichert, ob sich der weitere Gang des Verfahrens nach deutschem Schiedsverfahrensrecht oder nach der lex fori concursus beurteilt. Nach dem Wortlaut von § 240 ZPO regeln die Vorschriften des Insolvenzverfahrens die Aufnahme des zunächst unterbrochenen Verfahrens.

Es wird daher angenommen, dass die lex fori concursus darüber entscheidet, unter welchen Voraussetzungen ein unterbrochenes Verfahren fortgesetzt werden kann. Zwar verweise die Vorschrift auf das deutsche Insolvenzrecht. Dies könne aber zu Problemen führen, wenn das ausländische Insolvenzstatut keine entsprechende Möglichkeit zur Wiederaufnahme des Verfahrens vorsehe.[745]

Die Gegenposition sieht sämtliche prozessualen Folgen für das schiedsgerichtliche Verfahren von Art. 15 EuInsVO mitumfasst. Dazu zählen insbesondere Normen über die Aussetzung oder Unterbrechung sowie über die Fortsetzung und Wideraufnahme des Verfahrens.[746] Auf Basis von Art. 15 EuInsVO sei nach inländischem Schiedsverfahrensrecht zu entscheiden, ob das Schiedsverfahren infolge der Auslandsinsolvenz unterbrochen werde und wie es wieder aufzunehmen ist.[747]

Nach einer dritten Ansicht sei Art. 15 EuInsVO nicht als Verweis auf das Recht des Staates anzusehen, in dem das Schiedsverfahren stattfindet, sondern auf die im jeweiligen Schiedsverfahren anzuwendende Schiedsordnung.[748] Eine Unterbrechung des Schiedsverfahrens könne nur stattfinden, wenn die jeweilige Schiedsordnung eine entsprechende Regelung enthalte und das Schiedsgericht das Verfahren nach der Schiedsordnung aussetzen könne.[749]

Für die erstgenannte Ansicht spricht, dass sich die Stellung des Insolvenzverwalters und die Person, die zur Wiederaufnahme des Prozesses berechtigt ist, nach der lex fori concursus bestimmen.[750] Das sagt aber noch nichts darüber aus, nach welchem Regelwerk sich die Wideraufnahme des Schiedsverfahrens richtet. Es kann durchaus möglich sein, dass das ausländische Insolvenzrecht keine dem deutschen Recht vergleichbaren Bestimmungen über die Fortsetzung des Verfahrens oder gänzlich abweichende Normen enthält. Bei Anwendung der lex

---

745 Wagner, S. 159 f.

746 Mankowski ZIP 2010, 2478, 2481; wenn auch ohne Bezug zu Schiedsverfahren Duursma-Kepplinger/Duursma/Chalupsky/Duursma-Kepplinger, EuInsVO, 1. A. 2002, Art. 15 Rn. 4; Pannen, EuInsVO-Kommentar, 1. A. 2007 Art. 15 Rn. 4

747 G. Wagner KTS 2010, 39, 59

748 Eyber ZInsO 2009, 1225, 1229; MünchKommInsO/Reinhart, Bd. 3, 2. A. 2008, VO (EG) 1346/2000 Art. 15 Rn. 4

749 Eyber, a.a.O.

750 MünchKommInsO/Reinhart, Bd. 3, 2. A. 2008, VO (EG) 1346/2000 Art. 15 Rn. 8, 12.

fori processus für die Wiederaufnahme des Verfahrens können auch Konflikte zwischen dem ausländischen Insolvenzrecht und der im deutschem Recht geregelten Wiederaufnahme von unterbrochenen Prozessen entstehen. Folge wäre, dass durch die lex fori processus in die insolvenzrechtlichen Befugnisse nach dem ausländischen Insolvenzrecht eingegriffen werden würde. Nur das Recht des Staates der Verfahrenseröffnung sollte daher bestimmen, wie ein laufendes Schiedsverfahren nach Insolvenzeröffnung wieder aufgenommen werden kann.

Art. 15 EuInsVO kann bei Schiedsverfahren auch nicht als Verweis auf die jeweils anwendbare Schiedsordnung ausgelegt werden. Die Vorschrift verweist primär auf die lex fori processus und damit auf die Verfahrensregelungen für staatliche Gerichte.[751] Die Schiedsordnungen enthalten zudem meist keine Regelungen über die Fortsetzung des Verfahrens. Insbesondere bei Ad-hoc-Verfahren fehlt ein institutioneller Hintergrund, der solche Gestaltungen vorsehen könnte.

II. Drittstaatenfälle

Das deutsche internationale Insolvenzrecht regelt durch § 352 InsO als Sachnorm, dass mit der Insolvenzeröffnung im Ausland ein im Inland anhängiger Rechtsstreit unterbrochen wird. Die Vorschrift ist § 240 ZPO nachgebildet.[752]

Gegen eine Anwendung dieser Vorschrift auf laufende Schiedsverfahren wird von der herrschenden Meinung angeführt, dass sich die Wirkungen eines im Ausland eröffneten Insolvenzverfahrens nur nach der anwendbaren Schiedsordnung und den §§ 1025 ff. ZPO bestimmen. Auch die allgemeine Regel des § 240 ZPO zur Verfahrensunterbrechung bei Eröffnung eines Insolvenzverfahrens im Inland sei auf Schiedsverfahren nicht anzuwenden. Eine Unterbrechung des Schiedsverfahrens sei daher nicht zwingend geboten, aber zur Gewährung rechtlichen Gehörs angebracht. Die Fortführung des Verfahrens stelle jedenfalls keinen die Vollstreckbarkeit hindernden ordre public-Verstoß dar.[753]

Gegen diese Ansicht wird vermehrt vorgebracht, dass § 352 InsO auch Schiedsverfahren erfasse.[754] Es soll keinen Unterschied machen, ob es sich um einen Rechtsstreit vor einem staatlichen Gericht oder um einen Rechtsstreit

---

751 Eyber ZInsO 2009, 1225, 1229.

752 MünchKommInsO/Reinhart, Bd. 3, 3. A. 2014, § 352 InsO Rn. 1.

753 MünchKommInsO/Reinhart, Bd. 3, 2. A. 2008, § 352 Rn. 15; HK-InsO/Stephan, 7. A. 2014, § 352 Rn. 8.; Andres/Leithaus/Dahl, InsO, 3. A. 2014, § 352 Rn. 3; Nacimiento/Bähr NJOZ 2009, 4752, 4762; Trunk, S. 148 f.

754 G. Wagner KTS 2010, 39, 61 f.; MünchKommInsO/Thole, Bd. 3, 3. A. 2014, § 352 Rn. 16; K. Schmidt/Brinkmann, InsO, 18. A. 2013, § 352 Rn. 5; KPB/Paulus, InsO, Bd. 4, § 352 Rn. 4; siehe auch oben unter Teil I. D. II.

vor einem Schiedsgericht handelt. Mit der Wahl eines Schiedsgerichts sollen die Parteien nicht die Wirkungen des Insolvenzrechts ausschließen können. Der in § 352 InsO verwendete Begriff "Rechtsstreit" erlaube es, nicht nur Verfahren vor staatlichen Gerichten, sondern auch Schiedsverfahren als von dieser Vorschrift erfasst anzusehen.[755]

Wenn man zudem § 240 ZPO analog auf das Verfahren vor Schiedsgerichten anwenden möchte, sei es nur folgerichtig, auch § 352 InsO für eine Unterbrechungswirkung bei inländischen Schiedsverfahren anzuwenden.[756] Die Unterbrechung des Schiedsverfahrens diene der Verwirklichung des Rechts auf rechtliches Gehör gemäß § 1042 Abs. 1 ZPO und sei verfassungsrechtlich geboten.[757]

Mit Blick auf die oben vertretene Auffassung zur analogen Anwendung von § 240 ZPO muss das gleiche auch für § 352 InsO gelten. Die Anwendung von § 352 InsO schafft eine klare Regelung des Verfahrens im Falle der Insolvenz einer Partei für das Schiedsgericht und stellt sicher, dass der Insolvenzverwalter ordnungsgemäß am Schiedsverfahren beteiligt und ihm rechtliches Gehör gewährt wird. § 352 InsO ist zudem weder auf Verfahren vor den Landgerichten beschränkt, noch gibt es eine Einschränkung, ob der anhängige Rechtsstreit vor einem staatlichen Gericht oder vor einem Schiedsgericht geführt wird.[758] Daher sollte § 352 InsO ebenfalls auf Schiedsverfahren angewendet werden und die Unterbrechungswirkung auch eintreten, wenn eine Insolvenz in einem Staat außerhalb der EU eröffnet wird.

Mit der analogen Anwendung des § 352 InsO ist aber noch nicht entschieden, ob die lex fori processus oder die lex fori concursus die Auswirkungen der Insolvenzeröffnung im Zusammenhang mit der Unterbrechung des Verfahrens bestimmt. In der Literatur wird eine einschränkende Auslegung von § 352 InsO dahingehend gefordert, dass deutsches Verfahrensrecht entscheiden solle, inwiefern ein inländisches Schiedsverfahren von der ausländischen Insolvenz betroffen wird.[759] Folge der Anwendung deutschen Verfahrensrechts, wäre die Aufnahme des Rechtsstreits in entsprechender Anwendung von §§ 85, 86 InsO.[760]

---

755 G. Wagner KTS 2010, 39, 54 f., 61 f.

756 G. Wagner KTS 2010, 39, 61 f.; MünchKommInsO/Thole, Bd. 3, 3. A. 2014, § 352 Rn. 16.; siehe auch oben unter Teil I. D. II.

757 K. Schmidt/Brinkmann, InsO, 18. A. 2013, § 352 Rn. 5.

758 G. Wagner KTS 2010, 39, 61 f.; MünchKommInsO/Thole, Bd. 3, 3. A. 2014, § 352 Rn. 16.

759 Poelzig ZZPInt 14 (2009), 393, 434; Wagner, S. 161; Eckardt FS von Hoffmann, 934, 947 f.

760 MünchKommInsO/Thole, Bd. 3, 3. A. 2014, § 352 Rn. 13.

Nach der Rechtsprechung des BAG und des BGH soll die lex fori concursus die Aufnahmemöglichkeiten regeln.[761] Danach richten sich alle Voraussetzungen der Aufnahme eines inländischen Rechtsstreits nach dem Recht des Staats, in dem das Insolvenzverfahren eröffnet wurde. Nur die Form der Aufnahme bestimme sich nach deutschem Prozessrecht.[762]

Gegen dieses Normverständnis werden der Wortlaut der Vorschrift und die Gesetzesbegründung angeführt. Nur die Frage, wer zur Aufnahme des Rechtsstreits berechtigt ist, also wer die Prozessführungsbefugnis habe, solle sich nach dem Recht des Eröffnungsstaates richten.[763] Damit soll ein Eingriff in die vom ausländischen Insolvenzrecht getroffenen Regelungen über die Befugnisse der Beteiligten vermieden werden.[764] Darüber hinaus könne das ausländische Insolvenzrecht nicht über die Wirksamkeit inländischer Prozesshandlungen bestimmen. § 352 Abs. 1 Satz 2 InsO sei nur als klarstellende Kollisionsnorm bezüglich der Kompetenzverteilung zwischen Verwalter und Schuldner zu verstehen.[765]

Zutreffender ist eine Auslegung von § 352 InsO, nach welcher die Aufnahmemöglichkeiten als solche und die Art und Weise der Aufnahme durch die lex fori concursus bestimmt werden. Auch bei Insolvenzverfahren in Drittstaaten kann nur das ausländische Insolvenzrecht festlegen, wie ein laufendes Verfahren durch die Beteiligten fortzusetzen ist.

761 BAG NZI 2008, 122; BGH NZI 2009, 859; zustimmend Braun/Liersch, InsO, 6. A. 2014, § 352 Rn. 7; Häsemeyer, Insolvenzrecht, 4. A. 2007, Rn. 35.22 Fn. 5.

762 BAG NZI 2008, 122, 125.

763 MünchKommInsO/Thole, Bd. 3, 3. A. 2014, § 352 Rn. 13.

764 Brinkmann IPRax 2011, 143, 147; MünchKommInsO/Thole, Bd. 3, 3. A. 2014, § 352 Rn. 13.

765 Brinkmann a.a.O.

Zusammenfassung

Beim Aufeinandertreffen von Insolvenz- und Schiedsverfahren treten eine Vielzahl von Rechtsfragen auf, welche bis heute umstritten sind und von der Rechtsprechung noch nicht abschließend geklärt wurden. Die Konflikte aus dem privatautonom ausgestalteten und vor staatlichen Eingriffen geschützten Schiedsverfahren und dem staatlich organisierten Insolvenzverfahren, welches die Gläubigerbefriedigung in den Vordergrund stellt, werden aufgrund der unterschiedlichen Zielsetzungen der Verfahren wohl auch niemals abschließend geklärt werden.

Bei grenzüberschreitenden Insolvenzen muss zunächst festgestellt werden, welcher Normenverbund auf die einzelnen Teilbereiche des Verfahrens anzuwenden ist. Obwohl im europäischen Bereich mit der EuInsVO ein einheitliches Regelungssystem vorhanden ist, kann diese Frage nicht leicht beantwortet werden. Einfacher ist die Rechtslage dagegen bei einer Insolvenzeröffnung in Drittstaaten.

Der Insolvenzverwalter ist nach deutschem Recht grundsätzlich an eine vom Schuldner abgeschlossene Schiedsvereinbarung gebunden. Die Bindung des Insolvenzverwalters nach deutschem Recht liegt in der grundsätzlichen Anerkennung und Wirksamkeit der vorinsolvenzlich geschaffenen Rechtslage nach der InsO. Andere Rechtsordnungen, wie das polnische Recht mit Art. 142 KRG, sehen jedoch teilweise ein Erlöschen der Schiedsvereinbarung im Insolvenzfall vor. Der Fortbestand der Schiedsvereinbarung ist daher bei grenzüberschreitenden Insolvenz- und Schiedsverfahren nicht zwingend.

Die Bindung des Verwalters erstreckt sich bei Verfahren ohne Auslandsbezug nahezu auf alle im Rahmen von Insolvenzverfahren zu führenden Prozesse. Von besonderer Bedeutung ist die Bindung an die Schiedsvereinbarung bei Feststellungsprozessen. Nach herrschender Meinung ist der Insolvenzverwalter im Feststellungsprozess gebunden. Widersprechende Gläubiger müssen sich ebenfalls an der Schiedsabrede festhalten lassen. Denn der Gläubiger muss das Recht der Masse, das er verteidigt, so hinnehmen wie es ist und damit auch eine abgeschlossene Schiedsvereinbarung. Das Ziel des Insolvenzfeststellungsverfahrens, die Masse einheitlich gegenüber allen Gläubigern festzustellen, wird bei einer Entscheidung durch Schiedsgerichte nicht beeinträchtigt. Denn die Rechtskraft des Schiedsspruchs wirkt allseitig und erstreckt sich sowohl auf den Anmelder der Forderung als auch auf den Insolvenzverwalter und die anderen Gläubiger.

Von der Bindung an die Schiedsvereinbarung ausgenommen sind nur das Anfechtungsrecht sowie sonstige insolvenzspezifische Rechte des Insolvenzverwalters. Es handelt sich dabei um Rechte, welche sich nicht direkt aus dem vom Schuldner geschlossenen Vertrag ergeben, sondern welche erst mit Insolvenzeröffnung entstehen und der Verfügungsbefugnis des Schuldners entzogen sind. Da der Insolvenzverwalter in diesen Fällen nicht an die Schiedsvereinbarung gebunden ist, ist es ihm auch nicht gestattet, den Anfechtungsgegner gegen seinen Willen an der Schiedsvereinbarung festzuhalten oder die Anfechtungseinrede als Verteidigungsmittel im Schiedsverfahren geltend zu machen. Er kann sie aber im Vollstreckbarerklärungsverfahren und mit der Vollstreckungsgegenklage geltend machen.

Der Insolvenzverwalter hat die Möglichkeit, sich von der Schiedsvereinbarung zu lösen, wenn die Insolvenzmasse nicht ausreicht, um die Kosten des Verfahrens zu decken. Die Schiedsvereinbarung wird in diesem Fall gemäß § 1032 Abs. 1 ZPO undurchführbar und der Weg zu den staatlichen Gerichten wird eröffnet.

Bei einem Schiedsverfahren, welches zum Zeitpunkt der Insolvenzeröffnung bereits begonnen hatte, wird das Verfahren entgegen der herrschenden Meinung nach § 240 ZPO analog unterbrochen. Der Insolvenzverwalter hat so ausreichend Zeit, das laufende Schiedsverfahren zu prüfen und seine Beteiligung am Verfahren wird gesichert.

Wurden bereits Schiedsrichterverträge abgeschlossen ist der Insolvenzverwalter an diese gebunden und kann sich nicht nach §§ 115, 116 InsO von ihnen lösen. Auch bereits bezahlte Schiedsrichterhonorare können nicht zurückgefordert werden, sondern sind wie Gerichtsgebühren zu behandeln.

Beim Zusammentreffen von einem Schiedsverfahren im Inland und der Eröffnung eines Insolvenzverfahrens im Ausland muss sich das Schiedsgericht als Vorfrage mit der Anerkennung des Insolvenzverfahrens beschäftigen. Schiedsgerichte sind nicht wie staatliche Gerichte an die EuInsVO gebunden und haben die Eröffnung eines ausländischen Verfahrens nicht automatisch anzuerkennen. Die EuInsVO beansprucht jedoch unmittelbare Geltung innerhalb der Mitgliedsstaaten. Um die Anerkennung und die Vollstreckbarerklärung eines Schiedsspruchs nicht zu gefährden, werden Schiedsgerichte daher Insolvenzen im europäischen Ausland wie staatliche Gerichte anerkennen. Das Gleiche gilt bei einem Insolvenzverfahren in einem Drittstaat.

Im internationalen Bereich muss zunächst ermittelt werden, welches Rechtssystem überhaupt Anwendung finden kann. Bei einer Insolvenz in einem EU-Mitgliedsstaat bestimmen sich deren Auswirkungen gemäß Art. 4 Abs. 1, Abs. 2

lit. e) EuInsVO nach dem Recht des Staates der Verfahrenseröffnung. Deutsches Recht kommt nach Art. 4 Abs. 2 lit. f) und 15 EuInsVO nur zur Anwendung, wenn bereits ein Schiedsverfahren zum Zeitpunkt der Insolvenzeröffnung anhängig ist. Bei einer Insolvenzeröffnung in einem Drittstaat ist gemäß § 335 InsO die lex fori concursus anzuwenden.

Im internationalen Kontext sind viele Einzelfragen umstritten. Je nach Auslegung der anzuwendenden Vorschriften führt dies zu unterschiedlichen Ergebnissen. Da in Europa die Rechtsordnungen teilweise die Unwirksamkeit der Schiedsvereinbarung für den Fall der Insolvenz vorsehen, kann die Anwendung eines bestimmten Rechtssystems die Schiedsvereinbarung zu Fall bringen. Die vielfältigen Problemstellungen beim Aufeinandertreffen von Insolvenz- und Schiedsverfahren werden im Ergebnis weiter im Fokus von Schiedsrichtern, Anwälten und Gerichten stehen.

Literaturverzeichnis

Andres, Dirk/Leithaus, Rolf: Insolvenzordnung (InsO) Kommentar, 3. Auflage, 2014 München (zit.: Andres/Leithaus/Bearbeiter, InsO, 3. A. 2014).

Ballerstedt, Kurt: Zur Haftung für culpa in contrahendo bei Geschäftsabschluss durch Stellvertreter, AcP 151 (1951), 501–531 (zit.: Ballerstedt in AcP 151 (1951), 501, S.).

Balz, Manfred: Das neue Europäische Insolvenzübereinkommen, ZIP 1996, 948–955 (zit.: Balz ZIP 1996, 948, S.).

–: The European Union Convention on Insolvency Proceedings, Am. Bankr. L. J. 70 (1996), 485–515 (zit.: Balz Am. Bankr. L. J. 70 (1996), 485, S.).

Baumbach, Adolf/Lauterbach, Wolfgang/Albers, Jan/Hartmann, Peter: Zivilprozessordnung, 73. Auflage, München 2015 (zit.: Baumbach/Lauterbach/Albers/Hartmann, ZPO, 73. A. 2015).

Baumgärtel, Gottfried: Wesen und Begriff der Prozesshandlung einer Partei im Zivilprozess, 2. A., Köln 1972 (zit.: Baumgärtel, Wesen und Begriff der Prozesshandlung einer Partei im Zivilprozess, 2. A. 1972, S.).

Bhandari, Jagdeep S./Weiss, Lawrence A.: Corporate bankruptcy, Cambridge 1996 (zit.: Bearbeiter in Bhandari/Weiss, Corporate bankruptcy, 1996, S.).

Berger, Christian: Schiedsvereinbarung und Insolvenzverfahren, ZInsO 2009, 1033–1039 (zit.: Berger ZInsO 2009, 1033, S.).

–: Schiedsrichtervertrag und Insolvenz der Schiedspartei, S. 903–913, in: Festschrift für Bernd von Hoffmann, Bielefeld 2011 (zit.: Berger FS von Hoffmann, 903, S.).

Bernhardt, Wolfgang: Buchbesprechung zu Mentzel/Kuhn, Kommentar zur Konkursordnung, 7. Auflage 1962, NJW 1962, 2194 (zit.: Bernhardt in NJW 1962, 2194).

Bertheau, Theodor Richard: Das New Yorker Abkommen vom 10. Juni 1958 über die Anerkennung und Vollstreckung ausländischer Schiedssprüche, Zürich 1965 (zit.: Bertheau, S.).

Bettermann, Karl August: Hundert Jahr Zivilprozessordnung – Das Schicksal einer liberalen Kodifikation, ZZP 91 (1978), 365–397 (zit.: Bettermann ZZP 91 (1978), 365, S.).

Blase, Friedrich: Die Grundregeln des Europäischen Vertragsrechts als Recht grenzüberschreitender Verträge, München 2001 (zit.: Blase, S.).

Blersch, Jürgen/Goetsch, Hans-W./Haas, Ulrich: Berliner Kommentar Insolvenzrecht, Band 2, Köln, Loseblattwerk Stand Juli 2015 (zit.: BK-InsO-Bearbeiter, Bd. 2).

Bley, Erich: Die Feststellung des Konkursgläubigerrechts, Leipzig 1914 (zit.: Bley, S.).

–: Die Haftung des Gemeinschuldners für Masseansprüche, ZZP 62 (1941), 111–122 (zit.: Bley ZZP 62 (1941), 111, S.).

Blomeyer, Arwed: Zivilprozessrecht – Erkenntnisverfahren, 2. Auflage, Berlin 1985 (zit.: Blomeyer, Zivilprozessrecht, 2. A. 1985).

Blomeyer, Wolfgang/Kanz, Volkmar: Die Direktversicherung im Konkurs des Arbeitgebers, KTS 1985, 169–197 (zit.: Blomeyer/Kanz KTS 1985, 169, S.).

Böckstiegel, Karl-Heinz: Die Schiedsgerichtsbarkeit in Deutschland – Standort und Stellenwert, SchiedsVZ 2009, 3–8 (zit.: Böckstiegel SchiedsVZ 2009, 3, S.).

Böckstiegel, Karl-Heinz/Kröll, Stefan/Nacimiento, Patricia: Arbitration in Germany: The Model Law in Practice, 1. Auflage, Austin 2008 (zit.: Böckstiegel/Kröll/Nacimiento/Bearbeiter, Arbitration in Germany, 1. A. 2008).

Bork, Reinhard: Handbuch des Insolvenzanfechtungsrechts, 1. Auflage, Köln 2006 (zit.: Bork/Bearbeiter, Handbuch des Insolvenzanfechtungsrechts, 1. A. 2006).

Borris, Christian/Schmidt, Lutz: Nochmals: Vollstreckbarerklärung von Schiedssprüchen und materiellrechtliche Einwendungen des Schiedsbeklagten – Anmerkung zu den Beschlüssen des OLG Köln vom 23. April 2004, des OLG Düsseldorf vom 19. Januar 2005, des OLG Dresden vom 20. April 2005 und des OLG Koblenz vom 28. Juli 2005, SchiedsVZ 2005, 254–256 (zit.: Borris/Schmidt SchiedsVZ 2005, 254, S.).

–: Vollstreckbarkeit von Schiedssprüchen und materiell-rechtliche Einwendungen des Schiedsbeklagten, SchiedsVZ 2004, 273–279 (zit.: Borris/Schmidt SchiedsVZ 2004, 273, S.).

Braun, Eberhard: Insolvenzordnung (InsO) Kommentar, 6. Auflage, München 2014 (zit.: Braun/Bearbeiter, InsO, 6. A. 2014).

Breetzke, Ernst: Vertrag und Vergütung des Schiedsrichters, NJW 1968, S. 1113–1117 (zit.: Breetzke NJW 1968, 1113, S.).

Brinkmann, Moritz: Die Auswirkungen der Eröffnung eines Verfahrens nach Chapter 11 U.S. Bankruptcy Code auf im Inland anhängige Prozesse, IPRax 2011, 143–148 (zit.: Brinkmann IPRax 2011, 143, S.).

Buchegger, Walter: Insolvenzrecht, 1. Auflage, Wien 2010 (zit.: Buchegger, Insolvenzrecht, 1. A. 2010, S.).

Calliess, Gralf-Peter/Hoffmann, Hermann: Effektive Justizdienstleistungen für den globalen Handel, ZRP 2009, 1–4 (zit.: Calliess/Hoffmann ZRP 2009, 1, S.).

Dahl, Thomas: Die Bindungswirkung von Schiedsklauseln im Insolvenzverfahren, NZI 2012, 534–537 (zit.: Dahl NZI 2012, 534, S.).

Duursma-Kepplinger, Henriette-Christine/Duursma, Dieter: Der Anwendungsbereich der Insolvenzverordnung unter Berücksichtigung der Bereichsausnahmen, von Konzernsachverhalten und der von den Mitgliedsstaaten abgeschlossenen Konkursverträge, IPRax 2005, 505–511 (zit.: Duursma-Kepplinger/Duursma IPRax 2005, 505, S.).

Duursma-Kepplinger, Henriette-Christine/Duursma, Dieter/Chalupsky, Ernst: Europäische Insolvenzverordnung, 1. Auflage, Wien 2002 (zit.: Duursma-Kepplinger/Duursma/ Chalupsky/Bearbeiter, EuInsVO, 1. A. 2002)

Dütz, Wilhelm: Rechtsstaatlicher Gerichtsschutz im Privatrecht, Bad Homburg 1970 (zit.: Dütz, S.).

Ebbing, Frank: Private Zivilgerichte, München 2003 (zit.: Ebbing, S.).

Eckardt, Diederich: Die Feststellung und Befriedigung des Insolvenzgläubigerrechts, in: Kölner Schrift zur Insolvenzordnung, 2. Auflage, Köln 2000 (zit.: Eckardt, Rn.).

–: Internationale Handelsschiedsgerichtsbarkeit und Insolvenzverfahren: Die Bestimmung des maßgeblichen Rechts, S. 934–948, in: Festschrift für Bernd von Hoffmann, Bielefeld 2011 (zit.: Eckardt FS von Hoffmann, 934, S.).

Ehricke, Ulrich: Die Feststellung streitiger Insolvenzforderungen durch ein Schiedsgericht, ZIP 2006, 1847–1857 (zit.: Ehricke ZIP 2009, 1847, S.).

Eidenmüller, Host: Wettbewerb der Insolvenzrechte?, ZGR 2006, 467–488 (zit.: Eidenmüller ZGR 2006, 467, S.).

–: Gesellschaftsstatut und Insolvenzstatut, RabelsZ 2006, 474–505 (zit.: Eidenmüller RabelsZ 2006, 474, S.).

–: Free Choice in International Company Insolvency Law in Europe, EBOR 6 (2005), 423–447 (zit.: Eidenmüller EBOR 6 (2005), 423, S.).

Epping, Manja: Die Schiedsvereinbarung im internationalen privaten Rechtsverkehr nach der Reform des deutschen Schiedsverfahrensrechts, München 1999 (zit.: Epping, S.).

Eyber, Klaus U.: Auslandsinsolvenz und Inlandsrechtsstreit, ZInsO 2009, 1225–1243 (zit.: Eyber ZInsO 2009, 1225, S.).

Fasching, Hans W.: Schiedsgericht und Schiedsverfahren im österreichischen und im internationalen Recht: Ein Handbuch, Wien 1973 (zit.: Fasching, S.).

Flöther, Lucas F.: Auswirkungen des inländischen Insolvenzverfahrens auf Schiedsverfahren und Schiedsabrede, Köln 2001 (zit.: Flöther, S.).

–: Schiedsverfahren und Schiedsabrede unter den Bedingungen der Insolvenz, DZWIR 2001, 89–95 (zit.: Flöther DZWIR 2001, 89, S.).

Foerste, Ulrich: Insolvenzrecht, 6. Auflage, München 2014 (zit.: Foerste, Insolvenzrecht, 6. A. 2014).

Gaul, Hans Friedhelm/Schilken, Eberhard/Becker-Eberhard, Ekkehard: Zwangsvollstreckungsrecht, 12. Auflage, München 2012 (zit.: Gaul/Schilken/Becker-Eberhard, ZVR, 12. A. 2010).

Gebler, Olaf: Ausländische Insolvenzverfahren zur Sanierung deutscher Unternehmen, NZI 2010 665–669 (zit.: Gebler NZI 2010, 665, 668).

– /Dorothée, Stracke: Anerkennung des US-Chapter 11 - Verfahrens als Insolvenzverfahren, NZI 2010, 13–15 (zit.: Gebler/Stracke NZI 2010, 13, S.).

Geimer, Reinhold: Schiedsgerichtsbarkeit und Verfassung: Integritätsprobleme im Umfeld der Justiz, Bielefeld 1994 (zit.: Geimer, S.).

–: Internationales Zivilprozessrecht, 7. Auflage, Köln 2015 (zit.: Geimer, IZPR, 7. A. 2015).

–/Schütze, Rolf A.: Europäisches Zivilverfahrensrecht, 3. Auflage, München 2010 (zit.: Geimer/Schütze/Bearbeiter, Europäisches Zivilverfahrensrecht, 3. A. 2010).

–: Internationaler Rechtsverkehr in Zivil- und Handelssachen, Loseblattwerk, München 2015 (zit.: Geimer/Schütze/Bearbeiter, Int. Rechtsverkehr, 2015).

Gerhardt, Walter/Kreft, Gerhart: Aktuelle Probleme der Insolvenzanfechtung, 10. Auflage, Köln 2006 (zit.: Gerhardt/Kreft, Aktuelle Probleme der Insolvenzanfechtung, 10. A. 2006).

Goette, Wulff/Habersack, Mathias/Kalss, Susanne: Münchener Kommentar zum Aktiengesetz, Band 4, 3. Auflage 2011 (zit.: MünchKommAktG/Bearbeiter, Bd. 4, 3. A. 2011).

Goldman, Berthold: Kündigung des Schiedsvertrags aus einem wichtigem Grund, ZZP 51 (1926), 442–457 (zit.: Goldman ZZP 51 (1926), 442, S.).

Goldschmidt, James: Der Prozess als Rechtslage, Berlin 1925 (zit.: Goldschmidt, S.).

Gottwald, Peter: Insolvenzrechts-Handbuch, 5. Auflage, München 2015 (zit.: Gottwald/Bearbeiter, Insolvenzrechts-Handbuch, 5. A. 2015).

Habscheid, Walther J.: Die Kündigung des Schiedsvertrags aus wichtigem Grund, KTS 1980, 285–296 (zit.: Habscheid KTS 1980, 285, S.).

–: Schiedsvertrag und Schiedsgutachtenvereinbarung, KTS 1957, 129–136 (zit.: Habscheid KTS 1957, 129, S.).

–: Die Rechtsnatur des Schiedsvertrags und ihre Auswirkungen, KTS, 1955, 33–39 (zit.: Habscheid KTS 1955, 33, S.).

Handorn, Boris: Das Sonderkollisionsrecht der deutschen internationalen Schiedsgerichtsbarkeit: Zur Bestimmung des anwendbaren materiellen

Rechts gemäß 1051 Abs. 1 und 2 Zivilprozessordnung, Tübingen 2005 (zit.: Handorn, S.).

Häsemeyer, Ludwig: Insolvenzrecht, 4. Auflage, Köln 2007 (zit.: Häsemeyer, Insolvenzrecht, 4. A. 2007).

–: Die Gleichberechtigung der Konkursgläubiger, KTS 1982, 507–575 zit.: Häsemeyer KTS 1982, 507, S.).

Haß, Detlef/Huber, Peter/Gruber, Urs/Heiderhoff, Bettina: EU-Insolvenzverordnung – Kommentar zur Verordnung (EG) 1346/2000 über Insolvenzverfahren (EuInsVO), 1. Auflage, München, 2005 (zit.: Haß/Huber/Gruber/Heiderhoff, EuInsVO, 1. A. 2005).

Heidbrink, Alfried: Die Insolvenzanfechtung im Schiedsverfahren, SchiedsVZ 2009, 258–265 (zit.: Heidbrink SchiedsVZ 2009, 258, S.).

– /von der Groeben, Marie-Christine: Insolvenz und Schiedsverfahren, ZIP 2006, 265–272 (zit.: Heidbrink/v.d. Groeben ZIP 2006, 265, S.).

Henckel, Wolfram: Prozessrecht und materielles Recht, Göttingen 1970 (zit.: Henckel, S.).

–: Buchbesprechung zu: K. Schmidt, Wege zum Insolvenzrecht der Unternehmen, ZIP 1991, 133–137 (zit.: Henckel ZIP 1991, 133, S.).

–: Der Gegenstand des Verfahrens zur Feststellung von Konkursforderungen, S. 151–172, in: Festschrift für Karl Michaelis, Göttingen 1972 (zit.: Henckel FS Michaelis, 151, S.).

Hess, Harald: Insolvenzrecht Großkommentar in zwei Bänden, Band 1, 2. Auflage, Heidelberg 2013 (zit.: Hess, InsR, Bd. 1, 2. A. 2013).

Hesselbarth, Franziska: Schiedsgerichtsbarkeit und Grundgesetz: (Teil-)Verfassungswidrigkeit des reformierten Schiedsverfahrensrechts, Jena 2004 (zit.: Hesselbarth, S.).

Heuser, Richard: Schiedsgerichtsbarkeit und Mediation im Insolvenzverfahren, Frankfurt am Main 2010 (zit.: Heuser, S.).

Heydn, Truiken: Bindung des Insolvenzverwalters an eine Schiedsvereinbarung bei der Geltendmachung insolvenzspezifischer Rechte?, SchiedsVZ 2010, 182–187 (zit.: Heydn SchiedsVZ 2010, 182, S.).

Hoffmann, Hermann: Schiedsgerichte als Gewinner der Globalisierung? Eine empirische Analyse zur Bedeutung staatlicher und privater Gerichtsbarkeit für den internationalen Handel, SchiedsVZ 2010, 96–101 (zit.: Hoffmann SchiedsVZ 2010, 96, S.).

Hölters, Wolfgang: Aktiengesetz Kommentar, 2. Auflage, München 2015 (zit.: Hölters/Bearbeiter, AktG, 2. A. 2015).

Holzmann, Howard M./Neuhaus, Joseph E.: A Guide To The UNCITRAL Model Law On International Arbitration: Legislative History and Commentary, Deventer 1989 (zit.: Holzmann/Neuhaus, UNICITRAL Model Law, S.).

Hoepffner, Walter L.: Schiedsverfahren bei Konkursverfahren und bei Beantragung des Armenrechts, MDR 1957, 330–332 (zit.: Hoepffner MDR 1957, 330, S.).

Hußlein-Stich, Gabriele: Das UNCITRAL-Modellgesetz über die internationale Handelsschiedsgerichtsbarkeit, Köln 1990 (zit.: Hußlein-Stich, S.).

Jaeger, Ernst: Jaeger Insolvenzordnung Großkommentar, Band 1, 1. Auflage, Berlin 2004 (zit.: Jaeger/Bearbeiter, InsO, Bd. 1, 1. A 2004).

–: Jaeger Insolvenzordnung Großkommentar, Band 2, 1. Auflage, Berlin 2007 (zit.: Jaeger/Bearbeiter, InsO, Bd. 2, 1. A 2007).

–: Jaeger Insolvenzordnung Großkommentar, Band 4, 1. Auflage, Berlin 2008 (zit.: Jaeger/Bearbeiter, InsO, Bd. 4, 1. A 2008).

–: Jaeger Insolvenzordnung Großkommentar, Band 6, 1. Auflage, Berlin 2010 (zit.: Jaeger/Bearbeiter, InsO, Bd. 6, 1. A 2010).

Jahr, Günther: Die gerichtliche Zuständigkeit für das Konkursverfahren und die Entscheidung von Streitigkeiten , die mit dem Konkursverfahren zusammenhängen, ZZP 79 (1966), 347–386 (zit.: Jahr ZZP 79 (1966), 347, S.).

Jestaedt, Thomas: Schiedsverfahren und Konkurs, Berlin 1985 (zit.: Jestaedt, S.).

Jonas, Martin: Die Konkursfeststellung in ihrer prozessualen Durchführung, Berlin 1907 (zit.: Jonas, S.).

Karl, Wolfram: Internationaler Kommentar zur Europäischen Menschenrechtskonvention, Loseblattwerk, Köln 2010 (zit.: IntKommEMRK/Bearbeiter, 2010).

Kasolowsky, Boris/Steup, Magdalene : Insolvenz in internationalen Schiedsverfahren – lex arbitri oder lex fori concursus, IPRax 2010, 180–184 (zit.: Kasolowsky/Steup IPRax 2010, 180, S.).

Kindler, Peter/Nachmann, Josef: Handbuch Insolvenzrecht in Europa, Loseblattwerk, 4. Auflage, Stand Juli 2014, München (zit.: Kindler/Nachmann/Bearbeiter, Hdb. Insolvenzrecht in Europa, 4. A. 2014).

Kirchhof, Hans-Peter/Eidenmüller, Horst/Stürner, Rolf: Münchener Kommentar zur Insolvenzordnung, Band 1, 3. Auflage, München 2013 (zit.: MünchKommInsO/Bearbeiter, Bd. 1, 3. A. 2013).

Kirchhof, Hans-Peter/Hans-Jürgen Lwowski/Stürner, Rolf: Münchener Kommentar zur Insolvenzordnung, Band 2, 3. Auflage, München 2013 (zit.: MünchKommInsO/Bearbeiter, Bd. 2, 3. A. 2013).

–: Münchener Kommentar zur Insolvenzordnung, Band 3, 2. Auflage, München 2008 (zit.: MünchKommInsO/Bearbeiter, Bd. 3, 2. A. 2008).

–: Münchener Kommentar zur Insolvenzordnung, Band 3, 3. Auflage, München 2014 (zit.: MünchKommInsO/Bearbeiter, Bd. 3, 3. A. 2014).

Kisch, Wilhelm: Einige Bemerkungen zum Wesen des Schiedsvertrags, ZZP 51 (1926), 321–334 (zit.: Kisch ZZP 51 (1926), 321, S.).

Kiesow, Bernd-Joachim: Die Vereinbarkeit des Schiedsgerichtswesens mit dem Grundgesetz, KTS 1962, 224–233 (zit.: Kiesow KTS 1962, 224, S.).

Kohler, Josef: Gesammelte Beiträge zum Civilprozess, Berlin 1894 (zit.: Kohler, S.).

Kolmann, Stephan: Kooperationsmodelle im internationalen Insolvenzrecht – Empfiehlt sich für das deutsche internationale Insolvenzrecht eine Neuorientierung?, Bielefeld 2001 (zit.: Kolmann, S.).

Konecny, Andreas/Schubert, Günter: Insolvenzgesetze Kommentar, 42. Lfg., Wien 2010 (zit.: Konecny/Schubert, InsolvenzG, 2010).

König, Ute: Zur Bestimmung des Schiedsvertragsstatuts bei fehlender Gesetzesgrundlage nach Inkrafttreten der Rom I-Verordnung, SchiedsVZ 2012, 129–133 (zit.: König SchiedsVZ 2012, 129, S.).

Kreft, Gerhart: Insolvenzordnung – Heidelberger Kommentar, 7. Auflage, Heidelberg 2014 (zit.: HK-InsO/Bearbeiter, 7. A. 2014).

Kreindler, Richard H./Schäfer, Jan K./Wolff, Reinmar: Schiedsgerichtsbarkeit – Kompendium für die Praxis, Frankfurt am Main 2006 (zit.: Kreindler/Schäfer/Wolff, Schiedsgerichtsbarkeit, 1. A. 2006).

Kremer, Michael J. R./Weimann, Thomas: Die Einrede der verarmten Partei – ein Ausweg aus der Schiedsvereinbarung oder bloße Verzögerungstaktik?, MDR 2004, 181–184 (zit.: Kremer/Weimann MDR 2004, 181, S.).

Kröll, Stefan: Bank-related Instruments to Secure the Right to Arbitration despite the Impecuniousness of a Party, in: Financial Capacity of the Parties – A Condition for the Validity of the Arbitration Agreement, Frankfurt am Main 2004 (zit.: Kröll Financial Capacity of Parties, S. 151, S.).

–: Die Entwicklung des Schiedsrechts 2007–2008, NJW 2009, 1183–1190 (zit.: Kröll NJW 2009, 1183, S.).

–: Das neue deutsche Schiedsrecht vor staatlichen Gerichten: Entwicklungslinien und Tendenzen 1998–2000, NJW 2001, 1173–1184 (zit.: Kröll NJW 2001, 1173, S.).

Krüger, Wolfgang/Rauscher, Thomas: Münchener Kommentar zur Zivilprozessordnung, Band 1, 4. Auflage, München 2013 (zit.: MünchKommZPO/Bearbeiter, Bd. 1, 4. A. 2013).

–: Münchener Kommentar zur Zivilprozessordnung, Band 2, 4. Auflage, München 2012 (zit.: MünchKommZPO/Bearbeiter, Bd. 2, 4. A. 2012).

–: Münchener Kommentar zur Zivilprozessordnung, Band 3, 4. Auflage, München 2013 (zit.: MünchKommZPO/Bearbeiter, Bd. 3, 4. A. 2013).

Kübler, Bruno M./Prütting, Hanns/Bork, Reinhard: InsO Kommentar zur Insolvenzordnung, Band 2, Loseblattwerk, Köln 2015 (zit.: KPB/Bearbeiter, InsO, Bd. 2).

–: InsO Kommentar zur Insolvenzordnung, Band 3, Loseblattwerk, Köln 2015 (zit.: KPB/Bearbeiter, InsO, Bd. 3).

–: InsO Kommentar zur Insolvenzordnung, Band 4, Loseblattwerk, Köln 2015 (zit.: KPB/Bearbeiter, InsO, Bd. 4).

Kück, Marlene: Schiedsgerichtsvereinbarungen und Schiedsabreden im Insolvenzverfahren, ZInsO 2006, 11–17 (zit.: Kück ZInsO 2006, 11, S.).

Kuhli, Annett: Drittwirkung von Schiedsvereinbarungen im Insolvenzverfahren, SchiedsVZ 2013, 324 (zit.: Kuhli SchiedsVZ 2013, 321, S.).

Lachmann, Jens-Peter: Handbuch für die Schiedsgerichtspraxis, 3. Auflage, Köln 2008 (zit.: Lachmann, Handbuch für die Schiedsgerichtspraxis, 3. A. 2008).

–: Klippen für die Schiedsvereinbarung, SchiedsVZ 2003, 28–33 (zit.: Lachmann SchiedsVZ 2003, 28, S.).

Leible, Stefan/Staudinger, Ansgar: Die europäische Verordnung über Insolvenzverfahren, KTS 2000, 533–575 (zit.: Leible/Staudinger KTS 2000, 533, S.).

Lent, Friedrich: Zur Lehre von der Partei Kraft Amtes, ZZP 62 (1941), 129–209 (zit.: Lent ZZP 62 (1941), 129, S.).

–: Die Grenzen der Vertretungsmacht des Konkursverwalters, KTS 1956, 161–164 (zit.: Lent KTS 1956, 161, S.).

Lenzen, Elmar: Unterbrechung von Beweisverfahren und/oder Schiedsverfahren durch Insolvenzeröffnung?, NZBau 2003, 428–430 (zit.: Lenzen NZBau, 2003, 428, S.).

Leonhardt, Peter/Smid, Stefan/Zeuner, Mark: Internationales Insolvenzrecht, 2. Auflage, Stuttgart 2012 (zit.: Leonhardt/Smid/Zeuner, 2. A. 2012).

Lionnet, Klaus/Lionnet, Annette: Handbuch der internationalen und nationalen Schiedsgerichtsbarkeit, 3. Auflage, Stuttgart 2005 (zit.: Lionnet/Lionnet, Handbuch der internationalen und nationalen Schiedsgerichtsbarkeit, 3. A. 2005).

LoPucki, Lynn M.: The Case for Cooperative Territoriality in International Bankruptcy, Michigan L.R. 98 (2000), 2216- 2251 (zit.: LoPucki Michigan L.Rev. 98 (2000), 2216, S.).

–: Contract Bankruptcy: A Reply to Alan Schwartz, 109 Yale L.J. (1999), 317–342 (zit.: LoPucki 109 Yale L.J. (1999), 317, S.).

Loritz, Karl-Georg: Probleme der Rechtskraft von Schiedssprüchen im deutschen Zivilprozessrecht, ZZP 105 (1992), S. 1–19 (zit.: Loritz in ZZP 105 (1992), 1, S.).

Lörcher, Gino/Lörcher, Thorsten: Organisation eines Ad-hoc-Schiedsverfahrens, SchiedsVZ 2005, 179–189 (zit.: Lörcher/Lörcher SchiedsVZ 2005, 179, S.).

Lüke, Gerhard: Besprechung von Thomas Jestaedt, Schiedsverfahren und Konkurs, ZZP 101 (1988), S. 92–101 (zit.: Lüke ZZP 101 (1988), 92, S.).

–: Das europäische internationale Insolvenzrecht, ZZP 111 (1998), 275–314 (zit.: Lüke ZZP 111 (1998), 275, S.).

Lüke, Gerhard/Wax, Peter: Münchener Kommentar zur Zivilprozessordnung, Band 3, 2. Auflage, München 2001(zit.: MünchKommZPO/Bearbeiter, Bd. 3, 2. A. 2001).

Madaus, Stephan, : Das Insolvenzverfahren der Lehman Brothers Holdings Inc. – ein in jeder Hinsicht besonderes Reorganisationsverfahren, NZI 2008, 715–719 (zit.: Madaus NZI 2008, 715, S.).

Mankowski, Peter: Anerkennung englischer Solvent Schemes of Arrangement in Deutschland, WM 2011 1201–12010 (zit.: Mankowski WM 2011, 1201, S.).

–: EuInsVO und Schiedsverfahren, ZIP 2010, 2478–2486 (zit.: Mankowski ZIP 2010, 2478, S.).

Markert, Lars/Wilske, Stephan: Entwicklungen in der internationalen Schiedsgerichtsbarkeit im Jahr 2009 und Ausblick auf 2010, SchiedsVZ 2010, 62–67 (zit.: Markert/Wilske SchiedsVZ 2010, 62, S.).

Moss, Gabriel/Fletcher, Ian F./Isaacs, Stuart: The EC Regulation on Insolvency Proceedings – A Commentary and Annotated Guide, 2. Auflage, Oxford 2009 (zit.: Moss/Fletcher/Isaacs, The EC Regulation on Insolvency Proceedings, 2. A. 2009).

Musielak, Hans-Joachim/Voit, Wolfgang: Kommentar zur Zivilprozessordnung, 12. Auflage, München 2015 (zit.: Musielak/Voit/Bearbeiter, 12. A. 2015).

Nacimiento, Patricia/Bähr, Biner: Insolvenz in nationalen und internationalen Schiedsverfahren, NJOZ 2009, 4752–4762 (zit.: Nacimiento/Bähr NJOZ 2009, 4752, S.).

Naegeli, Georg: Die Auswirkungen der Konkurserklärung auf ein anhängiges Schiedsverfahren, Jusletter 31.8.2009, 1–8 (zit.: Naegeli, Jusletter 31.8.2009, 1, S.).

Nagel, Heinrich/Gottwald, Peter: Internationales Zivilprozessrecht, 7. Auflage, Köln 2013 (zit.: Nagel/Gottwald, Internationales Zivilprozessrecht, 7. A. 2013).

Nelle, Andreas: Anspruch, Titel und Vollstreckung im internationalen Rechtsverkehr: Einwendungen gegen einen titulierten Anspruch im deutschen und europäischen Zivilprozessrecht, Tübingen 2000 (zit.: Nelle, S.).

Nerlich, Jörg/Römermann, Volker: Insolvenzordnung (InsO), Loseblattwerk, 27. Lfg., München 2015 (zit.: Nerlich/Römermann/Bearbeiter, InsO).

Nolting, Ekkehard: Schiedsfähigkeit von Beschlussmängelstreitigkeiten bei der GmbH, SchiedsVZ 2011, 319–323 (zit.: Nolte SchiedsVZ 2011, 319, S.).

Oetker, Friedrich: Konkursrechtliche Grundbegriffe, Band I (Die Gläubiger), Stuttgart 1891 (zit.: Oetker, S.).

v. Olshausen, Eberhard: Die Insolvenzanfechtung einer Aufrechnungserklärung nach der InsO, KTS 2001, 45–66 (zit.: Olshausen KTS 2001, 45, S.).

Palandt, Otto: Palandt, Bürgerliches Gesetzbuch, 72. Auflage, München 2011 (zit.: Palandt/Bearbeiter, BGB, 72. A. 2011).

Pannen, Klaus: Europäische Insolvenzverordnung, Kommentar, 1. Auflage, Berlin 2007 (zit.: Pannen, EuInsVO-Kommentar, 1. A. 2007).

Pape, Gerhard/Uhlenbruck, Wilhelm: NJW Schriftenreihe Insolvenzrecht, Band 67, München 2002 (zit.: Pape/Uhlenbruck, NJW-Schriften 67).

–/Voigt-Salus, Joachim: Insolvenzrecht, 2. Auflage, München 2010 (zit.: Pape/Uhlenbruck/Voigt-Salus, InsR, 2. A. 2010).

Paulus, Christoph G: Europäische Insolvenzverordnung Kommentar, 4. Auflage, Frankfurt am Main 2013 (zit.: Paulus, EuInsVO-Kommentar, 4. A. 2013).

–: Der Anfechtungsprozess, ZInsO 1999, 242–249 (zit.: Paulus ZInsO 1999, 242, S.).

–: Vorsicht Falle – Wiederaufnahme eines durch ein Insolvenzverfahren unterbrochenen Prozesses, NJW 2010, 1633–1636 (zit.: Paulus NJW 2010, 1633, S.).

Poelzig, Dörte: Parteiinsolvenz in der internationalen Schiedsgerichtsbarkeit, ZZPInt 2009, 393–441 (zit.: Poelzig ZZPInt 14 (2009), 393, S.).

Prütting, Hanns: Schiedsklauseln in der Insolvenz, S. 371–379, Sanierung und Insolvenz, Festschrift für Klaus Hubert Görg zum 70. Geburtstag, München 2010 (zit.: Prütting FS Görg, 371, S.).

Rasmussen, Robert K.: Behavioral Economics and the Economic Analysis of Bankruptcy Law, Vanderbilt University Law School, Joe C. Davis Working Paper Series 2000, Working Paper Number 99–15, 1–29 (zit.: Rasmussen, VULS, Working Paper Series 2000, 99–15, 1, S.).

Raeschke-Kessler, Hilmar: Neuere Entwicklungen im Bereich der Internationalen Schiedsgerichtsbarkeit, NJW 1988, 3041–3051 (zit.: Raeschke-Kessler NJW 1988, 3041, S.).

Real, Gustav K. L.: Der Schiedsrichtervertrag – Inhalt und rechtliche Regelung im deutschen Recht mit rechtsvergleichenden Ausblicken, Köln, München 1983 (zit.: Real, S.).

Rechberger, Walter H.: Schiedsverfahren und Insolvenz, in Smid, Fragen des deutschen und internationalen Schiedsverfahrens, Berlin 2007 (zit.: Rechberger, Fragen des deutschen und internationalen Schiedsverfahrens, S.).

Reithmann, Christoph/Martiny, Dieter: Internationales Vertragsrecht – Das internationale Privatrecht der Schuldverträge, 7. Auflage, Köln 2010 (zit.: Reithmann/Martiny/Bearbeiter, Internationales Vertragsrecht, 7 A. 2010).

Reuss, Philipp M.: Forum Shopping in der Insolvenz, Tübingen 2011 (zit.: Reuss, S.).

Risse, Jörg: Undurchführbarkeit der Schiedsvereinbarung bei Mittellosigkeit des Klägers, BB-Beilage 6, 2001, 11–12 (zit.: Risse BB-Beilage 6, 2001, 11, S.).

Ristelhuber, Johannes: Der Schiedsspruch im Insolvenzverfahren, ZInsO 2004, 427–431 (zit.: Ristelhuber ZInsO 2004, 427, S.).

Rosenberg, Leo/Schwab, Karl Heinz/Gottwald, Peter: Zivilprozessrecht, 17. Auflage, München 2010 (zit.: Rosenberg/Schwab/Gottwald, Zivilprozessrecht, 17. A. 2010).

Säcker, Jürgen/Rixecker, Roland: Münchener Kommentar zum Bürgerlichen Gesetzbuch, Band 1, 7. Auflage, München 2015 (zit.: MünchKommBGB/Bearbeiter, Bd. 1, 7. A. 2015).

–: Münchener Kommentar zum Bürgerlichen Gesetzbuch, Band 2, 6. Auflage, München 2012 (zit.: MünchKommBGB/Bearbeiter, Bd. 2, 6. A. 2012).

–: Münchener Kommentar zum Bürgerlichen Gesetzbuch, Band 11, 6. Auflage, München 2015 (zit.: MünchKommBGB/Bearbeiter, Bd. 11, 6. A. 2015).

Saenger, Ingo: Handkommentar Zivilprozessordnung, 6. Auflage, Baden-Baden 2015 (zit.: Saenger Hk-ZPO/Bearbeiter, 6. A. 2015).

Samtleben, Jürgen: Prorogationsbeschränkungen und Schiedsklauseln im internationalen Geschäftsverkehr, IPRax 1981, 43–45 (zit.: Samtleben IPRax 1981, S.).

Schäfer, Manuela: Die Verträge zur Durchführung des Schiedsverfahrens – Analyse und Vergleich zweier Lösungsmodelle am Beispiel des deutschen und US-amerikanischen Rechtsraums, Teil 1, Frankfurt am Main 2012 (zit.: Schäfer, S.).

Schlosser, Peter: Das Recht der internationalen privaten Schiedsgerichtsbarkeit, Tübingen 1989 (zit.: Schlosser, Das Recht der internationalen privaten Schiedsgerichtsbarkeit, 1989).

Schmidt, Karsten: Insolvenzordnung, 18. Auflage, München 2013 (zit.: K. Schmidt/Bearbeiter, InsO, 18. A. 2013).

–: Wege zum Insolvenzrecht der Unternehmen, Köln 1990 (zit.: K. Schmidt, Wege zum Insolvenzrecht der Unternehmen, S.).

–: Der Konkursverwalter als Gesellschaftsorgan und als Repräsentant des Gemeinschuldners – Versuch einer Konkursverwaltertheorie für heute und morgen, KTS 1984, 345–400 (zit.: K. Schmidt KTS 1984, 345, S.).

–: Der Konkursverwalter: Streitgenosse seiner selbst? Zu den Absonderlichkeiten der Amtstheorie, KTS 1991, 211–222 (zit.: K. Schmidt KTS 1991, 211, S.).

–: Schiedsfähigkeit von GmbH-Beschlüssen, Eine Skizze mit Ausblicken auf das Recht der AG und der Personengesellschaften, ZGR 1988, 523–541 (zit.: K. Schmidt ZGR 1988, 523, S.).

Schmidt-Ahrendts, Nils/Höttler, Philipp: Anwendbares Recht bei Schiedsverfahren mit Sitz in Deutschland, SchiedsVZ 2011, 267–276 (zit.: Schmidt-Ahrendts/Höttler SchiedsVZ 2011, 267, 269).

Schulte-Frohlinde, Robert/Wilts, John: Schiedsvereinbarungen aus Sicht des Insolvenzverwalters, ZInsO 2006, 196–199 (zit.: Schulte-Frohlinde/Wilts in ZInsO 2006, 196, S.).

Schütze, Rolf A.: Schiedsgericht und Schiedsverfahren, 5. Auflage, München 2012 (zit.: Schütze, Schiedsgericht und Schiedsverfahren, 5. A. 2012).

–: Das internationale Zivilprozessrecht in der ZPO, 2. Auflage, Berlin 2011(zit.: Schütze, IZPR in der ZPO, 2. A. 2011).

–/Tscherning, Dieter/Wais, Walter: Handbuch des Schiedsverfahrens – Praxis der deutschen und internationalen Schiedsgerichtsbarkeit, 2. Auflage, Berlin 1990 (zit.: Schütze/Tscherning/Wais, Hdb. d. Schiedsverfahrens, 2. A. 1990).

Schwab, Karl Heinz/Walter, Gerhard: Schiedsgerichtsbarkeit Kommentar, 7. Auflage, München 2005 (zit.: Schwab/Walter, Schiedsgerichtsbarkeit, 7. A. 2005).

Schwartz, Alan: A Contract Theory Approach to Business Bankruptcy, 107 Yale L.J. (1998), 1807–1851 (zit.: Schwartz 107 Yale L.J. (1998), 1807, S.).

Seuffert, Lothar: Deutsches Konkursprozessrecht, Leipzig 1899 (zit.: Seuffert, S.).

Smid, Stefan: Deutscher Konkurs und internationales Schiedsverfahren, DZWir 1993, 484–494 (zit.: Smid DZWir, 484, S.).

–: Zeuner, Mark/Schmidt, Michael: Fragen des deutschen und internationalen Insolvenzrechts, in Schriften zum deutschen, europäischen und internationalen Insolvenzrecht, Band 11, Kiel 2007 (zit.: Smid/Zeuner/Schmidt, S.).

Spellenberg, Ulrich: Zum Gegenstand des Konkursfeststellungsverfahrens, Göttingen 1973 (zit.: Spellenberg, S.).

Spindler, Gerald/Stilz, Eberhard: Kommentar zum Aktiengesetz, Band 2, 3. Auflage, München 2015 (zit.: Spindler/Stilz/Bearbeiter, Bd. 2, 3. A. 2015).

Staudinger, Julius von: Kommentar zum Bürgerlichen Gesetzbuch mit Einführungsgesetz und Nebengesetzen – Eckpfeiler des Zivilrechts, Berlin 2014 (zit.: Staudinger/Huber, Eckpfeiler des Zivilrechts, 2014).

Stein, Friedrich: Über die Voraussetzungen des Rechtsschutzes, insbesondere der Verurteilungsklage, Halle 1902 (zit.: Stein, S.).

Stein, Friedrich/Jonas, Martin: Kommentar zur Zivilprozessordnung, Band 1, 23. Auflage, Tübingen 2014 (zit.: Stein/Jonas/Bearbeiter, ZPO, Bd. 1, 23. A. 2014).

–: Kommentar zur Zivilprozessordnung, Band 3, 22. Auflage, Tübingen 2005 (zit.: Stein/Jonas/Bearbeiter, ZPO, Bd. 3, 22. A. 2005).

–: Kommentar zur Zivilprozessordnung, Band 4, 22. Auflage, Tübingen 2008 (zit.: Stein/Jonas/Bearbeiter, ZPO, Bd. 4, 22. A. 2008).

–: Kommentar zur Zivilprozessordnung, Band 10, 23. Auflage, Tübingen 2014 (zit.: Stein/Jonas/Bearbeiter, ZPO, Bd. 10, 23. A. 2014).

Steinert, Karl-Friedrich/Theede, Kai-Uwe/Knop, Jens: Handbuch der Rechtspraxis, Zivilprozess, Band 1a, 9. Auflage, München 2011(zit.: Steinert/Theede/Knop, Zivilprozess, Bd. 1a, 9. A. 2011).

Stoll, Hans: Vorschläge und Gutachten zur Umsetzung des EU-Übereinkommens über Insolvenzverfahren im deutschen Recht, Tübingen 1997 (zit.: Bearbeiter in Stoll, Vorschläge und Gutachten).

Storme, Marcel: Schiedsgericht nur für Reiche?, S. 957–966, in: Festschrift für Peter Schlosser, Tübingen 2005 (zit.: Storme FS Schlosser, 957, S.).

Teubner, Ernst/Künzel, Thomas: Prozessverträge – Zulässigkeit, Abschluss und Wirkungen, MDR 1988, 720–726 (zit.: Teubner/Künzel in MDR 1988, 720, S.).

Tintelnot, Albrecht: Vereinbarungen für den Konkursfall – Vollwertigkeit der Vermögenshaftung und Bedingung des Konkurses -, Bielefeld 1991 (zit.: Tintelnot, S.).

Trunk, Alexander: Internationales Insolvenzrecht: Systematische Darstellung des deutschen Rechts mit rechtsvergleichenden Bezügen, Tübingen 1998 (zit.: Trunk, S.).

–: Dogmatische Grundlagen der Anerkennung von Auslandskonkursen, KTS 1987, 415–434 (zit.: Trunk KTS 1987, 415, S.).

Uhlenbruck, Wilhelm/Hirte, Heribert/Vallender, Heinz: Insolvenzordnung Kommentar, 13. Auflage, München 2010 (zit.: Uhlenbruck/Bearbeiter, InsO, 13. A. 2010).

–: Insolvenzordnung Kommentar, 14. Auflage, München 2015(zit.: Uhlenbruck/Bearbeiter, InsO, 14. A. 2015).

van den Berg, Albert Jan: The New York Arbitration Convention of 1958 – Towards a Uniform Judicial Interpretation, Deventer 1981 (zit.: van den Berg, S.).

Virgos, Miguel/Garcimartín, Francisco: The European Insolvency Regulation: Law and Practice: A Practical Analysis, Den Haag 2004 (zit.: Virgos/ Garcimartín, The European Insolvency Regulation, 2004).

von Wilmowski, G: Deutsche Reichs-Konkursordnung, 4. Auflage, Berlin 1889 (zit.: Wilmowski, 4. A. 1889).

Wagner, Gerhard: Prozessverträge – Privatautonomie im Verfahrensrecht, Tübingen 1998 (zit.: G. Wagner, Prozessverträge, S.).

–: Insolvenz und Schiedsverfahren, KTS 2010, 39–68 (zit.: G. Wagner in KTS 2010, 39, S.).

–: Impecunious Parties and Arbitration Agreements, SchiedsVZ 2003, 206–218 (zit.: G. Wagner in SchiedsVZ, 2003, 206, S.).

–: Poor Parties and German Forums: Placing Arbitration under the Sword of Damocles?, Financial Capacity of the Parties – A Condition for the Validity of the Arbitration Agreement, Frankfurt am Main 2004 (zit.: G. Wagner in Financial Capacity of Parties, 9, S.).

–: Rechtswahlfreiheit im Schiedsverfahren: Ein Probierstein für die juristische Methodenlehre, S. 535–558, Festschrift für Ekkehard Schumann, Tübingen 2001 (zit.: G. Wagner FS Schumann, 535, S.).

Wagner, Philipp K: Abstimmungsfragen zwischen Internationalen Insolvenzrecht und Internationaler Schiedsgerichtsbarkeit – Unter besonderer Berücksichtigung der Anerkennung grenzüberschreitender Insolvenzen durch Schiedsgerichte, Frankfurt am Main 2007 (zit.: Wagner, S.).

–: Die insolvente Partei im Schiedsverfahren – eine Herausforderung für alle Beteiligten, GWR 2010, 129 (zit.: Wagner in GWR, 129).

Warren, Elizabeth/Westbrook, Jay Lawrence: Contracting Out of Bankruptcy: An Empirical Intervention, 118 Havard L.Rev. (2005), 1197–1253 (zit.: Warren/Westbrook 118 Havard L.Rev. (2005), 1191, S.).

Weber, Friedrich: Zur Problematik der Prozessführung des Konkursverwalters, KTS 1955, 102–111 (zit.: Weber in KTS 1955, 102, S.).

Wieczorek, Bernhard/Schütze, Rolf A: Zivilprozessordnung und Nebengesetze, Band 5, 3. Auflage, Berlin 1995 (zit.: Wieczorek/Schütze/Bearbeiter, ZPO, Bd. 5, 3. A. 1995).

–: Zivilprozessordnung und Nebengesetze, Band 11, 4. Auflage, Berlin 2014 (zit.: Wieczorek/Schütze/Bearbeiter, ZPO, Bd. 11, 4. A. 2014).

Wolf, Christian: Zwischen Schiedsverfahrensfreiheit und notwendiger staatlicher Kontrolle, RabelsZ 1993, 643–663 (zit.: Wolf in RabelsZ, 1993, 643, S.).

Wunderer, Regina: Der Deutsche Ordre Public D'Arbitrage International und Methoden seiner Konkretisierung, Frankfurt am Main 1992 (zit.: Wunderer, S.).

Zenker, Wolfgang: Geltendmachung der Insolvenz- und der Gläubigeranfechtung, NJW 2008 1038–1042 (zit.: Zenker in NJW 2008, 1038, S.).

Zöller, Richard: Zivilprozessordnung, 30. Auflage, Köln 2014 (zit.: Zöller/Bearbeiter, ZPO, 30. A. 2014).

Zypries, Brigitte: Zur Rolle der Schiedsgerichtsbarkeit in Deutschland, SchiedsVZ 2009, 1–3 (zit.: Zypries SchiedsVZ 2009, 1, S.).

Schriften zum Verfahrensrecht

Herausgegeben von Jens Adolphsen, Christoph Althammer, Peter Gottwald und Ulrich Haas

Band 1 Matthias Rauscher: Die neue Berufung in Zivilsachen. 2002.

Band 2 Jörn-Christian Schulze: Grenzen der objektiven Schiedsfähigkeit im Rahmen des § 1030 ZPO. Eine Betrachtung des Rechts der Schiedsfähigkeit nach der Schiedsverfahrensrechtsform. 2003.

Band 3 Roman Rodloff: Das vereinfachte Verfahren zur Festsetzung von Kindesunterhalt nach §§ 654 ff. ZPO. Zugleich ein Beitrag zur Unterhaltsannexklage nach § 653 ZPO und zum vereinfachten Abänderungsverfahren nach § 656 ZPO. 2003.

Band 4 Helia-Verena Daubach: Kammer oder Einzelrichter? Ist die Kammer ein Qualitätselement des Zivilprozesses? 2003.

Band 5 Thomas Gemmeke: Beweisverwertungsverbote im arbeitsgerichtlichen Verfahren. 2003.

Band 6 Wolfgang Kreißig: Der Sportverein in Krise und Insolvenz. 2004.

Band 7 Alexander M. Krämer: Leasingverträge in der Insolvenz. 2005.

Band 8 Timo Christian Walther: Das Verfahren bei Masseunzulänglichkeit nach den §§ 208 ff. InsO. 2005.

Band 9 Henning Müller: Die Lebensversicherung in der Zwangsvollstreckung. 2005.

Band 10 Oliver Hilsbos: Die Mitwirkungspflicht von Personenstandsbehörden in Nachlassverfahren. 2006.

Band 11 Matthias Holla: Der Einsatz von Schiedsgerichten im organisierten Sport. 2006.

Band 12 Matthias Hofmann: Die Eigenverwaltung in der Insolvenz. Darstellung eines Rechtsinstituts unter besonderer Berücksichtigung der Gesellschaftsinsolvenz. 2006.

Band 13 Christian Schindler: Rechtskraft und Innenbindung von Beschlüssen nach der ZPO-Reform. 2006.

Band 14 Carola Reimann-Dittrich: Die Finanzierungsfolgenverantwortung des Gesellschafters. 2006.

Band 15 Viktoria Kress: Internationale Zuständigkeit für elterliche Verantwortung in der Europäischen Union. Das neue europäische Familienverfahrensrecht in Fragen der elterlichen Verantwortung im Kontext der Haager Abkommen. 2006.

Band 16 Frank Martin Herget: Die internationale Zuständigkeit im Electronic Commerce in der Europäischen Union. 2006.

Band 17 Cornelia Drenckhahn: Urkundsvorlagepflichten im Zivilprozess und im arbeitsgerichtlichen Verfahren nach der ZPO-Reform unter besonderer Berücksichtigung der Neufassung des § 142 ZPO. 2007.

Band 18 Walter Boeckh: Beschwerde und Rechtsbeschwerde im Zivilverfahren. 2007.

Band 19 Gökçe Nazar Uzar: Rechtsmittel gegen Schiedssprüche nach dem neuen deutschen und türkischen Schiedsverfahrensrecht. 2007.

Band 20 Christa Kraemer: Eigenkapitalersatz und Insolvenz. Klassische und moderne Fallgruppen. 2007.

Band 21 Martin Beckmann: Statutarische Schiedsklauseln im deutschen Recht und internationalen Kontext. 2008.

Band 22 Ulf Pechartscheck: Entgeltansprüche aus Altersteilzeitarbeit in der Arbeitgeberinsolvenz. Analyse gegenwärtiger Sicherungsmodelle in Deutschland. 2008.

Band 23 Thomas Baumann: Patentstreitigkeiten vor Schiedsgerichten. Eine rechtsvergleichende Betrachtung ausgewählter Probleme nach deutschem und schweizerischem Recht. 2008.

Band 24 Désirée Cimmino: Das UNCITRAL-Modellgesetz über internationale ADR-Verfahren in Wirtschaftsstreitigkeiten. 2008.

Band 25 Ralf Burkhard: Der Einfluss der Schuldrechtsreform auf von § 103 InsO erfasste Kaufverträge. 2010.

Band 26 Stefan Roßkopf: Die Aufrechnung im deutschen und englischen Insolvenzrecht. Eine rechtsvergleichende Untersuchung. 2008.

Band 27 Thomas Rothammer: Die insolvenzrechtliche Restschuldbefreiung – Probleme und Lösungen. 2008.

Band 28 Franziska Schmalenberg: Anerkennung von Patenten in Europa. 2009.

Band 29 Michael Schaumann: Reform des Eigenkapitalersatzrechts im System der Gesellschafterhaftung. Unter Berücksichtigung der Änderungen durch das MoMiG. 2009.

Band 30 Hengliang Shen: Das Absonderungsrecht in der Insolvenz. Erfahrungen aus Deutschland und die Praxis in China. 2009.

Band 31 Alexander Panier: Der Grundsatz der Schadenseinheit. 2009.

Band 32 Ming-Sheng Liu: Die richterliche Hinweispflicht. Dogmatik und Rechtskultur. 2009.

Band 33 Lothar Czaja: Umsetzung der Kooperationsvorgaben durch die Europäische Insolvenzverordnung im deutschen Insolvenzverfahren. 2009.

Band 34 Stefanie Reiche: Die prozessualen Folgen eines Betriebsübergangs nach § 613a BGB. 2009.

Band 35 Christoph Stieber: Der gesicherte Geld- und Warenkredit in der Insolvenz. Das Insolvenzverwalterwahlrecht nach § 103 InsO und dessen Wirkungen auf die Sicherungsübereignung und den Eigentumsvorbehalt. 2009.

Band 36 Miguel Teixeira de Sousa: Die Zulässigkeitsprüfung im Zivilprozess. 2010.

Band 37 Michael Schulze: Das Besteuerungsverfahren der Personengesellschaft bei Insolvenz. 2010.

Band 38 Ulrich Hönle: Die deliktische Grundanknüpfung im IPR und IZVR. Auswirkungen der Kollisionsrechtsvereinheitlichung auf europäischer Ebene. 2011.

Band 39 Hilke Schapp: Die Präklusion von Gestaltungsrechten nach § 767 Abs. 2 ZPO. Eine kritische Untersuchung der Rechtsprechung unter besonderer Berücksichtigung der Rechtskraft und der materiellen Rechtslage. 2011.

Band 40 Moritz Büchele: Eingriff in Gesellschafterrechte im Insolvenzplan. 2011.

Band 41 Markus Wimmer: Unternehmenssanierung mittels Transfergesellschaften. 2011.

Band 42 Christoffer Bortz: Urheberrechtliche Lizenzen in nationaler und internationaler Insolvenz. 2012.

Band 43 Martin Wigand: Verzicht, Vergleich und sonstige Haftungsbeschränkungen im Gesellschaftsrecht. 2012.

Band 44 Michael Schick: Die Zwischenfeststellungsklage des § 256 Abs. 2 ZPO. 2013.

Band 45 Olaf Benning: Internationale Prinzipien für grenzüberschreitende Insolvenzverfahren. 2013.

Band 46 Gero von Jhering: Die Wirkung von Schiedsvereinbarungen, Schiedsklauseln und Schiedssprüchen im Gesellschaftsrecht. Eine Zusammenführung von Schiedsverfahrens- und Gesellschaftsrecht. 2013.

Band 47 Anne Hoßfeld: Die Abtretung schieds- und gerichtsstandsgebundener Forderungen. 2013.

Band 48 Fabian Camek: Das Schutzschirmverfahren nach § 270b InsO und seine Funktionalität im internationalen Rechtsvergleich. 2014.

Band 49 Silvio Kupsch: Grenzüberschreitende Insolvenzverfahren in Südafrika. 2014.

Band 50 Martina Daus: Die insolvenzrechtliche Einordnung der betrieblichen Altersversorgung in der Insolvenz des Arbeitgebers. 2014.

Band 51 Fabian J. Hohl: Die richterliche Unabhängigkeit bei der Auswahl des (vorläufigen) Insolvenzverwalters nach dem ESUG. Vereinbarkeit mit Art. 97 GG und Auswirkung auf die Justiziabilität der Auswahlentscheidung. 2015.

Band 52 Carmen Schauberger: Die Partizipation Minderjähriger im Verfahren der freiwilligen Gerichtsbarkeit. Eine Analyse der Beteiligung und der Verfahrensfähigkeit in Familien- und Erbrechtsverfahren. 2015.

Band 53 Tobias Waldmann: Annexverfahren im Europäischen Insolvenzrecht. 2015.

Band 54 Maximilian Riedel: Insolvenz in nationalen und internationalen Schiedsverfahren. 2016.

www.peterlang.com

www.ingramcontent.com/pod-product-compliance
Ingram Content Group UK Ltd.
Pitfield, Milton Keynes, MK11 3LW, UK
UKHW021853290926
8980IPUK00005B/819

9 783631 665718